TEGUZ, CIUDAD AMADA, HEROICA Y LEGENDARIA

(ANTOLOGÍA EN SUS 477 AÑOS DE FUNDACIÓN. TOMO II)

TEGUZ, CIUDAD AMADA, HEROICA Y LEGENDARIA (ANTOLOGÍA EN SUS 477 AÑOS DE FUNDACIÓN. TOMO II)

Claudio Barrera, Pompeyo del Valle, Óscar Acosta, Marco Antonio Rosa, Guadalupe Ferrari de Hartling, José Adán Castelar, Elvia Castañeda de Machado, Visitación Padilla, Froylán Turcios, Ramón Rosa, Juan Ramón Molina, Eliseo Pérez Cadalso, José Santos Chocano, Leticia de Oyuela, entre otros.

©Colección Erandique
Supervisión Editorial: Óscar Flores López
Diseño de portada: Andrea Rodríguez
Administración: Tesla Rodas
Director Ejecutivo: José Azcona Bocock
Primera Edición
Tegucigalpa, Honduras—Julio 2025

CONTENIDO

1

HOMENAJE A NUESTRA TEGUZ

En 1924, Froylán Turcios observó, tembloroso de ira, el desfile de 200 marines por las calles de Tegucigalpa, mientras se dirigían al hotel que les serviría de cuartel general.

Ciento un años después, en una mañana del mes de julio de 2025, el conocido negocio de venta de pan "Chinda Díaz" era consumido por las llamas, provocando tristeza en los capitalinos por la triste suerte de uno de los lugares icónicos de la ciudad.

Este homenaje a Teguz, que coincide con sus 447 años de fundación (29 de septiembre de 1578), contiene hermosos artículos de escritores hondureños como Claudio Barrera, Pompeyo del Valle, Óscar Acosta, Marco Antonio Rosa, José Adán Castelar, Elvia Castañeda de Machado, Visitación Padilla, Froylán Turcios, Ramón Rosa, Juan Ramón Molina, Eliseo Pérez Cadalso, José Santos Chocano y el libro Recuerdos de mi vieja Tegucigalpa, de Guadalupe Ferrari de Hartling.

Guadalupe Ferrari de Hartling nos hace un retrato de la Teguz de antes; nos cuenta la historia de iglesias, parques, calles, personajes y hechos históricos.

"La calle donde viven hoy las familias Sandoval, Romero, Estrada, Zavala y otras, era una calle extraviada y por eso la llamaban la Calle del Olvido", cuenta.

"Siendo muy niña, oíamos a la servidumbre de la casa hablar de los azoros, y aunque mi padre lo prohibía, nosotras, como todo lo prohibido, oíamos secretamente.

Estos eran: El Timbo, El Duende, La Sucia y El Caballo Maniado. Este era el más temido. Recuerdo que varios años dormí cobijada de pies a cabeza, únicamente descubierta la nariz para respirar. ¡Oh! Cuántos años sudé horriblemente", narra en otra parte del libro.

Dividida en Tomo I y Tomo II, Teguz, ciudad amada, heroica y legendaria, incluye, además, los recuerdos del escritor Marco Antonio Rosa, entre ellos, los de varios personajes.

"Con su característico caminar de viejo marinero, Coyote cogió calle abajo, llevando sujeto a su diestra un delgado y corto lazo con el cual arrastraba algo amarrado al otro extremo de la cuerda.

A veces, al dar traspiés, instintivamente levantaba ambos brazos hacia el frente, como preparándose para no caer de bruces.

¡Ah!, pero la pena que pretendía adormecer con los vapores de la chicha no menguaba; seguía sintiendo aquel fiero zarpazo que le desgarraba el corazón."

Tegucigalpa Cenicienta no pierde las esperanzas de convertirse en una ciudad ordenada, limpia y elegante. Se necesita que la gobiernen hombres de buen gusto, con visión, amor por el arte, pero, principalmente, por la gente.

Mientras ese momento llega, disfrute, querido lector, de la primera parte de Teguz, ciudad amada, heroica y legendaria...

¡Quién sabe!

Quizá, a través de estas páginas, comience usted también a amarla.

Y aquí otro relato de Marco Antonio Rosa:

"Nadie ignora que Trina Correa se volvió loca, y que la Poza del Banco está encantada...

Más o menos a medio kilómetro hacia el norte del parque La Concordia, aguas abajo del río Choluteca, se llega a un recodo formado por la corriente.

Es allí donde se anida la traicionera Poza del Banco...

Ni la gran cantidad de ripio que diariamente le cae de una cantera cercana ha podido aterrarla... Tampoco el tiempo —¡divino purificador!— ha logrado libertarla del nefando encantamiento que la inficiona.

En esa poza maldita, frente a mis ojos, se ahogó un primo mío..."

Incluimos, además, la semblanza que Ramón Rosa escribió sobre uno de los personajes icónicos de Tegucigalpa: el padre José Trinidad Reyes.

"La austeridad de su vida, la dulzura de su carácter, la distinción de sus modales, su versación en las artes y su aptitud para las ciencias, le abrieron, de pronto, las puertas de la hospitalaria sociedad leonesa, y le captaron el aprecio sincero de las personas más distinguidas, entre las que figuraba fray Nicolás García y Jerez, a la sazón obispo de Nicaragua", describe Rosa.

El Tomo II concluye con versos de algunos de los grandes poetas hondureños, entre ellos, Claudio Barrera:

Esta ciudad es isla,
sin senda hacia el ensueño.
Sonámbula entre esperas
donde se balancean cansados los recuerdos,
donde cada tristeza camina cabizbaja
sin poderse ausentar y hasta parece
que aumenta la aridez de la nostalgia.

Esta ciudad se duerme
cada vez que amanece.
Cuando cruzan sin alas las nubes en los cerros,
y que se han desprendido,
para llenar de verde su paso aventurero.

Tegucigalpa Cenicienta no pierde las esperanzas de convertirse en una ciudad ordenada, limpia y elegante. Se necesita que la gobiernen hombres de buen gusto, con visión, amor por el arte, pero, principalmente, por la gente.

Mientras ese momento llega, disfrute, querido lector, de la primera parte de Teguz, ciudad amada, heroica y legendaria…
¡Quién sabe!
Quizá, a través de estas páginas, comience usted también a amarla.

ÓSCAR FLORES LÓPEZ
Editor Colección Erandique

¿DE DÓNDE VINIERON LOS PRIMEROS COMAYAGÜELAS?

Para los historiadores ha sido difícil aportar pruebas contundentes sobre los primeros pobladores de Comayagüela, existiendo varios posibles orígenes. Se sabe que durante siglos, antes de llegar los españoles, tribus lencas ocuparon el interior de nuestro país y, específicamente, como dueños de la zona donde hoy se encuentra la ciudad gemela de Tegucigalpa, la región era denominada Pueblo Abajo o Barrio Abajo. Se dice que Comayagua tuvo mucho que ver con su nombre y origen, opinando algunos que Comayagüela es un diminutivo que indica "Comayagua la pequeña".

Sobre el tema de la nominación es bueno recordar que el cosmógrafo español De Velasco, en 1575, al dar la nomenclatura de las poblaciones tributarias de Honduras, llama a esta ciudad "Comayagüa de los indios".

En la antigua ciudad de "Comallahua" (o lugar de muchos cómales), ha existido la creencia de que los aborígenes de un arrabal llamado Geto vinieron a establecerse después de la Conquista a esta comarca; mientras otros sostienen la procedencia de Lejamaní, pueblo indio de aquel valle, asentado en las agrestes montañas de la Sierra, Departamento de La Paz; opinan que los inmigrantes pertenecían a la Encomienda de un español de la familia De Cáceres, descendiente por el lado paterno del Capitán Alonso Cáceres, fundador de Comayagua y jefe expedicionario destacado por el Adelantado Montejo —residente en Gracias— contra las huestes del Cacique Lempira; el encomendero los hizo venir reuniéndolos en el paraje que denominó Pueblo Abajo para suplir mano de obra faltante en las minas de Santa Lucía.

En 1590, siendo Gobernador de Honduras o Higueras Don Rodrigo Ponce de León, se menciona que Lope de Cáceres Guzmán, encomendero de Tegucigalpa y Comayagüela, estuvo en la medición de Su Pelecapa o Supilicapa (hoy Hato de Enmedio), hecha a favor de Don Carlos Ferrufino, español de estas minas. Se deduce entonces que los indígenas, en suficiente número, poblaron el sitio a mediados del siglo XVI.

Quienes se inclinan por la ascendencia de Lejamaní encuentran un fuerte nexo en la tradición del "guancazgo" entre las dos Vírgenes de ambos pueblos; todavía en 1900 venía la Virgen Dolorosa de Lejamaní y la visita era correspondida al año siguiente por la Virgen de Candelaria de Comayagüela. En el Archivo Municipal de Comayagüela (que lamentablemente se perdió hace algunos años por el descuido a que fue sometido en un cuchitril del hoy Palacio Municipal del Distrito Central), había documentos que confirmaban con detalles esta vieja costumbre, y dice el Maestro e historiador don Inés Navarro en su libro Datos Históricos y Geográficos de Comayagüela (Tip. Ariston, 1900), que a ambos pueblos no los detenían ni los rigores del invierno para cumplir la tradición. La festividad se celebraba por septiembre u octubre, hasta que una violenta crecida del Río del Hombre, camino de Comayagua, casi arrastra a la Patrona de Lejamaní y su numerosa comitiva, por lo que hubo que trasladar la celebración a febrero, durante la estación seca.

A principios de este siglo, los ancianos del barrio La Cuesta recomendaban a sus descendientes seguir tal costumbre si querían vivir felices, pues cierta vez que no se cumplió, una peste cruel diezmó enormemente la población.

Entre los cuesteños se señalaba a Jano, Departamento de Olancho, como el sitio de sus antepasados; narraban que cerca de allá hay una montaña llamada La Chorrera de donde brotaba un hermoso río, navegable en parte, tributario del caudaloso Aguán. Como los xicaques se robaban a los niños que iban a traer agua, el Rey, para proteger a los janeños, ordenó trasladarlos al interior del país; la población se bifurcó en el tránsito, asentándose unos en Lejamaní y otros en el cerro de Jutiapa, extendiéndose luego hasta el lugar llamado El Toncontín ("Toncontín" es una danza indígena antigua y sagrada que todavía bailan los indios de Yucatán); y que tal predio pertenecía a Don Jesúas Estrada; de allí poblaron La Cuesta y cubrieron la margen izquierda del Río Choluteca donde se asienta hoy Comayagüela. En 1900 todavía existían cerca de Jano los vestigios de un pueblo llamado "Comayagüela viejo". Se hace necesario mencionar aquí otra versión que incluye a un Coronel Domezain quien se internó en La Mosquitia, apresando a 500 habitantes, con los cuales se dice fundó Comayagüela.

Los nombres geográficos de la ciudad en referencia sí pueden ubicarse en el origen náhuatl o mejicano: "Cucuterique" (hoy Las Crucitas) significa cerro áspero; "Sipile" agua del sipe; "Camaguara" agua amarilla. Los cuesteños llamaban al burro "quinicho", que en mejicano significa ratón; "to-to-ques" denominaban a sus antiguos caciques; "tapianes" a los criados del Alcalde Mayor; "mazaguales" llamaban al pueblo plebeyo.

En cuanto a su iglesia, construida entre 1788-96, el mismo historiador Inés Navarro afirma que fue precedida por una ermita, en solares de la casa Agurcia (2a. avenida, No. 47), después utilizados para camposanto; la construcción propiamente dicha comenzó cuando, por disposición del gobierno, el cementerio fue trasladado al pie de Las Crucitas; la Municipalidad de Comayagüela en 1858 obtuvo la donación del terreno donde estuvo la antigua ermita y la Corporación y vecindario traspasaron su posesión, por servicios prestados, al benemérito Presbítero Alejandro Flores.

Es interesante consignar los maestros de artes y oficios y operarios que participaron en la construcción de la iglesia: el pintor José Miguel Gómez; los herreros Sixto Bustillo y Juan José Carías; los canteros Manuel Alvarado y J. Ramón Aquino; el calero llamado Martín y el maestro albañil Teodoro; como oficiales y operarios Juan José Aquino, Juan Benito Flores, Francisco Cortés, Tomás Vivas, Andrés Santos, Martín Valladares, José María Juanes, los hermanos Claudio, Vicente, Felipe y Juan Anselmo Vargas. Todos hicieron el trabajo ganando 3 reales diarios y casi siempre se les pagó con las cosechas obtenidas de las siembras de la comunidad; en uno de tantos años se gastaron 18 fanegas de maíz, y de valores en metálico sólo se conoce una orden librada por Andrés de Cepeda, subdelegado de este partido, por 300 pesos que fueron cargados al fondo comunitario de los indígenas de Comayagua.

ELVIA CASTAÑEDA DE MACHADO

TROPA INVASORA EN TEGUCIGALPA

I

Mi nombre sonaba ya en Centro América llevado por mis prosas y poesías en diarios y revistas. Fuera de los elogios y estímulos que constantemente recibía del exterior, Rómulo E. Durón me auguraba laureles al final del prólogo de su libro Crepusculares; Pancho Cálix Barahona ponderaba en su diario mis producciones y Alberto Uclés insinuaba al Congreso Nacional que se me enviara a estudiar a Europa por cuenta de la República.

Excitativa —si la memoria no me falla— que no tuvo el mejor resultado por que fue hecha la víspera de recesar la Asamblea y no hubo ninguna otra sesión ordinaria. ¡De qué hilos tan tenues está colgada la misteriosa lámpara de nuestra suerte! ¡De qué incidentales causas depende nuestro destino!

En agosto del 95, el Gobierno de Honduras acreditó una Legación ante el de Costa Rica, designando como ministro al general Terencio Sierra, quien desempeñaba la Comandancia de Armas de Amapala. Fui nombrado secretario y, llevando las credenciales respectivas, desembarqué en aquel puerto.

Yo no conocía a Sierra. Su fama era de osado guerrillero, de hombre valiente, drástico y peligroso, y hasta de brujo por su inmunidad en los combates en que actuara.

Al muelle fue a encontrarme mi amigo Luis M. Zúñiga, con quien almorcé en el hotel. A los postres tornóse comunicativo y confidencial, y, al apurar el último vaso de vino, me dijo en voz baja de repente:

—¿Quieres que te dé un oportunísimo consejo? Si tienes valor hay que mostrarlo en esta ocasión. No te envidio el cargo que traes por honroso que sea. Este es el caso de los confites en los infiernos. Sierra está acostumbrado a humillar al que tiene cerca y sé que se halla incómodo porque te nombraron secretario de esa Legación sin consultarlo. Él antes había propuesto a un cubano, un señor Suárez que le acompaña siempre.

Yo le oía en silencio. Bajando aún más la voz, prosiguió:

—Pues oye: si te dejas te come vivo. Pero si te le enfrentas con energía...

—¿Qué sucederá?

—Tendrás el cincuenta por ciento de probabilidades de que te lleve el diablo... y cincuenta de que, sorprendido de tu audacia, te aprecie y te guarde consideraciones. Este hombre medio salvaje, brusco y temerario, sólo por los valientes tiene verdadera simpatía. Impresionado por sus palabras continué silencioso.

—¿Qué piensas hacer?

—Seguir tu consejo —le contesté.

A las tres de la tarde me dirigí a la comandancia, y al llegar al puesto de guardia, pregunté por el general. Un soldado le llevó mi tarjeta diplomática, y, al regresar, me condujo al salón contiguo, en el que esperaban varios individuos. Pasaron veinte minutos. De pronto abrióse con estrépito una puerta, y apareció un extraño sujeto en camisa, alto y seco, de ancha frente y largos bigotes, con un puro entre los dedos.

—¿Quién de ustedes es Turcios?

Todos nos habíamos levantado de nuestros asientos y avancé hacia él, entregándole las notas del ministerio.

—¡Cómo! —gritó—. ¿Este niño es el que me envían de secretario? Pero... ¿qué edad tiene usted? ¿Quince, diez y seis, diez y ocho años? Su nombramiento es ilegal.

Yo me eché a reír.

—Hace un mes que soy mayor de edad —expresé burlonamente.

—Que se lo crean los tontos. Es mejor que regrese a Tegucigalpa. Usted no podrá desempeñar cargo tan importante y he nombrado ya para que le sustituya al señor Suárez, hombre de talento y de experiencia.

Sentí que la sangre me golpeaba las sienes.

—Yo no vengo a discutir con usted general. El presidente me designó para este empleo, que no solicité. Sólo él, y ningún otro, puede hacer esta clase de nombramientos. Me apena su contrariedad, pero no regresaré a Tegucigalpa.

El tono resuelto de mi voz detuvo a medias su cólera, próxima a estallar.

—¿Y si le embarco a la fuerza para San Lorenzo?

—Hágalo. Quiero verlo.

—Y tomando mi sombrero, salí violentamente.

Sorprendido, no hizo ningún ademán para detenerme. Pero luego me siguió, llamándome a gritos. Detúvose cuando una señora le salió al paso. Así miré por vez primera a doña Carmen.

Horas después, hallándome en el paseo de La Punta, llegó un oficial a comunicarme que me necesitaba el comandante.

—Dígale que no estoy de alta, que aún no tengo la edad para el servicio.

Regresó para anunciarme que el vapor saldría a las nueve de la siguiente mañana para Costa Rica y que media hora antes debería yo estar en el muelle con mi valija.

II

En un anochecer del final de 1897 vi paseándose en la acera de la casa de altos que es hoy de la familia Soto, frente al Parque Morazán, a un hombre alto y blanco vestido de negro. Atrajo con tal fuerza mi atención su porte patricio que me acerqué a saludarle. Me tendió la mano sonriendo y nos hicimos amigos. De manera tan sencilla entró en mi vida el más perfecto tipo de superior humanidad que encontrara en mi senda: Rafael Uribe Uribe. Recorrimos juntos, en las frías tardes, los alrededores de Tegucigalpa, sin que me preguntara mi nombre. Sus palabras, sus gestos, sus graves ademanes, hasta sus silencios ajustábanse a una medida de verdad y de sereno reposo interior, a un molde lógico y armónico que imponía y deleitaba al mismo tiempo.

Transcurridas dos semanas de diarias excursiones nos encontramos en un banquete con que le obsequiara el presidente Doctor Bonilla. No se extrañó de verme ocupando un asiento cerca del mandatario. Mas bien felicitó a don Policarpo por haberme escogido para un alto puesto a pesar de mis pocos años, añadiendo que me consideraba con todas las aptitudes necesarias para cualquier cargo por elevado que fuera.

(Nueve años después nos volvimos a ver en Río de Janeiro, en la Conferencia Panamericana. Reanudamos nuestros paseos en aquella resplandeciente metrópoli. No conocía él a Guillermo Valencia sino por sus versos y yo hice la presentación en el Hotel Alejandra.

Caminando una tarde por Beiramar, viéndole como perdido en profundas abstracciones, hice un justo elogio de su brillante destino, consagrado a su patria. El murmuró con amargura:

—Como Bolívar, he arado en el mar.

Reaccionando, continuó:

—Si Colombia logra establecer una paz permanente alcanzará el más alto plano de civilización. Pero temo que los odios inveterados de los partidos políticos esterilicen los sacrificios y las abnegaciones hechos por ella.

En noviembre de 1914 recibí en Guatemala, con intenso pesar, la noticia del infame asesinato perpetrado cobardemente en el general Uribe. Aquella testa olímpica, urna de los más grandes y nobles pensamientos, fue destrozada por el hacha traicionera de dos miserables, que debieron expiar en un patíbulo su horrendo crimen).

III

El 25 de marzo de 1907, a las nueve de la mañana, poco antes de que las tropas nicaragüenses entraran vencedoras a Tegucigalpa, los ministros de Gobernación y Hacienda con doce altos empleados y amigos, salimos con dirección a El Salvador. Al llegar a la plaza de Comayagüela un grupo de individuos intentó detenernos; pero el general Leopoldo Córdova increpó duramente a aquellos follones, ordenando avanzar con el fusil al brazo. Viendo nuestra resolución, manifiesta con enérgicas voces de amenaza, la turba armada se apartó de nuestro camino.

No nos detuvimos sino dos horas en Lepaterique, y, a la madrugada, al ascender por una cuesta, escuchamos a corta distancia el sordo ruido de los cascos de muchas bestias sobre los guijarros. Apartándonos de la ruta, con el mayor sigilo, nos colocamos tras de un cerco de piedra, empuñando el rifle. Como la noche era obscura pasaron sin vernos cinco jinetes, a tres metros de nosotros; y, seguros de que era una escolta que nos perseguía, íbamos ya a disparar sobre ella, cuando, oyendo lo que hablaban, nos dimos cuenta de nuestro error. Eran Emiliano Chamorro y cuatro nicaragüenses que le servían de guardia, entre ellos un joven muy inteligente, gordo, de baja estatura, de apellido Paiz, políglota, educado en Alemania, y que, en los últimos años trabajara, con aplauso de sus jefes, en las oficinas de la Compañía minera de San Juancito.

Ya juntos continuamos nuestra marcha, deteniéndonos a las diez de la mañana en una casa aislada sobre una colina en medio de un extenso valle. Después de un corto reposo almorzamos allí con el mejor apetito.

Cinco de nosotros conversábamos bajo un árbol del patio. Sacando de su bolsillo un pañuelo, alguien dijo:

—Vamos a ver quién, entre, los que aquí nos hallamos, morirá primero.

Y nos extendió cinco puntas. Las tomamos, tocándole a Paiz el nudo fatídico. No se inmutó al parecer. Pero su absoluto silencio desde ese instante nos hizo sentir la impresión que tal augurio le produjera.

Después de mediodía montamos de nuevo, llegando a pernoctar, con la noche ya encima, en la cumbre de un altísimo cerro, conducidos por un guía de aquellos contornos.

Colgué mi hamaca y me extendí en ella. Otros iban y venían en mi derredor, afanados en diversos trabajos, y, a diez metros, ardía una pequeña fogata en la que, con las plumas a medio arrancar, asábanse algunas gallinas.

Habría dormido una hora cuando me despertó un extraño estruendo como de piedras que rodasen por la falda del cerro... Agucé el oído; pero nada volvió a interrumpir la calma nocturna, fuera del monótono roncar de mis fatigados compañeros. Parecióme que la muerte rondaba por aquellos sitios... Por entre los ramajes veía el firmamento como un paño de negro terciopelo lleno de jazmines fulgurantes y una ligera brisa arrancaba murmullos a los pinos. Volví a hundirme en la inconsciencia para despertarme de nuevo como ante la intuición de un seguro peligro. Un hombre hablaba en voz baja con uno de nuestros generales.

—Antes del amanecer —le decía— estarán ustedes rodeados por más de doscientos curarenes que vienen ya marchando. A dos leguas de aquí está la frontera con El Salvador. Váyanse sin pérdida de tiempo.

—No, no, son exageraciones tuyas —contestaba el militar medio dormido. Cuando amanezca nos iremos.

—Vea, general, le debo a usted varios servicios y por eso corrí a avisarle, exponiendo el pellejo y destrozándome los pies en la obscuridad para subir hasta aquí por veredas de cabras. Yo he visto y oído a los que vienen en persecución de ustedes.

—Acuéstate por ahí y no te preocupes.

Yo me deslicé de la hamaca y fui a despertar a Córdova y a Chamorro, a quienes comuniqué lo que pasaba. Este último saltó en el acto, sonando su pito de alarma. Acudieron sus acompañantes, a quienes ordenó preparar las bestias. Ensillé mi caballo. Todos los demás hicieron lo mismo. Cuando amanecía, tras de atravesar el Olubre, llegamos a Concepción de Oriente. Mientras nos bañábamos en dicho río, dos horas después, de las alturas próximas, en tierra hondureña, cayó sobre nosotros una granizada de balas que rebotaron en las piedras, hiriendo a dos de nuestros amigos. Contestamos al momento con nuestros rifles, logrando derribar a uno de los agresores.

Como lo anunciara el hombre excelente que llevó tan oportuna noticia, los curarenes ocuparon al clarear el día el cerro en que nos hallábamos.

En la tarde llegamos a Pasaquina, cuartel general del ejército salvadoreño, y a donde acudía parte del nuestro, después del desastre de Namasigüe. Como cuatro o cinco mil hombres se hacinaban ahí en gran desorden; y el bullicio, el horrible calor y la asfixiante polvareda hacían la atmósfera intolerable. Mi hermano Gustavo me abordó en el acto.

—Voy a esconder tu hermoso caballo en mi cuarto —me dijo—. De lo contrario, con todo y montura te lo robarán esta noche y mañana no encontrarás en qué proseguir tu viaje.

Así lo hizo. Y en seguida regresó para conducirme a un pequeño cuarto que obtuvo para mí, en el que encontré en una mesa un trozo de pan, un pollo asado y un jarro de agua fresca. Salí luego a pasearme por entre los grupos de soldados que se divertían bailando al son de los acordeones, o jugando al chivo, o supinos en el suelo de la plaza, relatando sus proezas en los recientes combates.

Iba a retirarme a dormir, fastidiado de aquella algazara infernal cuando oí cerca una detonación que atrajo la curiosidad de gran número de aquellos hombres. Caminé tras ellos, y sobre las piedras del corredor de una casuca vi a Paiz cubierto de sangre, con la inmovilidad de la muerte...

Meciéndose en su hamaca se le cayó el revólver, cuya única bala le entró por un costado atravesándole el corazón.

Debo anotar que mi primer contratiempo en el exilio restó una importante cantidad a mi haber. Ya en territorio salvadoreño, al atravesar un pedregoso riachuelo, en una tarde tórrida, en el grupo de los generales Córdova, Medal y otros militares amigos, sin desmontarme, como lo hicieron ellos, zafé el freno a mi caballo para que bebiera. Cuando quise ponérselo, el indómito animal saltó varias veces, dando fuertes cabezadas. Golpeóme así violentamente la mano en que llevaba el diamante negro que compré en Bahía, haciendo saltar la piedra, que cayó al agua. Fue inútil lo que hicimos todos por encontrarla. Alejo Lara me había ofrecido tres meses antes mil dólares por ella.

IV

Viene a mi memoria mi intervención en una escena infame, en una madrugada de 1916 en que, viviendo en mi casa cerca de la iglesia de El Calvario, me despertaron unos terribles gritos pidiendo socorro. Vestime en dos minutos y cogiendo el revólver corrí en dirección de tan apremiantes llamamientos. La noche era oscurísima, pero a la débil claridad que llegaba del foco eléctrico de la esquina pude ver que, en el atrio del templo, un hombre golpeaba brutalmente a una mujer, tratando de violarla. Acudí cuando aquel bandido, cogiendo a su víctima por el cuello, le introducía un trapo en la boca. Le descargué un puñetazo en la cabeza. Levantóse tambaleando y huyó como una liebre por el lado del río. Ya un poco tranquila, me contó la infeliz cómo aquella fiera, que la perseguía continuamente, la asaltó al regresar del velatorio de una amiga, arrastrándola hasta allí. La conduje a su casa en el barrio de La Concordia. Por el camino hacíala temblar el temor de que el malvado estuviera en la sombra tras de nosotros y me atacara por la espalda.

—Tenga mucho cuidado —me decía— es cobarde y traicionero.

Huyó frente a usted; pero por detrás lo puede matar cuando regrese, con el puñal con que me amenazó. Debe de estar atalayándole en la obscuridad. Pero en todo el trayecto el único ruido que oí fue el de un reloj público que daba las dos de la mañana.

Si no tuviera tan aferrada a mi organismo mi atracción por las calidades humanas sería hoy un escéptico en todo lo que se relaciona con las excelencias espirituales, la virtud, la gratitud, la caridad, etcétera. En los años 1917-1918 —con la cooperación de la Sociedad de Artesanos El Progreso que presidía don Santos Fortín— fundé y organicé la Fiesta de los niños pobres, que debería celebrarse en la noche de cada 24 de diciembre. Abrí en El Nuevo Tiempo una suscripción para recoger fondos que se invertirían en la compra de vestidos, sombreros, frazadas, juguetes, dulces, etcétera, con que obsequiar, en la Nochebuena, en el Teatro Manuel Bonilla, a los niños míseros de los barrios de Tegucigalpa y Comayagüela. Dicha sociedad, por medio de un tesorero, reunía aquellos fondos, que se depositaban en el Banco de Honduras. Juntáronse millares de pesos; y la hermosa fiesta, que ocupó gran parte de mi tiempo, produciéndome incesantes molestias, realizóse con el mejor éxito en el primer año citado; pero en el segundo, cuando prometía ser más eficiente por la respetable cantidad reunida en la forma anterior, y con una concurridísima velada —la más brillante hasta hoy en Honduras— los centenares de mujeres que con sus críos en brazos llenaban el teatro, en la noche de la entrega de objetos, promovieron tan vergonzoso escándalo queriendo brutalmente recoger todas al mismo tiempo lo que les correspondía y lo que no les correspondía, que resolví ponerle término al simpático festival. En aquella Nochebuena de 1918, más de trescientas madres, iracundas por el delito nuestro de poner orden en la distribución de las dádivas, proferían soeces injurias contra el grupo de los artesanos y contra mí, amenazándonos enloquecidas con los puños levantados. No parecían mujeres a cuyos hijos se obsequiaba, sino procaces energúmenos que en defensa de sus mocosuelos, perseguidos por los puñales de Herodes, ansiaban beber nuestra sangre. Hubo un minuto en que intentaron despedazarnos, asaltando el escenario; pero yo ordené a los doce policías que guardaban la entrada que las rechazaran sin golpearlas, tratándolas como se tratan a las locas frenéticas en los manicomios.

En unión de Fortín y sus consocios distribuí poco después, personalmente, como definitivo epílogo de nuestros benéficos propósitos, entre las ancianas más pobres de los suburbios, yendo de casa en casa, los mil pesos en metálico que también destinábamos a los párvulos indigentes.

Instituí después la Fiesta de la Virtud para otorgar un premio anual a las tres jóvenes solteras y pobres más virtuosas de Tegucigalpa. Obtenido el dinero para los premios, y reunidas en el kiosco del Parque Morazán las doncellas electas por honorables familias de los respectivos barrios, los poetas rendimos entusiasta homenaje a las excepcionales muchachas. Hubo músicas, flores y aplausos pero se aseguró después que una de aquellas inocentísimas vestales estaba... en cinta. Con lo que allí tuvo principio y fin la Fiesta de la Virtud.

Con arduos esfuerzos, y también por diarias excitativas hechas en El Nuevo Tiempo, recogí muchos centenares de volúmenes para fundar la Biblioteca de la Penitenciaría. Entregué los libros al jefe de aquel centro, recomendando cuidar las obras, con un reglamento, y ayudando en la obtención de la estantería. Y transcurrido apenas un año y medio no quedaba de aquella importante biblioteca un solo volumen. Cosa idéntica pasó con la que reuní para el Cuerpo de Policía de la capital.

Nadie recuerda estas cosas... y quienes las recuerdan las callan por indiferencia o algo peor.

Tampoco recuerda nadie que yo hice cambiar el piso del Parque Morazán, construido con antiquísimas piedras labradas, ya en completo deterioro, por el de ladrillos de cemento; sustituyéndose, además, el alumbrado de mal gusto que antes había allí por otro, moderno y eficiente; trasladándose a la Escuela de Arte la especie de verja que circundaba la estatua del Héroe y que tan feo aspecto ofrecía.

Por respeto a la verdad no incluyo en estas reformas locales que realicé la iluminación del reloj de la catedral, porque a ello no me guió el deseo de hacer un servicio colectivo. Mi amor de aquel tiempo vivía en el segundo piso de la casa en que hoy se halla el Hotel Honduras y me esperaba todas las noches, a las ocho en punto, asomada al balcón. Pero para que aquella blanca imagen apareciera en el minuto exacto ¡extraño romanticismo! —evitando la corta diferencia del tiempo que pudiera haber entre su reloj y el mío—, hice iluminar el reloj público, que ella miraba desde su dormitorio y que nos sirvió de cronómetro. Cosas del amor, baladíes y eternas.

(Léase El milagro imposible, página 277 de mis Cuentos del Amor y de la Muerte).

Dejo en el tintero muchos otros asuntos de esta índole. Y nada digo de las críticas necias que coseché porque no se lleva a efecto, como debiera hacerse, la Fiesta de los Árboles, creada en 1912 por mi iniciativa. ¿Qué culpa tengo yo de que no se haya interpretado bien mi pensamiento en la práctica de tan bello, culto y utilísimo festival? Con esa lástima que me producen las cosas míseras he visto el afán que se pone, desde hace varios lustros, para que en los programas respectivos se omita el himno que escribí por expresa excitativa del Ministerio de Instrucción Pública. En acuerdo fue declarado himno oficial; es decir, que obligatoriamente debe cantarse siempre en esas fiestas; pero con la mayor inconsciencia o mala intención lo substituyen con cualquier otro número.

V

Llegó en esos días a Tegucigalpa la famosa bailarina española Tórtola Valencia, a quien admiré en 1920 en el teatro Eldorado de Barcelona. Tratóme con efusiva cordialidad al verme en una calle, reprochándome que no hubiera ido a visitarla. No fui; pero en Hispano América le prodigué los homenajes que merecía. En uno de mis álbumes conservo el valioso dibujo que me dedicó. En su función de despedida, desde uno de los palcos próximos al escenario, pronuncié un discurso en su honor, y, al finalizar, desde el sitio en que me escuchara, me expresó su gratitud con frases cariñosas y emocionadas.

En una mañana de 1923 me encontré con dos bellas mujeres desconocidas, acompañadas de un individuo de aspecto antipático. Abordé a la más guapa, preguntándole en inglés si en algo podría servirla.

—Acepto su ofrecimiento —me contestó— tendiéndome la mano. Veo que los hondureños son amables y cultos. Necesitamos alquilar una casa amueblada.

—No es cosa fácil hallar aquí lo que desean.

—Pero usted nos ayudará —murmuró.

—Y tanto que ya está abierta para recibirla. Iremos a verla al instante.

Y las conduje a mi casa, frente al Parque Herrera, en aquellos días desalquilada. Quedaron ambas mujeres contentísimas del hallazgo

—¿Es suya?

—Mía y de ustedes.

La hermosa entreabrió su bolsa metálica diciendo:

—Díganos su precio. Vamos a pagarle tres meses adelantados,

—Guarde su dinero —exclamé—. Les cedo el inmueble por el tiempo que lo necesiten sin pagar por ello ni un céntimo.

Protestaron sorprendidas. Pero, sin atender a sus exclamaciones, les entregué las llaves, despidiéndome. Pocas horas después fueron capturadas en el Hotel Agurcia. La encantadora joven era Clara Phillips, la célebre asesina del martillo, prófuga de una cárcel de California. La otra, de menos edad, y también hermosa, su hermana, y el hombre antipático un aventurero anónimo.

Invité a mis amigos Alfonso Guillén Zelaya y Juan de Dios Bojórquez, que fue después Ministro de Gobernación en su país, para que las visitáramos en la Dirección de Policía, a donde las condujeron.

Vestida con un traje de paño gris de corte elegante nos recibió la infortunada mujer. Alfonso había traducido a un inglés correctísimo un breve discurso mío en que protestaba, con verbo encendido y romántico, por no haber encontrado ella en mi patria un asilo seguro. Manifestábale que habiendo muerto a su rival en un rapto de celos, los espíritus generosos la absolvían de su delito, y que, si en aquella fecha fuera yo Presidente de Honduras, jamás habría ella puesto los pies en una ergástula, ni mucho menos la hubiese entregado a sus perseguidores. Emocionóse tanto que me tomó afectuosamente las manos para expresarme su gratitud. A pesar de cuanto hicimos en su favor muchos impulsivos admiradores de su seductora figura, fue conducida a Puerto Cortés por los dos esbirros yanquis. Concurrí a las dos de la mañana a despedirla en el zaguán de la Policía. Y me sentí profundamente indignado al verla subir al automóvil con las manos sujetas por una cadena, diciéndome adiós con una dolorosa sonrisa. De contar con tres hombres resueltos, habría yo corrido en un carro más rápido hacia el norte, sorprendiendo en la carretera a los dos sabuesos, rematándolos a tiros y poniendo en libertad, lejos de allí a la bella prisionera.

VI

También fui Presidente del Comité-Pro-Paz (el Vicepresidente era el doctor Vicente Mejía Colindres), fundado para trabajar por la paz de la República, amenazada por la exaltación de las pasiones políticas con motivo de la campaña electoral de 1923. Las actas de las sesiones de estas dos últimas entidades aparecieron en Hispano América. En la medida de mis fuerzas hice cuanto pude para evitar la guerra civil. Desatada ésta llegó a Tegucigalpa un cuerpo de doscientos marinos yanquis que fijó su cuartel en pleno corazón de la ciudad (casa de Agurcia, esquina oriental del Parque Morazán). Desde el instante en que tuve la noticia del desembarco de aquellos intrusos en Amapala violando nuestra soberanía, me presenté al Consejo de Ministros solicitando una inmediata protesta contra el ultraje hecho a Honduras. Atendióse mi petición, y cuando la soldadesca extraña hallábase todavía en dicho puerto, fue redactado aquel documento y se me comisionó para que, en persona, lo entregara al ministro norteamericano. Acompañóme el doctor Octaviano Arias, subsecretario de Relaciones Exteriores.

Contrájose la cara de Franklin Morales cuando se impuso del pliego, y dio fuertes puñetazos sobre su escritorio declarando, con esa grosería de los plebeyos ascendidos por el azar a delicados cargos, que Honduras era una tierra de salvajes, que los marinos de su país venían a proteger a sus conciudadanos y demás extranjeros de los asaltos de los bandidos; y que en la petición que a él se hizo para que aquéllos llegaran, había muchas firmas de importantes hondureños, etcétera. Le contesté en el mismo tono altanero que él uso, punto por punto; terminando por rechazar, como una vil calumnia el gravísimo cargo que arrojaba sobre algunos de mis compatriotas. Él se comprometió a remitirme sus nombres, dentro de breve tiempo, lo que nunca hizo.

Como en su larga, violenta y difusa peroración manifestara que no daría respuesta a la nota del Consejo porque éste no actuaba con funciones legales, le manifesté que, en tal caso, él se hallaba desprovisto de todo empleo e inmunidad diplomáticos, ya que no existía gobierno legal ante el que pudiera acreditar su representación. Sobresaltóse al oírme imaginándose quizá ver su cabeza paseada por las calles de Tegucigalpa en la punta de una bayoneta.

Con estas últimas palabras salí sin darle la mano. Tornándose cordial, nos acompañó, a Arias y a mí, hasta la portezuela del automóvil.

Al día siguiente ingresó a la capital la tropa invasora, y, por primera vez sentí, convertida en hecho, la afrenta con que se humillara a mi patria. Lancé una candente hoja suelta protestando de aquel incalificable abuso de la fuerza bruta (Alfonso Guillén Zelaya y dos otros hondureños de gran corazón fueron los primeros que acuerparon mi solicitud). Y publiqué, desde esa fecha, todos los días, el Boletín de la Defensa Nacional —calificado por Vargas Vila como la más valerosa, vigorosa y oportuna demostración de alto civismo, permanente latido del duelo de Honduras por la injuria hecha a su bandera, encendido panfleto contra los victimarios del Derecho y de la Libertad en Hispano América y tenaz esfuerzo por quitarnos de encima aquella oprobiosa lepra.

El Boletín circulaba todas las tardes gratuitamente en número de cinco mil ejemplares; y, desde el mediodía veíase la calle, junto a mi casa, llena de hombres y mujeres que esperaban su aparición. Distribuía una parte, en mi puerta, yo mismo, ayudado por un grupo de patriotas; y, el resto, por una veintena de muchachos que sin admitir ningún pago, recorrían Tegucigalpa y Comayagüela, introduciéndolo hasta en los más lejanos suburbios. Todos los soldados y oficiales de los cuarteles hacíanse presentes solicitando la hoja en que palpitaba el alma hondureña. De aquí la calurosa simpatía de que me dieron tantas pruebas en las sangrientas semanas del sitio.

Llegó una hora en que me faltó dinero para pagar a los tipógrafos que trabajaban en el diario y promoví en él una suscripción para obtener esos fondos. La primera persona que se presentó, llevando su cuota de cinco pesos, fue la señorita Mercedes Garay (tía del licenciado Constantino Garay), quien, al abrazarme elogiando mi actitud, díjome que si fuera rica habría puesto a mis órdenes toda su fortuna para contribuir eficazmente a expulsar a los marinos intrusos del territorio patrio. Alargóse la lista de los donantes, que aparecía diariamente en las páginas del Boletín con el detalle de la inversión de los fondos. Abrí un libro de protestas contra la odiosa permanencia de los yanquis en Honduras, encabezado por algunos párrafos enérgicos que brotaron de mi pluma; y, durante un mes, cada cinco minutos llegó un hombre o una mujer a firmar en aquel libro. A veces reuníanse hasta diez personas, esperando su turno para inscribir su nombre. Más de nueve mil firmas sólo de la capital llegó a sumar la nómina patriótica. Me di entonces cuenta exacta del espíritu rebelde, del odio al yugo extranjero, de la pasión por la soberanía que vibran en el alma del pueblo hondureño. Sentíame orgulloso cuando grupos entusiastas me aclamaban al pasar por las calles o frente a mi casa.

Nunca, en ningún momento histórico en los anales de los pueblos hispanoamericanos escarnecidos por el imperialismo yanqui, fue éste atacado con mayor audacia, con mayor desprecio de la vida, con mayor impetuosa energía, que como lo fue en el Boletín de la Defensa Nacional. Lamenté únicamente que su poderosa acción no trascendiera —por el sitio de la capital— a las demás regiones de la República; pero la prueba inequívoca, irrefutable, potente, que en él se dio de que nuestro país perecerá antes que dejarse encadenar, fue el principal motivo para el retiro inmediato de los odiados marinos. Mi conciencia y la conciencia de mis conciudadanos dignos así me lo dicen. Y esto me basta. Debo añadir que las semanas mejor empleadas de mi existencia fueron aquellas en que, sin perder un minuto, sin medir los peligros y las conveniencias, con plena renuncia de mi vida trabajé intensamente, con el cerebro y con el corazón   —como nadie jamás lo hiciera— por la dignidad, por la gloria y por la soberanía de Honduras.

Fueron días de dolor, de inquietud y de heroísmo, por ambas partes contendientes, los del sitio de Tegucigalpa en 1924. Yo presencié innumerables episodios de temeraria audacia. Horroriza escribir la palabra enemigos tratándose de hondureños contra hondureños. Pero la voz adversarios fuera impropia en relación con aquella lucha en que se combatía con feroz ensañamiento. Lástima que aquel continuo derroche de potencia agresiva, que aquella impavidez ante la muerte, se emplearan en colectivos duelos fraternos, en los que no caben las grandes voces: patria, honor y gloria. Creo que todos aquellos valientes hubieran obtenido grados y cruces en la guerra mundial. Viendo sus hazañas me convencí de que no hay un soldado más impetuoso y temible que el hondureño. En lo que respecta a los seiscientos u ochocientos hombres que defendían con fiereza la plaza fue de sentirse que entre ellos hubiera un centenar de fascinerosos que con sus borracheras y delitos crearon la indisciplina y el desorden.

Recorrían a todas horas las calles, escandalizando y sembrando el terror a su paso. No se dieron punto de reposo en su locura de disparar a cada minuto sus rifles, en sus rapiñas, en sus provocaciones entre sí con palabras procaces. Aquel grupo de bandoleros fue la deshonra de las intrépidas tropas que defendían la capital. Ellas injustamente cargaron con el anatema que sólo unos cuantos merecían. Su culpa consistió en su tácita complicidad en tan terribles abusos en no haber sometido a balazos a aquellas bestias desbocadas. Bestias bravías que lavaron sus crímenes con su propia sangre, pues su infatigable ardor combativo les llevó a casi todos al sepulcro. Eran hondureños y todos los hondureños debemos desear que la tierra les sea leve.

Tuvieron entre sus vicios y delincuencias, una calidad luminosa que en la justa apreciación de los méritos más grandes, los colocó, en aquellos días trágicos en un plano de calidad cívica; su odio al invasor, que no se tradujo en hecho sangrientos por la perpetua vigilancia que con ellos se tenía y por la miedosa pasividad de la tropa intrusa. De lo contrario, de los doscientos marinos no hubiera quedado uno vivo, incluso Franklin Morales. Notábase en éstos verdadero pavor. No salían jamás de su cuartel sino a hacer sus compras de víveres, en pequeños grupos silenciosos. Iban por en medio de las calles con semblantes descompuestos, prontos a huir a la primera agresión.

Yo habíame abstenido en absoluto de tomar parte en las luchas políticas en los últimos trece años. Mi anhelo de reservar mis fuerzas para la Causa de las Causas, la autonomía nacional, neutralizaron mi actitud. Sólo me interesaba, de manera apremiante y definitiva, lo que atañía con la libertad de Honduras, en mi sentir, en grave peligro en aquel tiempo, por la voracidad anglosajona, duplicada por nuestros desórdenes intestinos. Veía con dolor la lucha entre los partidos políticos y no tenía interés alguno en que un nacionalista o un liberal fuera el Presidente. Lo único que me importaba, de modo esencial era que el mandatario odiara, como yo, las intromisiones yanquis en nuestros asuntos internos. Desde este altísimo plano de intenso amor patrio y de cultura cívica veía yo el problema de la revolución que conmovía al país.

¡Qué anecdotario tan gráfico y palpitante podría yo exponer en estas páginas de aquellas calcinantes semanas de guerra, en que la atmósfera olía a sangre y a pólvora, y en que se escuchaba, minuto a minuto, el retumbar del cañón o el ruido siniestro de las ametralladoras! Humaredas azuladas cubrían los horizontes; lejanos estruendos, resonantes clarines en los cerros, repiques de campanas anunciando hiperbólicas derrotas, confusas griterías, banderas flotando en las alturas, estrépitos de los grandes camiones repletos de soldados conduciendo parque, camilleros transportando a los heridos... Todo dentro de un marco de metal reverberante, polvoriento, árido, con aspecto de desolación y de tragedia...

Llegó en aquella época dramática a Tegucigalpa, como representante especial del Presidente de los Estados Unidos, el señor Sumner Welles, hoy célebre personaje mundial.

Venciendo la hostilidad que tal hombre me inspiraba por su nefasta actuación en Puerto Rico, en detrimento de la soberanía de aquella desventurada isla, le remití una colección de mi Boletín, solicitándole una audiencia. Pocas horas después recibí una tarjeta suya, citándome para las nueve de la siguiente mañana.

Hospedábase en casa del licenciado Rubén Barrientos y le encontré leyendo mi periódico esparcido sobre una larga mesa. Me felicitó por mi alto patriotismo y por los vibrantes artículos que más le gustaron y que había marcado con lápiz rojo,

Le expuse la situación con la mayor claridad e hice todos los esfuerzos posibles para convencerlo de la urgencia inmediata de hacer salir a la tropa de la marina de su país del territorio hondureño. Volvime elocuente, aduciendo todas las razones que un ciudadano que defiende la libertad de su patria expone en circunstancias tan críticas.

Prometióme trabajar con toda su voluntad en tal sentido. Dos veces más, en los días subsiguientes, insistí en mi reclamo, que fue escuchado con la mayor cordialidad y cultura.

A las doce de un día clarísimo de calor africano —2 de abril de 1924— vi pasar, desde la esquina de la casa que fuera de los Ugarte, frente al Parque Morazán, una tropa de cincuenta hombres al mando de los coroneles Ángel María Cisneros y José María Salgado, con dirección a El Berrinche, de cuyas posiciones se apoderara, sin un tiro, la noche anterior, el general Vicente Tosta, según se dijo comprando al jefe que las defendía, un antiguo presidiario.

—¡Viva el defensor de nuestra soberanía! ¡Viva Froylán Turcios! —gritaron al verme Cisneros y Salgado. ¡Vamos a recuperar El Berrinche o a morir!

Aún no se habían extinguido los estruendosos vivas de los soldados contestando a sus jefes cuando turbó súbitamente mi espíritu una pavorosa alucinación, un fulminante fenómeno de mi fantasía, impresionada hasta el último límite del horror por tantas escenas patéticas. Miré, en la claridad meridiana, que Cisneros se volvía hacia mí y que su cabeza descubierta se transformaba en una calavera. Duró la visión pocos segundos...

Pensé correr tras él para comunicarle tan terrible anuncio de su destino, pidiéndole que desistiera de su propósito; pero me detuvo la idea de que se burlaría del insólito caso, y, sobre todo, la absoluta convicción de la imposibilidad de detenerle, enardecido como iba por la fiebre del combate. En el trayecto hacia mi casa encontré a Alfredo Pineda (quien murió trágicamente veintiséis días después) y a la señorita Chepita Pinel, a quienes conté el extraño suceso, e hice lo mismo con mi familia y con otras personas.

A las tres la bandera azul y blanco continuaba flotando en El Berrinche.

—Tengo la certeza de que Cisneros es ya otra gran energía perdida —dije a varios amigos.

A las siete de aquella noche, mientras escribía en mi oficina, oí unos tremendos gritos venidos de muy lejos. Salté a la calle indagando la causa, pero ninguno de los transeúntes sabía nada. De nuevo resonaron los agudísimos lamentos cuando el doctor Rodolfo Espinosa pasó junto a mi puerta.

—Es una cosa horrenda —me dijo—. ¿Oyes esos clamores de espanto y agonía? Son del coronel Cisneros que recibió por la espalda un terrible balazo que le partió la columna vertebral destrozándole el vientre. Algo fatalmente angustioso e irremediable.

Presencié en el hospital su siniestro fin. Enloquecido gritaba y gemía, debatiéndose en la mayor desesperación. Sus ojos giraban de un punto a otro, desorbitados e implorantes.

—¡Mátenme por favor! —suplicaba enronquecido—. ¡Evítenme estos infernales sufrimientos! Otra inyección de morfina, triple, cuádruple, doctor, se lo ruego, se lo ruego... Y los desolados y lastimeros gemidos de su martirio repetíanse una y otra vez, produciendo profundísima pena e intensa piedad. ¡Qué muerte tan atroz la de aquel talentoso y valiente joven!

FROYLÁN TURCIOS

TRINA CORREA Y LA POZA DEL BANCO

Nadie ignora que Trina Correa se volvió loca, y que la Poza del Banco está encantada...

Más o menos a medio kilómetro hacia el norte del Parque La Concordia, aguas abajo del Río Choluteca, se llega a un recodo formado por la corriente.

Es allí donde se anida la traicionera Poza del Banco...

Ni la gran cantidad de ripio que diariamente le cae de una cantera cercana ha podido aterrarla... Tampoco el tiempo —¡divino purificador!— ha logrado libertarla del nefando encantamiento que la inficiona.

En esa poza maldita, frente a mis ojos, se ahogó un primo mío...

Habíamos ido a traer cañas de bisgüís (gramínea más liviana que el bambú, cuyo tallo sirve de esqueleto para hacer barriletes. Antes abundaba en las riberas del río Choluteca), para confeccionar barriletes, y a él se le ocurrió bañarse. Aunque traté de persuadirlo para que no lo hiciera en aquel lugar, porque yo sabía de la mala fama de que gozaba la poza, mi primo se rió de mis recelos y pronto se encontraba braceando en las verdosas aguas de aquel fatídico remanso.

Aún no había alcanzado el centro de la poza, cuando vi que hacía esfuerzos desesperados para mantenerse a flote. Parecía que alguien lo halaba desde el fondo; y, el pánico que se apoderó de mí hízome ver claramente una mano negra, peluda y de afiladas uñas que lo arrastraba hacia un remolino. Traté de reponerme para poder auxiliar a mi desdichado primo, y con el cuchillo que habíamos llevado corté un largo y grueso bejuco que le tiré al instante para que se asiese a él y pudiera yo salvarlo. Fue en vano porque cuando el bejuco cayó al agua, mi primo desaparecía tragado por el remolino...

Se nos había terminado el espíritu de la uva, en una de las serenatas sabatinas que solíamos organizar, hace la friolera de treinta años.

Fernando Villar y Joaquín Mendoza nos llamaban a voces para que fuésemos a ayudarles a transportar unas botellas de coñac y varias latas de ultramarinos, que habían logrado que a esa hora, las tres de la madrugada, les vendiese Melchor, propietario del «museo» que en aquel entonces tenía establecido en una pieza de los bajos de los corredores que quedan al sur del Parque Central.

Guillermo E. Durón, Samuel Da Costa G., Napoleón Cubas Turcios, Saturnino Medal H., Pedro Arturo Zúniga, Ramón Alduvín, Guayo Berlíoz, Alfredo Lara y el narrador, estábamos apoltronados en dos automóviles cuando oímos el S.O.S. de Villar Mendoza.

Provistos ya del divino néctar y del fino yantar, salimos con destino a El Sauce, discreto oasis para nuestras frecuentes «gomas».

—¡Qué mujer tan «pipa» (alta, grande) —exclamó Guillermo E. Durón cuando llegó la sirvienta trayéndonos los huevos a la ranchera para combinarlos con las sardinas, el jamón del diablo y los chiles jalapeños que habíamos llevado.

—Igualita a Trina Correa —agregó Pedro A. Zúniga.

—Hombre, a propósito —dijo Villar—, ¿conocen ustedes la historia de Trina Correa?

—No —contestamos a coro—.

—Bien, si me escuchan en silencio se las refiero enseguida.

Y principió Villar su narración después de haberse empujado el bocado con un gran sorbo de café mezclado con un 75% de coñac.

A Trina la conocí pollona. Era tamaña «bimba», aunque supongo que no pasaba de los 15 años. Creo que entonces medía ya seis pies de estatura. Su fealdad le había creado un complejo que la obligaba a mantenerse lejos de la gente. Arisca como potranca salvaje, prefería para transitar los callejones solitarios, y a nadie miraba de frente.

Como entre nosotros todo se sabe, llegó a mi conocimiento que Trina frecuentaba las iglesias pidiéndole al Creador que la transformase en una mujer corriente, de esas que al menos no eran víctimas de la burla masculina, porque, ¡ah!, ¡cómo le gustaban a ella los hombres!...

Pasaban los años y Trina seguía rumiando su amargura, viviendo en las fronteras que unían el Barrio Abajo con el monte. Un día supo que había llegado un brujo con unos gitanos, y fue a buscarlo. En larga plática se discutió precio y demás detalles; y ya puestos de acuerdo se citaron para un viernes por la noche, en la calle situada al oeste del parque La Concordia.

En el techo arqueado del cielo se habían prendido los más brillantes luceros cuando Trina llegó al lugar de la cita. Sintió miedo, y al llevarse la mano al pecho para tocar el rosario del cual nunca se desprendía, recobró el valor y pensó que aquella era la única oportunidad de su vida para cambiar su cuerpo agigantado por el de una mujer normal. Sintiéndose serenada y en compañía del brujo gitano llegó a las riberas de la Poza del Banco.

Tan pronto estuvieron allí se les presentó un hombre bien vestido, con barba puntiaguda, nariz aguileña y ojos de ave de rapiña, saludándoles: —¡Hola, bienvenidos! Me hicieron esperarlos mucho tiempo.

Trina sintió un frío extraño que recorría todo su cuerpo; mas, sobreponiéndose, respondió con otro «¡Hola!», preguntándole seguidamente al brujo:

—¿Quién es ése?

—Es la persona que va a hacer el trabajo que has solicitado.

—¡Ah!, sí —dijo Trina en tono burlesco y henchida de valor—. "Ya caigo", lo adivino por el bulto de la cola que se le nota atrás de los pantalones, lo mismo que por los cachitos que le asoman a los lados del sombrero... Ese es el mismo diablo... Y yo le digo, imitando al Padre Chilo: ¡Vade retro, Satanás!... ¡Virgen purísima, ayúdame!...

Luego, al mismo tiempo que imploraba a la Madre de Cristo, se desprendió del rosario y comenzó a azotar con éste al demonio, quien desesperado y despidiendo un fuerte olor a azufre, se sumergió en la Poza del Banco en medio de un imponente remolino...

¡Desde entonces esa poza está encantada!...

En la madrugada, unos campesinos que venían a la ciudad a vender leña, encontraron a Trina tendida en la ribera en estado inconsciente y llena de contusiones y heridas.

Trina se curó del cuerpo pero perdió la razón. Una sombra de misticismo la acompañó desde entonces hasta el día de su muerte. Vestía con burda tela color café imitando el traje monacal franciscano, y ceñíase la cintura con una gruesa faja de cuero, siendo este último detalle el que le valió el apodo de Trina Correa con que fue conocida por todos los habitantes de Tegucigalpa.

Se cubría la cabeza con una tira de merino color de la cucaracha, y en lugar de zapatos usaba los legítimos caites de cuero crudo.

Y así la vimos a través de varios lustros, recorrer las tortuosas calles de nuestra amada Tegucigalpa, entrando de puerta en puerta con un enorme canasto en la cabeza, y anunciando con voz varonil: "¡Novenas de las ánimas y candelas legítimas para prenderle a los santos!"...

MARCO ANTONIO ROSA

COYOTE

Muy, muy despacio salió COYOTE de la chichería, sin responder una sola palabra a la despiadada negativa de venderle más bebida.

Como contraste a su angustioso sentir, rebosaban las calles de alegría, y decidora gente era portadora de paquetes envueltos en papel de Navidad. Aquí y allá pasaban campesinos cargando a manera de cruz, verdes árboles de fragante pino anunciando su venta a grandes voces. Todo parecía manoseado por el ruido de los pregoneros de periódicos, pitos y cohetillos...

Con su característico caminar de viejo marinero, COYOTE cogió calle abajo llevando sujeto a su diestra un delgado y corto lazo con el cual arrastraba algo amarrado al otro extremo de la cuerda.

A veces al dar de traspiés, instintivamente levantaba ambos brazos hacia el frente, como preparándose para no caer de bruces.

¡Ah!, pero la pena que pretendía adormecer con los vapores de la chicha no menguaba; seguía sintiendo aquel fiero zarpazo que le desgarraba el corazón...

Y reía y lloraba; y en su inconsciencia no le era posible percatarse cómo exteriorizar su rabia, o cómo darle rienda suelta a su amargura...

Súbitamente se detuvo vociferando con soeces palabras:

—¡Cabrones! ¡Bandidos! ¡Asesinos! ¡Me la han envenenado! ¡Me la han envenenado! A ella —prosiguió— que jamás hizo daño a ser nacido; a ella, que por quince años fue mi compañera; a ella, la adoración de mi pobre hija Martita...

En ese tiempo vivía yo en el barrio de La Ronda y al asomarme a la puerta vi a este viejo mecapalero que a ratos reía y otros lloraba...

—¿Qué te pasa, COYOTÓN? —díjele con festiva voz—. Estaba demasiado fuerte esa chicha que te dieron.

—¡Nada de eso, don Toñito, ni siquiera he podido «picarme» con esa «papada»! Pero, ¡que ésta me la pagan, me la pagan! —terminó diciendo, a la vez que tapándose con el índice una ventana de la nariz, se sonaba estrepitosamente.

—¿Y qué diablos te han hecho, COYOTE?

—¿No mira que me la han envenenado, don Toñito? Sí, ¡me la han envenenado! ¿Y a quién molestaba la infeliz? A nadie; y ahora como «chascada» me mandan los hijos de la gran madre que vaya al río a botarla. Ahí está; mírela no más, dura y fría como el corazón de todos esos desgraciados chontes...

Posé la vista en una perra chiquita, negra como el azabache, cuyas extremidades se mantenían rígidas, y que tenía amarrado al cuello un lazo delgado y corto.

—Confórmate COYOTE: es que «anda dando» la rabia y por eso envenenan a los perros...

—Si no es por la perra que me pican los alacranes aquí dentro, es por el recuerdo de mi hija Martita, que tanto la quería.

—¿Y acaso has tenido tú alguna hija, COYOTE?

El cargador no me contestó; quizá comprendía que estaba yo en plan de confidencias, y acercándose a mí, poco a poco, fue doblando su gigantesca configuración, hasta sentarse en la acera justamente frente a mi puerta.

Como mi mujer notara que yo había abandonado el trabajo en el «nacimiento» que estábamos terminando de formar, la oí que desde adentro me gritaba:

—¡Toño! ¡Toño! ¿Qué te hiciste? ¿Dónde estás metido?

—¡Aquí mujer!, en la calle —respondí—; estoy con COYOTE que me va a contar una breve historia.

—¡Ah! No, ahora no hay tiempo, a menos que lo metas y lo escuches mientras terminas tu trabajo. Acuérdate —prosiguió— que tenemos invitados para la velada de esta noche, y la casa es un maremágnum, y por añadidura las dos sirvientas se nos fueron; ¡cómo no! —terminó regañando— ¡si eran ya tres meses los que se les debían!

Me pareció de muy mal gusto en ese 24 de diciembre enojarme por las últimas palabras de mi esposa, y como era verdad, opté por hacerme el sueco.

Metí a COYOTE en la casa y le hice tomar asiento cerca del nacimiento, mientras sobre una banqueta que le coloqué enfrente desenvolví un hermoso nacatamal a tiempo que le traía de la cocina un pocillo colmado de humeante café.

—¡Dios te bendiga Toñito! Creí que la Noche Buena y en una casa amiga ya no volvería a comer nacatamal con café. ¡Hace tantos años! ¡TANTOS!... —y amortajó esta palabra con tal expresión de amargura, que me pareció ver que se reproducía en la retina de sus ojos, como en una pantalla cinematográfica, la visión lejana de mejores días cuando él era buen mozo, extraordinariamente fuerte y sobre todo... joven.

COYOTE comía en silencio como para dejarme hojear a mi entero gusto el apolillado libro de su vida...

Con este personaje hemos mantenido una amistad que data de medio siglo. Me conoció volando papalotes tras la iglesia de Los Dolores. Era entonces aquel bello paraje, propicio lugar para la distracción de los chicos, y más de una vez este gigantesco cargador «me echó el papalote», mientras yo me ocupaba en «encumbrarlo».

No se conocía entonces, en Tegucigalpa, otro medio de transporte más seguro y más barato que la espalda humana; y en la profesión de mecapalero, COYOTE se destacó como el más fuerte y más honrado.

Interrumpiendo mis pensamientos díjome:

—¿Te acordás, Toñito, la vez que llevé aquel piano de donde Streber hasta la casa de tu mamá? Me lo «tiré» solito; otros de mis compañeros querían ayudarme, pero yo sentía orgullo en probarles que un hombre como COYOTE, era capaz de «zamparse» quinientas libras sobre el lomo.

—De todo eso tengo claros recuerdos en mi memoria —díjele—; pero lo que me interesa saber es el asunto de tus descendientes. ¿No me hablaste de una tu hija que se llamaba Marta?

—¡Ay, Toñito!, en cuatro palabras te contaré esa historia: hace como veinticinco años nació esta niña. Era la más bonita y avispada de mis hijas y entonces mi oficio de mecapalero rendía buen dinero; con la ayuda de mi mujer, quien tenía una pulpería, pudimos darle una regular educación.

Aquí entra la cuestión de la perra —dijo COYOTE, parando su narración para beber un trago grande de café—; cuando Martita cumplió diez años de edad, yo le regalé esa perrita negra que hoy me envenenaron los chontes, y a la que ella bautizó con el nombre de Estrellita. Ese animalito era la alegría de la casa, retozaba con todos nosotros, dormía en nuestro catre, y la premiábamos con los mejores bocados. ¡Dios la tenga en el cielo! Cuando se fue Martita, enfermó de tristeza y yo creí iba a morir. Pero no, seguimos disfrutando de su compañía por varios años más, hasta que un policía, pretendiente despreciado de mi hija mayor, le dio el bocado fatal. Hizo una pausa como para tragar su pena y prosiguió con la historia de Marta: —Tan pronto se graduó de profesora, se le metió entre ceja y ceja que debería irse a los Estados Unidos; y como era nuestra hija predilecta de quien nos sentíamos tan orgullosos, no vacilamos en hacer el sacrificio hipotecando la casita y reuniendo todos los centavos que pudimos, Martita partió para Nueva Orleans, de donde nos escribía a menudo, pero como a los dos años no volvimos a saber una palabra de ella. Fue entonces cuando por el Cónsul de allá, nos enteramos de su traslado a Texas y de que se había cambiado mi apellido. No quería que de allí en adelante nadie supiera que ella era la hija de COYOTE, el conocido mecapalero de Tegucigalpa.

Dando un hondo suspiro y con los ojos húmedos terminó su narración: —La casa la perdimos, don Toñito; igual suerte corrió mi hija Marta; y ahora como regalo de Navidad, me han envenenado a Estrellita, que era lo que más me apersonaba a esos recuerdos.

ERA LA HORA DEL ÁNGELUS cuando COYOTE salió de mi casa.

Sobre las crestas rojizas del Berrinche, en un cielo nublado, fuertes crayoneados carmesí luchaban contra unas nubes plúmbeas empeñadas en empujar la noche...

Al otro lado de la ciudad, en la Montañita, se principiaban a ver las copas de los pinos bañadas por la diáfana luz de los luceros que ya habían empezado a parpadear...

Abajo, la antañona calle de La Ronda atiborrada de una heterogénea multitud, que iba y venía presta para divertirse...

Y el personaje de nuestra historia llegándose hasta donde estaba la perra, la acarició con una larga mirada a la vez que, como reproche por su muerte, movía la cabeza como péndulo; dobló sus seis y medio pies de estatura para acuclillarse y desatar el lazo que le sujetaba al cuello; después, pasando tiernamente ambas manos por debajo del cuerpo de Estrellita, la levantó como si se tratase de su propia hija en trance de muerte; se irguió con ella y empezó con su andar de viejo marinero a hacer su triste recorrido...

Y antes de que se lo tragasen las sombras de la noche, escuché la aguda risa de varios gandules, y la voz destacada de uno de ellos que festivamente decía:

—¡Miren a COYOTE, allí va con su gran jolote de Navidad!…

MARCO ANTONIO ROSA

MOTION

Aquel día, allá arriba en los cielos, el Señor plasmaba uno más de los hombres.

Sea porque se encontrase distraído o porque el barro era de mala calidad, la figura resultó desagradable, y cuando se preparaba para fundirla de nuevo, San Pedro le aconsejó que la dejase tal como estaba y la mandara a Tegucigalpa.

San Benito, que a la sazón contemplaba la escena, extrajo de su bolsillo un pequeño corazón de oro y lo incrustó en el pecho de aquella mal confeccionada criatura de barro.

A ese hombre, hechura del Señor y tocado por dentro por la mano de un Santo, le conocí en Tegucigalpa a lo largo de casi medio siglo, con el remoquete de MOTION.

Era feo, como noche sin luna y sin luceros; bonachón, como la abuela con el nieto predilecto; y alegre, como un par de castañuelas en un día de feria, en manos —por supuesto— de una legítima andaluza... Siempre estaba animoso para el trabajo y presto para hacer el bien.

Adolescente aún, acompañó por un tiempo a la Banda de los Supremos Poderes, tocando el bombo y los platillos; pero perdía con frecuencia el compás. No había nacido para músico.

Necesitaba aprender un oficio, mas, le faltaba coraje. Los albañiles eran crueles con los aprendices, los herreros y los carpinteros eran crueles también. ¿En dónde encontraría él, entonces, un trabajo independiente que le rindiera utilidades para su propio sustento y para el de la compañera que pensaba llevar al altar? Porque MOTION no creía como la generalidad de nuestros campesinos y obreros en vivir «amachinado».

Un día bajó de los cielos en su ayuda San Benito y le susurró al oído: "Dedícate a deshollinar chimeneas, hijo". Y este oficio, nuevo en la capital, le rindió buenos pesos.

Se casó como Dios manda y se estableció en un humilde cuarto de tabla de orilla. Era poseedor de todo lo que un hombre como él necesitaba para ser feliz: amor, trabajo, hogar y paz.

Pasaron para aquella humilde pareja varios lustros de casi ininterrumpida dicha, y aunque el Altísimo no los había premiado ni siquiera con la alegría de un hijo, ellos estaban conformes y contentos con su suerte.

Pero la dicha humana no está hecha para perdurar...

Así un día de tantos, MOTION fue llevado a la cárcel y torturado para que confesase un crimen que no había cometido.

Se le acusaba de haber violado a una vecina suya menor de catorce años, y de haberla lapidado después. El cadáver

de la infortunada joven, con el cráneo destrozado, lo encontraron en Palmira a pocos pasos del cuarto que habitaba MOTION con su señora.

La policía necesitaba un culpable para justificar su misión ante sus superiores y ante la sociedad, y, ¿qué importaba que el acusado fuese o no el verdadero responsable de aquella fechoría?

Muchos meses estuvo MOTION a la sombra, y por mera casualidad las autoridades dieron con dos obreros que se declararon culpables del crimen. MOTION fue puesto en libertad, pero a nadie se le habló de su inocencia. ¿Qué les importaba a los periodistas o al público esta noticia, si se trataba de aquel pobre diablo?

Las amas de casa no buscaron más a MOTION para que les deshollinase las chimeneas de sus cocinas. Se le temía como a un perverso. Los muchachos de las barriadas le gritaban: ¡Asesino...! ¡Asesino...!, y le tiraban piedras...

MOTION fue reducido a su casa donde más que por hambre, murió de tristeza. Sólo su viuda y sus parientes siguen creyendo que él tenía un alma blanca y un corazón de oro...

EL NARRADOR DE ESTE CUENTO, "para ganarse la gloria", reparte todos los sábados cinco centavos a cada uno de los mendigos, que se lo solicitan. El último sábado, una viejecita triste, de cabellos blancos y vacilante andar, le dijo: "¡Favorézcame con algo más, don Toñito!; usted era amigo de mi marido. ¡Cuántas veces él limpió la chimenea de su casa!" Era la viuda de MOTION, a quien la SOCIEDAD, por medio de las AUTORIDADES, le había quitado su puesto de esposa feliz, para convertirla en desolada viuda..., en triste pordiosera...

MARCO ANTONIO ROSA

EL CAMARADA GOYITO

Otro de los miembros de la triste «Galería de los Indispensables»... El camaradita Gregorio Pavón.

Hijo de Trina Pavón, locataria con un puesto de venta en el «Mercado de Dolores» de esta capital. Su padre, de noble ancestro y persona de valía en las esferas políticas; pero el camaradita corrió igual suerte que innumerables hijos de hombres de talento que nacieron con la mente dormida, así era corriente oír decir en forma despectiva: del gran fulano... fulanito. Pero Goyito ni siquiera tuvo la suerte de heredar el nombre de su padre y, mucho menos el apellido. Se crió al cuidado de su madre, sin escuela y en el ambiente pedestre del Mercado de Dolores, pero... ahí era feliz sin tener el dolor de pensar y sin preocupación alguna. Su alimentación estaba segura con su madre o con las otras locatarias, y su vestimenta corría a cuenta de nosotros sus numerosos amigos, a quienes invariablemente saludaba así: "¡Hola camaradita! ¿No tiene por ahí algunos centavos para Goyito? Le manda saludes el camarada Stalin"...

Luego le veíamos con el brazo derecho extendido y al preguntarle qué pasaba, respondía: "Estoy dando vía a unos aviones porque allá arriba está muy lodoso y, si no caminan por donde yo les digo, se pegan, camaradita, se pegan..." Era entonces cuando cerraba los párpados como para agarrar fuerza para abrirlos desmesuradamente a la vez que sonreía de oreja a oreja, mostrando su cara tan cómica como grotesca.

A pesar de que Goyito tenía dormido el magín a perpetuidad, se las ingeniaba muy bien para recoger centavos que empleaba en golosinas; pero valga decir que también hacía economías que guardaba en una alcancía en forma de cerdo, y cuando le preguntábamos para qué iba a destinar tal dinero, respondía: "Compraré un buen traje de casimir, zapatos y todo, que estrenaré cuando entren de nuevo los colorados al poder"...

Como su madre todos los días traía al mercado para su venta una olla repleta de riquísimas rosquillas en miel, acompañadas de una jarra de chilate, este servidor de ustedes era uno de sus mejores clientes; pero eso sí, al crédito, ya que yo mismo había hecho correr la voz entre las vendedoras de que mi madre, quien —dicho sea de pasada— tenía una tienda frente al referido mercado, pagaba gustosamente todas las deudas que en comestibles contraía su hijo.

Así, Trina Pavón mandaba al camaradita a cobrar a doña Rosa doce reales (un peso con cincuenta centavos) que yo me había comido en rosquillas y chilate durante la semana. Pero Goyito ni lerdo ni perezoso, colectaba de mamá Rosa veinte reales (dos pesos con cincuenta centavos), quedando a su favor un peso que, con maliciosa sonrisa, echaba en su alcancía. Esta ya pesaba sus libritas cuando llegó al mercado un individuo de afiladas uñas, de los que entonces sobraban y que ahora abundan en esta capital, dejando a Goyito sin Beatriz y sin retrato...

Aquella pérdida provocó en el camarada una explosión de gritos unida a fuertes lamentos que conmovieron a vendedoras, clientes, transeúntes y hasta la policía se movilizó acudiendo presurosos para averiguar lo acontecido. Impresionadas las dueñas de puestos de venta, volcaron su contribución que fue iniciada por doña Ofelia Ramírez, Merenciana Laínez, Narcisa Managua y otras, cantidad generosa que, unida a los diez pesos que envió mi madre, sobrepasó los sesenta, suma que el camarada Goyito, en acto generoso y ante el asombro de todos, entregó íntegra a su señora madre...

Con el devenir del tiempo, Goyito enfermó y su madre tuvo que hospitalizarlo en el «San Felipe» donde, tanto entonces como ahora, ofrendan su vida la generalidad de los hondureños pobres, que se ven obligados a internarse en esa CASA DE LA MUERTE...

MARCO ANTONIO ROSA

LA PASCUA EN TEGUCIGALPA

Fue proverbial en Centroamérica la frase "Pascua en Tegucigalpa, Semana Santa en León y Corpus en Guatemala", la cual da una idea del esplendor en que en épocas pretéritas se celebraban las fiestas mencionadas en estos pueblos.

El pintoresco espectáculo de la Pascua en Tegucigalpa quizá se remonte a la época de los conquistadores, envuelto entonces en el encanto de ceremonias primitivas, trasplantadas a las regiones de América por los católicos y románicos súbditos de los monarcas ibéricos.

Sin embargo, existen todavía entre nosotros personas que vieron cómo el dulce recoleto José Trinidad Reyes se preparaba en los primeros días de diciembre, haciendo pitos y flautas de bambú, chicharras y sacabuches, para, una vez llegada la clásica fiesta, salir con entusiastas patrullas de niños y de adultos, a visitar los nacimientos hasta las chozas más humildes de la población, entonando alabados y villancicos.

Eran famosos en aquella edad mística y austera, por el arte en la confección de los altares que reproducían el Santo Establo, los nacimientos de las señoritas Santelís y Peña; los de Rosaura Moncada, Rosa y Telésforo Centeno, en el barrio de La Moncada. Las fiestas que daba la noble y elegante dama doña Raimunda Milla de Moncada, que abría todas las noches sus salones para que bailaran en ellos, danzas lánguidas y honestas, sus numerosas y selectas amistades. Las cenas que obsequiaban a sus amigos y al pueblo en Noche Buena y Año Nuevo los señores Antonio Tranquilino y Félix de la Rosa. Y las pastorelas que ensayaban, siendo ellos mismos los actores, el doctor don Ramón Rosa, don Manuel I. Rosa y don Juan Girón, con inmenso regocijo de la sociedad capitalina, que admiraba el talento de los jóvenes pastores.

Posteriormente fueron también nacimientos de fama los de las Chatas Zavala, Nina Colorada y Jacobo Rosa, en La Plazuela; en el centro los de las señoritas Sevilla y Prisca Ugarte, el de las familias

Villafranca y Baires, el del doctor Cabrera, el del viejo músico de capilla don Miguel Ugarte, y el incomparable de don Juan Frío, con sus títeres y marionetas.

Y allá por los años de 1888 y 1889 la gloria artística de los suntuosos altares de Navidad se la llevó el General Longino Sánchez, quien con el prestigio de su posición militar en el Gobierno presentaba al pueblo un nacimiento, en los salones de la casa del General Streber, que era toda una ciudad en miniatura con magníficas iluminaciones.

Cuando el Poder Ejecutivo de la República residía en Comayagua, venían a Tegucigalpa los Presidentes con su Gabinete, su Estado Mayor y la Banda Marcial, a pasar las noches de Pascua. Y es bien sabido que el General Bográn, el Doctor Bonilla y el popular e inolvidable don Manuel, salían siendo Jefes de Estado a visitar nacimientos con nutridos y entusiastas grupos de sus amistades de ambos sexos.

Ahora, las alegrías de la Pascua de Navidad han ido extinguiéndose por múltiples causas y muy sensibles, como ha languidecido también el fervor religioso en las festividades de la Semana Santa.

ALEJANDRO CASTRO DÍAZ

CÓLERA MORBUS

Estaba rezando los tres Padrenuestros con sus respectivas avemarías y diostesalvemarías que acostumbro rezar en las misas de difuntos a que asisto y que se ofician con frecuencia en los templos capitalinos. Esta vez la misa era en la IGLESIA EL CALVARIO.

Apenas me había santiguado y puesto de pie, cuando sentí que me tomaba del brazo un pariente mío —talentoso por cierto— a la vez que con suave acento me dijo: "Ven, hombre, acompáñame fuera de la iglesia, quiero enseñarte todo el lote de terreno que al lado de este templo perteneció a uno de nuestros antepasados"... y, en efecto, recorrimos una distancia larga de un solar que para mí no tenía interés alguno. La persona que así me había invitado era José María Rosa.

Ya de vuelta y sentados al pie de la cruz de piedra que hay frente al templo, me dijo: "Escúchame con atención y por favor no me interrumpas que seguramente ignoras lo que voy a referirte".

"Allá a mediados del año de 1837 —te estoy hablando de épocas que sobrepasan el siglo, recalcó— llegó a Tegucigalpa el Cólera Morbus, peste que años atrás se había levantado de los pantanos mefíticos del Ganges, extendiéndose rápidamente por todos los continentes, asolando países enteros".

"Por entonces en Tegucigalpa era costumbre cristiana enterrar a los muertos en las diferentes iglesias, según la devoción del desaparecido o el pedimento de sus familiares, siempre que pudieran pagar una pequeña cantidad; más, cuando no podían hacerlo, se les enterraba en patios o recintos adyacentes a las iglesias, sin ningún estipendio, en cumplimiento de aquel principio que manda: «¡enterrad a los muertos!»".

"Pero enterrar a los muertos del Cólera Morbus dentro de las iglesias, ya daba mucho en qué pensar, y en tal emergencia, se convocó inmediatamente una Junta de Notables que debería presidir el Señor Alcalde Municipal, y así se hizo".

"Hubo diferentes opiniones, inclusive que deberían enterrarse al otro lado del río Choluteca, o sea en el cerro de «El Berrinche», donde se establecería un camposanto especial, pero prevaleció la opinión de que, siendo todos cristianos, deberían estar cerca de un templo para consagrarles las mismas oraciones para su eterno descanso; y así fue como se eligió el terreno contiguo a la Iglesia de «EL CALVARIO»".

"El espacio que acabamos de recorrer, pertenecía entonces a una COMUNIDAD DE INDIOS MUY LABORIOSOS, cuyo patrimonio era la cría de carneros: el aprovechamiento de su lana en telares de mano, se destinaba para la confección de jergas y mangas, tal como las que fabrican los INDIOS DE QUETZALTENANGO. Pero con el enterramiento de los «colerientos» en sus terrenos, los indios se alarmaron y con prontitud y tristeza, abandonaron el campo con sus carneros y, los más pobres, para matar el hambre, tuvieron que vender sus bestiecillas, a como hubiera lugar".

"En vista de tal situación, don Tranquilino de la Rosa, que fue un gran benefactor en Tegucigalpa, les ayudó eficazmente a que construyeran una nueva comunidad en la ciudad vecina de Comayagüela, comunidad a la que con el tiempo se apodó «LA CHIVERA»... Años después, durante la administración del Reformador Marco Aurelio Soto, el doctor Ramón Rosa, Ministro General de aquel gobierno, y en un recorrido que hiciera a caballo en compañía de un ingeniero francés, decidió que aquel lugar llamado «La Chivera» era el sitio ideal para el Cementerio General, ya que estaba al oeste de las dos ciudades y los vientos soplan permanentemente en la capital de noreste a suroeste. Con el devenir del tiempo, efectivamente, el panteón general allí quedó establecido".

La narración anterior se las cuento como me la contó mi difunto pariente Chema Rosa.

MARCO ANTONIO ROSA

LOS INDIOS DE CURARÉN

La Tegucigalpa arcaica dormía plácidamente en el sube y baja de sus laberínticas calles, anidaba por capricho en los riscos del Picacho, prominencia que le sirve de vallada en tiempo huracanado y de eficiente ventilador en los meses caniculares.

Serían como las tres de la madrugada, cuando de una fiesta regresaba a su hogar el General Florencio Xatruch, militar cuyo nombre ha recogido la historia centroamericana, como el del jefe más bravo y eficaz que, a la cabeza de una columna de hondureños, luchó con denuedo en Nicaragua contra el ejército invasor del filibustero William Walker.

Al entrar Xatruch en su casa se sorprendió al ver a su esposa, doña Carmen, sentada en la sala y bastante inquieta.

—¡Pero mujer! ¿Qué demonios estás haciendo levantada a estas horas?

—Esperándote, Florencio, esperándote para decirte que te escondas porque no tardan en entrar los INDIOS.

—¡Ah! —expresó el General midiendo a trancos la sala y mesándose las barbas—. ¿Xatruch va a esconderse de los indios, eh? ¿Has olvidado que estás casada con uno de los militares más fogueados de Honduras? Recuerda, mujer, que yo soy de los pocos a quienes cada ascenso le cuesta una herida recibida de frente. También bueno es que tomes nota de que en mi diccionario no figura la palabra... miedo.

—Por Dios, Florencio, no seas porfiado ¡Escóndete!

—¡Deja de tonterías, mujer! Anda pronto a prepararme una taza de café bien cargado y capaz de chamuscarme la lengua; pero antes, dime: ¿Quién te dio esa información?

—Paula, hombre, Paula la cocinera. Anoche, cuando habías salido, un muchacho le trajo un papelito de un tío suyo en el que le informaba que esta madrugada entrarían los indios y que no sólo saquearían Comayagüela sino también Tegucigalpa.

Xatruch no esperó una palabra más; urgido como estaba por averiguar por sí mismo la verdad, no perdió tiempo en mudarse de ropa; echóse sobre los hombros su capa española de grueso paño negro, cogió su larga espada y, montando rápidamente en la bestia que él mismo ensilló, dirigióse a galope hacia la parte sudoeste de la ciudad, zona por donde generalmente invadían los indios curarenes.

Su briosa yegua blanca, tan blanca como el armiño en la época invernal, manoteaba en medio del chisporrotear de sus herraduras al herir el fino empedrado, con esa elegancia de las bestias de pura sangre.

Caballero y cabalgadura formaban una sola estampa fantástica, que desadormeciendo la quietud de la noche, como un meteoro atravesaba las mal alumbradas calles capitalinas.

Cuando, al paso veloz de su yegua, Xatruch dejaba las últimas casas de Comayagüela, vio venir en la penumbra sobre las faldas y crestas de unas colinas cercanas, centenares de hombres desnudos de la cintura para arriba, blandiendo relucientes machetes.

La luna, el astro de los poetas que había permanecido oculta tras densas y enlutadas nubes, queriendo entrar en la escena, asomó un minuto no más su cara bonachona, tiempo preciso para que los indios curarenes vieran en aquel jinete fantasma, la inconfundible figura de SAN MIGUEL ARCÁNGEL, PATRONO DE TEGUCIGALPA, quien, según ellos creían, en otra ocasión apareció con igual indumentaria, para combatir victoriosamente numerosas tropas que por asalto pretendían tomar la plaza de Tegucigalpa.

El pánico cundió entre la indiada agresora, y como si se tratase de un movimiento ensayado, arrojaron los machetes y se arrodillaron bajando la cabeza en señal de humildad y sumisión...

La agilidad mental de Xatruch le permitió interpretar la increíble escena que bien supo aprovechar. Blandió su larga espada que los plateados rayos de la luna se encargaron de agigantar; luego gritó con voz atronadora:

—Indios curarenes: ¡Volved ahora mismo a vuestro pueblo! No tratéis nuevamente de provocar mi cólera porque entonces sí os cortaré la cabeza... ¡Id, con Dios, hijos míos, que por esta vez quedáis perdonados!

Y cuando las nubes plúmbeas volvieron a cubrir la faz del nacarado satélite, la neblina madrugadora se tragó la figura de Xatruch, ¡El Arcángel!…

MARCO ANTONIO ROSA

PASCUA LÍRICA

Si el niño Dios hubiese nacido en América, habría nacido en Tegucigalpa.

Evoco la Pascua hondureña, la Navidad transparente bajo el milagro suave de la luna, el río en canción, los altares en fragancia, y el aire purificado por los pinares que bajan ese día de los cerros a inundar la ciudad de alfombra verde, —exhalando aroma de Noche Buena en los salones, en los templos y en las calles— como para que el ruido de los bailes alegres no perturbe el canto de los villancicos.

Sí, bajan los pinares a la ciudad. Los hilos cancioneros del pino son desgajados ese día, y la montaña va en haces a participar del regocijo humano. El pino europeo florece de juguetes en la Navidad. El pino hondureño es invitado a la fiesta, y lleva a ella su aliento resinoso y puro, en presencia olorosa. ¿Por qué únicamente los hombres, los zagales, los luceros y las bestias han de asistir al nacimiento del Dios Niño? El árbol también reclama su puesto, para asociarse a la mula, a los reyes, al pastor, a la estrella. Y puesto el rey mago lleva oro, y el pastor su canto, y la estrella luz, el pino humilde de Honduras se va al suelo, como paja viva caída del pesebre, y ofrenda en silencio su fragancia.

Pascua en Tegucigalpa, Semana Santa en León y Corpus en Guatemala, decía el refranero colonial. Y aun es verdad. A Tegucigalpa le llamaron Cerro de Plata los viejos caciques poetas.

La luna pascual es ahí, en diciembre, de un argentado diáfano que todo lo baña: ramajes, calle, gente y río. Es como lluvia fina de plata, traslúcida y gozosa, regalo celeste. Y en tantos siglos, cuánta plata ha caído sobre el cerro a cuya falda y sobre el valle Tegucigalpa es como una ciudad de Nacimiento, ¡linda y luminosa!

Ciudad de poetas. Desde el mirador de La Leona, con Froylán Turcios y el crepúsculo conversaba por las tardes de versos y belleza. Con Luis Andrés Zúniga, gran señor del espíritu, enmostachado y gentil, hablábamos de filosofía y de rosas. Y en el cementerio de

Comayagüela, otro panida, Juan Ramón Molina, dormía bajo los sauces graves, que apenas cae la noche se ponen a rezar.

Aspiro el recuerdo, y siento la fragancia de Tegucigalpa en la noche de Pascua, y todos los recuerdos se prenden como estrellas. Aun era romántico entonces. Todavía era tiempo de soñar. Y me iba a dialogar con el río Grande, que venía de la entraña de la cordillera e iba al mar en viaje a la amargura vital del océano, agitado como la vida. Iba en juegos de niño el río. A ratos parecía que reía. Y a ratos que cantaba, bajo el puente donde tantas veces pasó mi corazón.

¡El recuerdo es de plata! Tegucigalpa, ¿cómo estará de pinos y su cielo? ¿Cómo estarán de estrellas en estas noches de radiosa epifanía? Pero el río pasa cantando su dulzura, en viaje hacia la amargura de la mar. Y en Tegucigalpa los sauces del cementerio, ahora, se ponen a rezar más, mientras los pinos bajan de la montaña en las noches de Pascua, y el paisaje todo, al amor transparente de la luna, queda aprisionado como en una vasta urna de cristal, con todo y el recuerdo.

Si el niño Dios hubiese nacido en América, habría nacido en Tegucigalpa.

JUAN RAMÓN AVILÉS

EVOCACIONES DE SEMANA SANTA

Se aproxima la Semana Santa, la fiesta religiosa más solemne del año. Todos se preparan para lucir sus ropas nuevas. Hay gran tráfico en los almacenes de la población, que, dicho sea de paso, van quedando pocos en poder de los hijos del país. El comercio extranjero nos invade, arrasando con la tienda tradicional, mezquina y polvosa. Es de costumbre, en esta ocasión, que las casas se blanqueen. Las acres emanaciones de la cal fresca, bañando las paredes a grandes brochazos, que salpican las aceras de lluvias lechosas; el perfume capitoso de las flores de coyol, que empiezan a llegar; un no sé qué de triste que flota en el aire caldeado por un sol ardiente, todo nos recuerda, por extraña vocación, la niñez lejana, la fe perdida para siempre.

Llenan la mente: mediodía de llamas; trajes y sombreros nuevos; hojas de palmera; altares pobres y deslucidos; lluvias de flores de coyol; procesiones lentas y solemnes; matracas voltejeando pesadamente; ángeles rosados y resplandecientes en andas; sermones gangosos sobre muchedumbres de rodillas; la Virgen con los siete puñales; el Cristo exangüe y sangriento, descendiendo de la cruz, amortajado en la vitrina. El silencio profundo, la gran melancolía de la angustiosa noche del Viernes Santo. Luego, la gloria del Sábado, la procesión triunfante del Domingo de Pascua, a la luz matinal, bajo el cielo alegre sobre la multitud risueña. El alegre repiqueteo de las campanas, el Nazareno en apoteosis, cortinas multicolores, mujeres bien trajeadas, la vida social que renace.

Todo esto evoca uno al aproximarse la Semana Santa. Para los que hemos perdido la fe, por nuestros devaneos con la filosofía y la ciencia, nos queda, como don precioso, la poesía del recuerdo, el grato espejismo de la infancia.

JUAN RAMÓN MOLINA

LA TEGUZ DE LOS INICIOS

Lo que deseo referirles es un cúmulo de recuerdos casi ya borrados de mi mente, de una época en que Tegucigalpa apenas contaba con 30 años de ser capital de la República, porque no debe olvidarse que esta ciudad fue declarada capital en el año de 1880 por el Gobierno Reformador de Soto y Rosa; así que, permítanme hablar de lo poco que recuerdo desde 1910, cuando apenas yo era un niño.

Los límites de esta ciudad al oriente eran el Barrio del Guanacaste, que fue bautizado por el nombre de este árbol que estaba plantado en la terminación de esa calle, ya que entonces no existía puente, sino la corriente del Río Chiquito.

Al poniente de la ciudad, el Barrio Abajo, formado por unas pocas casas de humilde construcción, cercadas estrechamente por robledales y pinos.

Al norte, La Leona, donde se alojaban solo personas de pobre economía, así que era la parte más desagradable de la ciudad. Me contaba mi madre que allá por 1905 o 6, vino un alemán llamado Gustavo Walther, quien pronto estableció amistad con el General Manuel Bonilla, presidente de la República, y una vez que se encontraron en el Parque Central, el doctor Walther, mirando hacia El Picacho, le manifestó al mandatario que estaba dispuesto a establecerse en esta capital, para prestar gratuitamente sus servicios como médico y, que deseaba comprar un terreno como de unas cinco manzanas, donde construiría una hermosa casa para habitación y despacho.

El General Bonilla sonrió por la ocurrencia del alemán de irse a vivir a ese lugar tan agreste y lejano como las faldas de El Picacho. Además, le advirtió, que se aseguraba que en aquellos andurriales tenía su guarida una leona feroz que había devorado varias personas que se atrevieron a ir a ese extraviado lugar... Pero Walther se rió y dijo que él era buen tirador y que no temía a animal alguno y fue entonces cuando el mandatario le cedió las manzanas de terreno que él solicitaba. Allí edificó una hermosa casa de piedra y lodo (sin utilizar la mezcla de cal y arena como se acostumbraba). Todos los albañiles capitalinos dijeron entonces que la casa se vendría abajo con los primeros aguaceros, pero el edificio después de más de medio siglo sigue en pie. Allí quedó establecida su vivienda y su clínica que años después fue muy visitada.

Viendo hacia el sur de la ciudad, no era mucha su extensión, ya que las casas de Comayagüela —la ciudad gemela— en forma ordenada no se extendían más allá del hoy Parque de La Libertad. Recuerdo que doña Tona Verde tenía una lechería antes de llegar al referido parque y, mucho más allá o sea frente donde hoy se levanta «El Obelisco», el doctor Policarpo Bonilla quien —dicho sea de pasada— era mi padrino, había establecido una especie de hato donde ordeñaban y se vendía leche al pie de la vaca; los tegucigalpas íbamos a aquel lugar, como hoy podríamos ir a un sitio tan lejano como Suyapa.

El centro de Tegucigalpa hacia el sur, tomado con la manzana que hoy ocupa el Banco Central, donde en la parte sur se localizaba la «Caja Nacional» o sea la hoy Tesorería General de la República; hacia el oriente le seguían casas particulares entre las que se encontraban la fotografía de don Manuel Ugarte, negocio que para llegar a él, había que subir una gradería a cuyo final y en la parte alta se leía, escrito en letra de imprenta, el siguiente anuncio:

"Subiendo estas gradas
verá los retratos,
y le bajarán ganas
de ser retratado,
que poco le cuesta
para una conquista
y asunto arreglado..."

La esquina noreste que hoy ocupa el Banco Central pertenecía a don Daniel Fortín, hasta la mitad de la cuadra hacia el poniente, en lo restante de la cuadra vivía doña Mercedes viuda de Fiallos y sus hijos, familia poseedora de una gran farmacia cuyo nombre era «Reunión», que miraba justamente a la nueva Casa Presidencial.

Frente a la manzana que acabamos de describir y viendo hacia el oriente, calle de por medio, en la planta alta se ubicaba la Casa Presidencial, Salón de Retratos y otras oficinas del Estado. En la planta baja, había una especie de cuartel que con el devenir de los años se convirtió en Escuela de Cadetes, dirigida por el coronel Luis Oyarzún de nacionalidad chilena.

Ocupaban el centro de la ciudad los establecimientos comerciales de Santos Soto, José María Agurcia, Daniel Fortín, Nicolás Cornelsen, Juan Stradman, Antonio Ch. Waiss, J. Rossner y Cía, el Gallo de Oro de Pablo Uhler; los Mansours, Rafael Quan & Cía., Nicolás Facussé, Juan E. Galindo, Carlos Laínez, Dick Morales, Luis K. Pouhrdon, Dionisio Galindo, Gabriel Kafati; más allá los negocios de Ricardo Streber, Teodoro Kóhncke, Alejandro Mayer, Coronado Henríquez, «La Coqueta» de Santos Soto, la joyería de don Antonio Lazari, «Bazar Violeta» de la señorita Carlota Membreño y la tienda de doña Rosa de Rosa.

MARCO ANTONIO ROSA

LA SEMANA SANTA EN TEGUCIGALPA

Desde el Concilio Ecuménico de 1962 ha habido variantes en cuanto a la celebración de la Semana Santa, en la búsqueda y prosecución de una Iglesia más comprometida, más internacionalizada y sobre todo menos ceremoniosa, en su afán al retorno a las fuentes.

Esta idea ha venido circulando —no sin ciertas confusiones— porque la propuesta llega en ciertos momentos a crear una confusión que parece integrar la Iglesia Católica con algunas otras líneas del protestantismo sajón.

Sin embargo, esta propuesta surgió en Honduras en la década del 30, cuando fungió como Arzobispo Monseñor Agustín Hombach, de la Orden de los Paulinos, que como naturalmente se sabe, desconocía la idiosincrasia de los hondureños.

Ahora sabemos que la religiosidad popular es la muestra más evidente de la identidad de un pueblo, que se defiende de las ideologías transportadas —sobre todo de los centros de poder político y económico— porque efectúan una excelente relación de una pertenencia hasta convertirse en el centro fundamental de una identidad propia.

Tegucigalpa surgió como villa en la mitad del siglo XVII, y este surgimiento fue paralelo a la construcción de la iglesia parroquial de aquel entonces, dedicada al arcángel San Miguel.

Esta unión se torna sumamente simbólica al unir poder civil, representado por la autoridad municipal, con la iglesia que representa el hito ideológico y espiritual, que hacía contraste evidente con el apetito desaforado de los mineros, que buscaron denodadamente en las entrañas de la tierra el botín de sus afanes.

Desde esa época surgió la ritualidad de la Semana Santa, manifestada en hermosas procesiones y diversos actos litúrgicos.

También fueron muchas las conversiones de pecadores y pecadoras, aquella Juana Moncada y del cual queda aún el recuerdo por la cruz de piedra tallada que mandó esculpir el padre Ártica en 1732, que aún se conserva frente a la iglesia de El Calvario.

La tradición se manifiesta en las mismas imágenes procesionales de gran belleza. Imágenes que valen como piezas religiosas escultóricas ya en la plenitud del expresionismo o en la lejana vocación del barroco. Desfilan por las calles del centro histórico las imágenes de Vicente Gálvez y de su hijo Francisco, de la misma manera que aún podemos ver antiguas imágenes traídas de España o Guatemala, que durante tantas generaciones han cumplido su labor de consolar un pueblo deprimido por las dificultades vitales.

Actualmente, venturosamente, existe un Comité Metropolitano, para la celebración de la Semana Santa, en la que se integran muchas organizaciones civiles y religiosas, y que cuentan con el apoyo de la Alcaldía Municipal.

El pueblo ama sus raíces y disfruta poder volver a contemplar aquellos santos, que fueron las reliquias devocionales de sus padres y de sus antepasados.

Sigue siendo sorprendente cómo la procesión silenciosa de la medianoche del viernes, dedicada a la Virgen de la Soledad, continúa privilegiada por mujeres solas y sobre todo por abuelas, que llevan de la mano a sus nietos, para que acompañen a esa hermosa señora, producto de la capacidad creativa de Pedro de Bárcenas, posiblemente el primer "santero" que ejerció su oficio como tal en la dignidad de su creación artística. La imagen de la Soledad es centro de paradigma de las mujeres de Tegucigalpa; en esa grieta oculta de corazón femenino, ella representa, en el vívido sentimiento del recuerdo, aquellas miles de mujeres que han sido las transportadoras de cultura y de fe en busca de la dignidad de una vida.

En la historia artística del país, la Semana Santa queda inscrita en esa corriente emocional que define a los hondureños. Por la noche podemos apreciar el bellísimo Nazareno, que esculpió el ocotepecano don Salvador Posadas, que se tituló el "Último Imaginero", y al que ahora sustituye el escultor Alex Giovanni Galo.

LETICIA DE OYUELA

TEGUCIGALPA, LA SERRANA

Ahora el viaje se torna un vuelo de saltamontes. Veinte minutos nos han bastado —sobrevolando lagos, volcanes, rugosas cordilleras— para alcanzar la sierra hondureña. Y menos de media hora ha servido para cambiarnos clima y horizonte.

No ha reposado el pájaro de níquel sin fatiga, para hallar en la inmensa hondonada tegucigalpeña el aeropuerto acogedor. Ha habido que descender bruscamente, sortear un cerro que obstaculiza el paso, para enfilar la pista, en verdad peligrosa; tanto que un nuevo aeropuerto, en mayor altura, permitirá menos riesgo, y el descenso de los jets, que ahora no pueden aterrizar en la capital de Honduras.

Tierra fragosa, pues. Desde el aeropuerto, el viajero percibe —mientras asciende a la ciudad— una vegetación distinta: estamos a ochocientos metros sobre el nivel del mar. Los árboles han cambiado, predominando el cedro, el pino y el abeto. El paisaje recuerda el de la Sierra, en el contorno de Madrid. Se respira el mismo aire, seco y medicinal. Por las laderas el monte bajo ralea sobre los altozanos vecinos.

Visten las gentes trajes otoñales, y prevén la lluvia, que se acumula en nubes apelotonadas de borra gris.

La ciudad —la capital más chica de Centroamérica— nos abre su ademán humilde, de pueblo castellano, en el que el palacio presidencial, pintado de color verde manzana, es como un castillito de confitería. Sólo la Catedral, dedicada al Arcángel San Miguel, alza su decorosa traza colonial, sirviendo el modelo hispánico uniforme: torres gemelas y cúpula monumental.

Tiene la catedral, a lado y lado de su fachada, dos cancelas armoniosas, que descubren patios de ladrillos de mosaico brillante, y —en uno de ellos— uno de esos árboles de grandes patéticas de artesanía española, que ha mantenido intacta la piedad popular.

A las puertas, unos niños mendigos y descalzos nos piden un cinquito por amor de Dios. Un ciego, al que acompaña una niña, nos repite la estampa del "Lazarillo de Tormes", con su gran chambergo negro esportillado. Me rodean por la plaza, con gesto sonámbulo, gentes que hablan y hablan, interminablemente. Se diría que aquí ya se acabó todo quehacer. La calle es, todavía más, ágora y mercadillo. Algunos mestizos, fuertemente aindiados, cocinan en una esquina, para vender las "tortillas" de maíz de que se hace el pobre lujo culinario de estas gentes.

Tegucigalpa tiene, más que las capitales que acabamos de ver, el perfil popular, casi aldeano, de una vieja ciudad castellana, de esas en las que el tiempo se detuvo hace doscientos años.

Vista desde arriba —hay que subir al mirador de El Picacho, que ofrece un bellísimo panorama de la ciudad y su contorno vegetal y orográfico— el conjunto urbano nos sorprende por la proliferación de los techos de las casas, fabricados a la vieja manera española, con tejas rojas y ocres, que le dan un tono alpujarreño o granadino, instalados como están en la ladera fragosa.

Tegucigalpa es una humilde flor de la serranía.

Merece —le urge— el apoyo de las gentes del dinero, que —por intermedio de organismos internacionales— va a derramar sobre toda la República.

Honduras es la más patética demostración de la terrible dificultad que la atomización política ha deparado a Centroamérica. La historia de estos cinco países —Guatemala, El Salvador, Costa Rica, Nicaragua, Honduras— no es sino la pugna de cinco vanidades minúsculas contra una idea superior confederada. Esta unidad existió bajo el Imperio de España, que organizó todos los territorios centroamericanos bajo el nexo unificador de la Capitanía General de Guatemala; y tuvo una efímera continuidad en el sueño monárquico de Iturbide, que agrupó a Centroamérica bajo el territorio mejicano. Y bien es verdad que la geografía violenta del Istmo llevó de la mano a las proclamaciones de libertad que condujeron las cinco Repúblicas. En las cuales —dicho sea de paso— el grito de Independencia fue formulado, caso único, por los mismos representantes de la autoridad del rey de España.

Los cien años de vida libre, como bien se sabe, no han ahorrado fricciones fronterizas ni trifulcas interiores. Honduras ha tenido ciento cuarenta y dos revoluciones en el siglo y medio de su vida independiente. Las condiciones de la vida de las gentes humildes —

su elementalidad económica salta a la vista— no permiten nada bueno, si —justamente en el plano de la economía— no se produce un cambio radical de estructura. El concepto de libertad o de asociación, pues, han dejado el plano político para incidir en el plano económico. Los números imponen su fría verdad absoluta y razonante. Y la unión de los Estados es ya una realidad en el plano financiero. Su organismo de gestión es el Banco Centroamericano, al que en estos días el Estado Español ha abierto, feliz iniciativa, un crédito de once millones de dólares. Pues bien, el Banco Centroamericano de Integración Económica tiene su sede en Tegucigalpa. Y yo he visto en estos días con qué facilidad gentes de las cinco repúblicas y gentes de empresas españolas se entienden fácilmente en el lenguaje internacional de los guarismos.

La elección de Honduras como sede de esta política de colaboración intercentroamericana es un gesto de fraternidad para la más desvalida de sus Repúblicas. Los expertos dicen que, potencialmente, este país tiene tantas posibilidades dinerarias de explotación minera, agrícola, ganadera y pesquera como la que más pueda poseer. Y no faltan, en la sierra hondureña, espíritus capaces de acompañar el impulso que les llega.

El camino es largo. Hay en esta tierra finos escritores y una muy discreta tradición intelectual. La Universidad, de planta dieciochesca, mantiene su tradición en el campo de la cultura jurídica. La Facultad de Humanidades se suple con una Escuela Superior del Profesorado Francisco Morazán, que rigen mozos entusiastas, de mirada cálida y penetrante. Nos gustaría que los libros llegasen a raudales a esta sierra apartada, un poco desesperanzada, con una conciencia de marginalidad que muchos años de desaliento le han procurado. Las librerías no alcanzan a proporcionar el movimiento de ideas y de ediciones que el mundo hispánico puede ofrecerles. Hay que ayudarles. Tienen por nuestras cosas —por las cosas de España— un fervor sin reservas. No les ha entrado todavía, afortunadamente, el hormiguillo de la vanidad, que amenaza a otras Repúblicas, al verse objeto de la atención forastera. Estrechan la mano agradecida a la mano que se les tiende. Merecen lo mejor.

GUILLERMO DÍAZ PLAJA

TEGUCIGALPA, CLIMA Y PAISAJE

La historia se diluye en las nieblas de la tradición y la leyenda: antiguos minerales de oro y plata, Taguzgalpa, estribos aspérrimos, cerros argentíferos poblados por gentes bravas y alegres. La ciudad irregular y caprichosa fue tomando forma en un hacinamiento de casas construidas al azar, hasta formar una pequeña urbe pintoresca, donde el paisaje y el clima se disputan la esplendidez y primacía. Ubicada entre altos morros, con calles estrechas y tortuosas como las de las antiguas villas españolas, grandes iglesias y conventos y un río caracoleante que la atraviesa de sur a norte, dividiendo la capital en dos ciudades distintas enclavadas en el corazón mismo de la meseta central istmánica.

Por más que acuciosos historiadores han andado en la búsqueda de la fecha de la fundación de San Miguel de Tegucigalpa en los empolvados infolios de los viejos archivos, no la han podido averiguar nunca y es así como un conocido investigador opina que fue fundada un día de San Miguel, porque los conquistadores iberos daban a las ciudades como primer nombre el santo del día del inicio de su establecimiento, como en San Cristóbal de La Habana o San Sebastián de Río de Janeiro.

A raíz del triunfo de la revolución liberal encabezada en Guatemala por Justo Rufino Barrios y Miguel García Granados, se llegó a un convenio con el Presidente de El Salvador, Andrés Valle, para colocar en la jefatura del Estado de Honduras a Marco Aurelio Soto. El doctor Soto era a la sazón Secretario de Estado del gobierno de Barrios. Llegó de Guatemala hacia 1880 y se proclamó Presidente de la República y mandó a fusilar al general José María Medina con todas las de la ley, por conspirador, iniciando un gobierno de reformas institucionales, hecho inusitado y atrevido en la era finisecular en la cual los mandatarios no se arriesgaban a poner las manos en las arcaicas estructuras coloniales. Soto incrementó la educación, modernizó las comunicaciones telegráficas y postales, separó la

Iglesia del Estado y dictó otras medidas que aún en los días que corren serían calificadas de revolucionarias. Y trasladó de la ciudad de Comayagua, enclavada en un valle fértil y ameno, la capital de la República a Tegucigalpa para estar más cerca, según dicen, de los yacimientos de oro y plata de que era accionista.

El viajero que llega del norte a la ciudad de Tegucigalpa atravesará los extensos bosques de pinos que cantara Chocano: los voluptuosos reposos andinos. Sembrada de liquidámbares la agreste campiña, atravesará además los ásperos paisajes y los altivos cerros que tal vez tuvieron influencia en la conformación del carácter de sus habitantes. Y visitará los repartos aledaños llenos de secreto y embrujador encanto: Germania, que fuera rincón de descanso de uno de los más bizarros periodistas combatientes del país; Suyapa, donde se levanta el santuario donde se venera la Patrona de Honduras; Guacerique y ahora otros modernos repartos en que se construyen viviendas a fin de atenuar un poco uno de los más graves problemas comunes a toda la América Latina: el déficit habitacional.

Tegucigalpa tiene dos coeficientes esenciales, de esos que no se pueden obtener con todo el oro del mundo: el clima y el paisaje. Sus altos estribos le dan una irregularidad tan pintoresca que sólo hemos visto igual en las ciudades de Río de Janeiro y en Salvador, la capital del estado de Bahía en el Brasil. Solamente le falta el mar, camino abierto a todos los horizontes del mundo, y que se coloque una gigantesca imagen de Cristo en el más alto picacho para que se asemeje más a la ciudad de Coelho Netto y de Machado de Assis. En cuanto al clima, libre del rigor de los extremos, donde se desconoce el suplicio de la calefacción artificial o la necesidad del aire acondicionado, es una bendición de Dios. Paseando por la hermosa Avenida de los Próceres, bajo un cielo azul y balsámico, respirando aquel aire ingrávido que viene aleteando de las montañuelas propincuas, comprendí que si otros bienes de lujo y confort le han sido hasta ahora vedados, aquel clima delicioso compensa la anotada deficiencia.

Porque solamente habiendo sufrido "las nieves y vientos del gélido invierno" que dijera Darío a los africanos calores que dilatan los tejidos y exacerban el sistema nervioso, se puede comprender el extraordinario encanto de este clima, donde el hombre puede vivir sin el fastidio de los climas polares o la desesperación de las zonas desérticas.

En cuanto al paisaje, es otra cosa que no tiene precio, que no se puede cotizar en los libros de contabilidad de los banqueros, porque es algo que Dios da de gracia para embriagar los ojos y el corazón de los moradores. Ya los grandes poetas Juan Ramón Molina, Luis Andrés Zúniga y Froylán Turcios cantaron la inimitable belleza del paisaje. Ya los geógrafos eruditos tasaron el alto precio de su clima. Con estos dos coeficientes impalpables, cuando lleguen a plenitud los dones en el carro del progreso, cuando se ornamente de grandes edificios y suntuosas avenidas, tiene ya para siempre el clima y el paisaje, que deben preservarse como dones inapreciables para forjar la belleza y el encanto de las más preciosas y confortables ciudades.

Pero no todo es clima y paisaje y gente buena y cordial en la ciudad de los siete cerros de plata: sus altos edificios bancarios, sus modernas avenidas decoradas por estatuas de héroes y bustos de próceres, sus magníficas residencias campestres y repartos habitacionales y su movimiento a ritmo centroamericano dentro de los impulsos de ese hecho milagroso del siglo veinte, que es el Mercado Común, demuestran que, contra la opinión de los pesimistas o el criterio de los escépticos, algo se mueve prodigiosamente hacia adelante bajo los esfuerzos de la iniciativa privada, que es la que está forjando poco a poco el porvenir de Centroamérica.

JOSÉ R. CASTRO

LA CIUDAD DE LAS NEBLINAS

¡Tegucigalpa, centro mimado de mi querer! Síntesis de mis contentamientos y desesperanzas; de mi quimera y realizaciones... ciudad paradójica que, a pesar de sus genuinas dignidades, desconsolaba verla desnuda e indiferente, de espaldas vueltas a la cultura, al progreso, a la natural evolución de los pueblos de América...

Calles que acusaban negligencia, empedradas y aceptadas así por la fuerza de la costumbre. Aquí y allá plazoletas que servían de sesteadero a mulos y burros que diariamente entraban con el combustible para los fogones de los hogares citadinos.

La capital seguía siendo una aldea rezagada por falta de vías de comunicación que la aislaba del mundo exterior. Sus moradores empobrecidos y enfermos por causa de inescrupulosos políticos vivían apegados a la frase conformista: ¡a mí qué me importa!... veían hacer y deshacer sin que nada para ellos tuviese significado meritorio: ese indiferentismo era un mal latente que no ofrecía resistencia, pero que ahí estaba infiltrándose, anulando la voluntad, la energía, el anhelo.

Tradicionalmente Tegucigalpa ha sido siempre hospitalaria, con clima y agua potable deliciosos; su irregular ubicación sugiere que fue construida negligentemente en la misma aldea de mineros otrora llamada «TEGUZGALPA», prendida en las faldas de un cerro opulento y misterioso con entrañas de plata, donde la tradición asegura vivía una leona de gigantescas proporciones, pactada con el mismísimo demonio.

Altos y bajos por doquiera acentúan el pintoresquismo de la capital: la Cuesta Lempira y Buenos Aires; las faldas de La Leona; el ascenso de Las Delicias; el Barrio de La Hoya —sótano de la ciudad— la subida a la hoy Colonia Palmira... el conjunto realiza la belleza panorámica de Tegucigalpa.

La «Villa de San Miguel» como aún algunos llamaban a la capital, parecía estar subordinada a ruidos tediosos y bochornantes. No más ocurríasele a cualquier hijo de vecino rendir al sueño, cuando cualquier perro lanzaba el primer ladrido, a éste seguíale otro y otros, hasta que encendíase el entusiasmo de la comunidad perruna. De ahí en adelante muchos no cesaban de ladrar, porque como los gallos, los canes siéntense obligados a responder a sus congéneres. No era fácil para los que pretendían dormir, controlar los nervios hasta apaciguarlos con la complicidad de Morfeo.

A las 3 ó 4 de la madrugada, plás, plás... quiquiriquí... El bendito gallo fustigándose los flancos con el rigor de sus potentes alas, cantando en los meros oídos de sus adormiladas concubinas, para divulgar que la aurora ya empezaba a teñir su rostro de nácar y de púrpura... Con semejante diana multiplicada sabe Dios por cuánto, el sueño se espantaba antes de las cinco, porque era entonces cuando acababa de ahuyentarse por el «din, dan» de los bronces llamando a fieles a rezar el primer Ave María. Venía un intervalo en el que si no tomaban parte los jolotes con estridentes y explosivos graznidos, hacíanlo uno que otro jumento con su rebuznar horométrico.

En los barrios de las ciudades siamesas, especialmente en «La Chivera», berreaban los cabros disfrutando de irrestricta libertad que dábales arresto a que vagabundeasen a sus anchas por las entonces cunas de poetas, bohemios y generales...

Frecuentemente y antes del mediodía volvían a sonar los bronces llamando a novenas, sufragios, rosarios o misas de difuntos. Luego hacíase un intervalo hasta las doce, hora en que se echaban a vuelo para recordar el segundo Ave María. Después... permitíanseles a los capitalinos tomar en paz la socorrida siesta.

Pero ahí estaba nuevamente el repique de campana a las 4 para anunciar el trisagio, las «Flores de mayo», rosarios o algún bautizo. A las 6 para marcar el Ángelus Dómini. Era entonces cuando hacía su cotidiana aparición el «farolero», quien portando escalera, y acompañado de ayudante que cargaba embudo y recipiente con «gas» (petróleo), encendía los candiles que con «luz de enamorados», borraban la diurna opacidad de los faroles, para darles nueva vida: ¡vida evocadora de románticas noches coloniales!...

A esa misma hora y a lo largo y ancho de la pequeña ciudad, colocados aquí y allá en céntricos lugares, encendíanse los focos de «luz de arco» a los que, todas las mañanas, había que cambiarles carbones. Raros éramos los chicos que no estuviésemos pendientes de esta operación, prestos a recoger los pedazos que luego utilizábamos para dibujar en las aceras cuadros y números para el popularísimo juego de rayuela.

A las 8 de la noche reincidían las campanas anunciando el último Ave María. Después dábase oportunidad a los duendes y fantasmas, para que por las pobremente alumbradas calles de la ciudad de los padres Reyes y Vallejo, merodeasen a su entero gusto...

Para nosotros, gustadores de dormir a pierna suelta hasta bien entrada la mañana, aquellos ruidos parecían molestos y enfadosos. Mas, ¡cuán distinto sonaban para los capitalinos maduros, que habían crecido con ellos y que formaban parte de su vida misma!, bullicios que en sus noches sin sueño, traíanles al recuerdo horas felices disfrutadas aquí y allá en esa ciudad bendita, que fue la Tegucigalpa que conocí yo de niño.

También gozaban del madrugar repique de campanas y del cloquear de gallinas al bajar de los árboles donde dormían aperchadas; cuyos ruidos eran como reloj para el continuo mañanear y preámbulo del humeante desayuno que generalmente serviase, parte en sartencitos: uno conteniendo huevos estrellados en mantequilla blanca; otro con frijoles fritos, y un tercero ya fuere con chorizos refritos, o con el delicioso «sartén» preparado con cuajada fresca, huevo, mantequilla rala y chile dulce. El quesillo o el queso duro de tajo siempre estaban presentes acompañando a las tortillas acabadas de echar, el café aromático, tostado y molido en casa y, desde luego, el «pan de yema», ya fuere de donde las inglesas, las Vásquez, las Valeriano, o la niña Chenta. Mas, cuando el bolsillo se ponía liviano, el pan de yema era sustituido por las ricas y baratas «chambergas» o por las galletas simples de donde las Padilla. Si la familia estaba en la real quema, siempre alcanzaba para pan dulce o de «medio aliño», para las confortables patonas, las semitas de manteca de a dos centavos, o los famosos rosquetes de igual precio.

El sábado, día de la Virgen, se desnudaba de sus hojas de plátano el clásico NACATAMAL de las Garay, las «Chompipas» o las Canizales aderezándolo con limoncito y chile «pico de pájaro». Y había bárbaros quienes aseguraban que el nacatamal era «veneno» si no se le rociaba con un buen trago de «cususa». Mas lo principal quedábaseme olvidado: la taza de café negro y muy caliente que, sorbo a sorbo saboreábase para no quemarse «el pico» y comentar largo y tendido, en animada plática, la vida y milagros de la gran familia tegucigalpense.

Amenos eran los tiempos de comida, especialmente el de la cena cuando se comentaban los acontecimientos importantes del día; se planeaban las reuniones de cumpleaños; exponíanse pareceres sobre los «estrenos» para la celebración de las fiestas más próximas. Hablábase con sordina del movimiento revolucionario que fraguábase contra el presidente de turno.

"Ya viene el circo López —se balbuceaba— y esa es la señal segurita de que la revolución se acerca".

Serapio López no solo venía a divertir al público con sus payasadas, sino antes bien para averiguar solapadamente, con cuánto contingente humano y armas contaba el Gobierno; además traía correspondencia de los enemigos del régimen.

Es mejor —se afirmaba— que mañana mismo demos principio a las compras de mantenimientos, y que sean suficientes para unos cuantos meses, porque ustedes saben que «El Negro» para las revoluciones es más necio y porfiado que un cabro en primavera.

Tal el alma, la fisonomía, las costumbres de la ciudad que vio nacer a muchos de nuestros próceres, y que algún hondureño anónimo del siglo XX llamó «LA CIUDAD DE LAS NEBLINAS», porque desde que se presentaba octubre hasta que se despedía enero, todas las madrugadas Tegucigalpa era arrebujada por su sudario blanco y frío...

MARCO ANTONIO ROSA

DE TEGUCIGALPA (Y CIUDADES EN GENERAL)

—¿Cómo es Tegucigalpa? —me preguntan a veces cuando regreso de esos viajes que me llevan y traen por el continente americano— ¿Cómo es Tegucigalpa? ¿Y México? ¿Y Guatemala? ¿Y...?

Confieso que tantas veces esto me sucede no sé bien qué responder. Pienso que una ciudad hay que vivirla, entrañarla, debe apropiársela uno mismo, y, aún así, resulta de todo punto imposible poderla definir. Hay que "entrar" y "salir" de ella, contemplar su perfil desde fuera de las murallas, como pedía Nietzsche. Y, de todas maneras, en el momento de intentar una definición hay que acudir a otros valores, que no son los suyos propios o intransferibles, a manera de comparación. Porque una ciudad, supongo que en esto sí existe acuerdo, es algo más que sus calles y edificios, sus monumentos y museos, sus plazas y jardines, sus mercados y cementerios, sus gentes y sus costumbres, su historia pasada y presente. Una ciudad es todo eso y mucho más, pero, de otra parte, todo reducido a una unidad dialéctica, siempre viva y cambiante, que en cuanto se intenta anunciar se desvanece como por encanto.

Como tengo dicho, se me pregunta sobre Tegucigalpa, sobre cualquier otra ciudad. Cierro, entonces, los ojos; los aprieto; me tapo también los oídos. Y, cuando estoy a punto (al menos, lo creo, iluso de mí) de encontrar la palabra síntesis, todo se me borra de pronto. Y apenas acierto a decir:

—Tegucigalpa es Tegucigalpa. Tienes que ir. Cada ciudad es única, inintercambiable. No sirve de nada cuanto pueda decirte. Tienes que vivirla tú, gozarla tú, sufrirla tú, hacerla de algún modo tuya.

Fuera subjetivismos, ya a la caza de una realidad objetiva independiente del sujeto, se podrían ofrecer toda una serie de datos, que irían desde la extensión de la ciudad a su situación geográfica, desde el número de habitantes al de las calles y su longitud y anchura, desde las temperaturas máximas y mínimas a sus condiciones atmosféricas, etcétera, etcétera. Pero mucho me temo que, tampoco por este camino, habríamos avanzado ni poco ni mucho; que tampoco alcanzaríamos a dar una imagen cabal y acabada de la ciudad. Porque una ciudad es, siempre a mi modo de ver, una realidad demasiado compleja como para que pueda ser explicada esquemáticamente, acudiendo a simplificaciones por muy exactas que sean.

Para la mayoría de mis compatriotas, los españoles, Tegucigalpa es, por ejemplo, sólo un nombre, un bello, exótico y lejano nombre, si se quiere. Sin embargo, se me ocurre pensar que ancha es Castilla, y repican las campanas y vuelan los pájaros sobre los grises tejados de muchas ciudades hermanas del mundo. Este es ya, pienso, un dato revelador para mis compatriotas a cuyos ojos, a cuya memoria, asomará seguramente Salamanca la blanca o cualquiera otra capital de nuestras viejas, recoletas y sosegadas provincias.

La geografía es así, impenitentemente abstracta —valga la paradoja— a pesar de su concreción científica: se aprende en textos y mapas, por lo que su realidad, física, económica y política, ante la imposibilidad de recorrer todo el mundo, de verificarlo palmo a palmo, ciudad por ciudad, río por río, cordillera por cordillera, ante la imposibilidad, en una palabra, de palparlo arruga por arruga, queda reducida sólo a nombres, nombres más o menos bellos, más o menos eufónicos, más o menos sugerentes, más o menos evocadores. Pero nombres, en fin de cuentas, sólo nombres. Menos mal que el ser humano posee, como recurso contra su obligada ignorancia, gran capacidad para la evocación y el ensueño, y nada más evocador y ensoñador que un texto geográfico, que un mapa, donde, reducido a escala convencional y montado sobre signos convenidos, puede abarcar, de una sola ojeada, el mundo entero.

Tal vez por esta razón, por esa capacidad ilimitada del hombre, suelo manejarme mejor.

—¿Cómo es Tegucigalpa? —me preguntan.

—¿De qué modo la piensas tú?

—Debe ser una ciudad más bien pequeña, íntima, entrañable, donde las gentes se conocen y saludan al pasar, donde las veinticuatro horas del día pueden aún gozarse...

—Todavía más...

...En los atardeceres, su luz es casi indefinible... Ascienden, coronados de palmeras y casas, los montes próximos...

—Todavía más...

—...Melancólica y taciturna, por las noches; durante el día debe ser alegre y bulliciosa...

—...Más, más, todavía más...

—...Para un español, para ti, para mí, para nosotros, debe de ser ciudad grata, acogedora, dulce de vivir...

Y más, y más, y más. Y así hasta el infinito. Porque esa compleja realidad de las ciudades es inagotable, nunca acaba de dejarse exprimir como un zumo agridulce siempre vivo y renovado. En definitiva, reconozcamos que las ciudades están hechas por los hombres a imagen y semejanza suya, y ya Sófocles decía que de entre todos los misterios nada es más misterioso que el hombre.

JOSÉ MARÍA DE QUINTO (Madrid, 1968)

CUATROCIENTOS AÑOS DE TEGUCIGALPA

Hay indicios históricos, aún no bien determinados, que Tegucigalpa era hacia el año de 1578 un pequeño poblado de indios mandados por caciques, teniendo su propio Ayuntamiento bajo la jurisdicción de Comayagua, pues así lo ordenaban las Cortes Reales de España a los conquistadores y gobernadores de provincias, cuando se constituían centros de actividad minera, agrícola y ganadera.

Según el erudito historiador hondureño doctor Rómulo E. Durón, la Villa de San Miguel de Tegucigalpa y Heredia fue fundada oficialmente el 29 de septiembre de 1578, siendo encomendero de la Provincia don Lope de Cáceres Guzmán, por nombramiento del Gobernador de Honduras, don Rodrigo Ponce de León. Por esa misma época un individuo llamado Carlos Ferrufino, arriero y comerciante de Tegucigalpa, solicitó a las autoridades locales unas tierras a inmediaciones de Suyapa, entonces pequeña aldea de treinta casas y poblada de indios, cuya entrega le fue hecha por don Diego León de Andino, a nombre del Gobernador residente en Comayagua. Estas tierras son las que más tarde se conocerían con los nombres de Hato de Enmedio y El Trapiche, o sea, lo que ahora ocupa el perímetro de la siempre visitada aldea de Suyapa.

Asimismo, hay indicios que en 1641 don Diego de Zúniga, vecino y minero del Real de Minas de Tegucigalpa, registró un yacimiento de plata con el nombre de Nuestra Señora del Buen Suceso, por el lado de La Montañita, logrando al cabo de los años, tras duro y tesonero trabajo, convertirse en hombre acaudalado y dueño de casi todas las sierras de Suyapa, usufructo que en parte han mantenido sus descendientes.

Según datos recopilados en crónicas antiguas, el 9 de agosto de 1759 se levantó el primer padrón o censo de Tegucigalpa y sus alrededores, arrojando una población de 980 personas y cuatro años después se hizo el primer mapa de Tegucigalpa. Por esas mismas fechas, los vecinos eran eximidos de impuestos a cambio de formar parte de las tropas de vigilancia y, si era de su agrado, se les enviaba a Olancho para iguales menesteres.

La fecha de fundación de Tegucigalpa señalada por el doctor Rómulo E. Durón ha sido adoptada oficialmente por el Gobierno de la República y es en base a ella que el actual Concejo Metropolitano del Distrito Central, presidido por el joven arquitecto Henry Merriam, ha preparado una serie de programas para celebrar dignamente los cuatrocientos años de Tegucigalpa. Y para darle mayor realce al gran acontecimiento histórico se está haciendo especial invitación a los vecinos de Comayagüela, ya que este pueblo indio en sus orígenes, corrió la misma suerte de Tegucigalpa durante la Colonia y después de la Independencia, constituyendo a esta fecha parte integrante del hoy llamado Concejo Metropolitano del Distrito Central.

Tegucigalpa, capital de la República, con más de trescientos mil habitantes, cuenta ahora con una hermosa Plaza Morazán, al frente de la cual se yergue imponente la Santa Iglesia Catedral, iniciada por el bondadoso padre Simeón de Zelaya y concluida en 1782, año en que fue bendecida por el Ilustrísimo Obispo de Comayagua, fray Antonio de San Miguel; reconstruida más tarde por don Tranquilino de la Rosa, Andrés Lozano y José Trinidad Reyes, iniciando sus servicios regulares en 1837.

JOSÉ FRANCISCO MARTÍNEZ

LA BACHILLERA

En el atrio de una de las más viejas iglesias de Tegucigalpa —reliquia histórica— a la que no ha mucho se demolió la torre de su campanario, para dar belleza, según los sabios criollos, a esta ciudad, cuyo atractivo descansa precisamente en su fisonomía colonial. El 9 de noviembre de 1899, y para ser más preciso, minutos antes de las seis de la mañana, un corro de abuelas de briosas lenguas, con fustanes saturados de naftalina, alcanfor y agua de florida, al salir del templo de San Francisco de oír misa y recibir la sagrada comunión, discutía con voz chillona y nerviosa, la manera de evitar que esa tarde, en esa misma iglesia, una dulce jovencita católica se uniera en matrimonio a un alemán "que había protestado de Dios"... Seguramente "el villano, había sorprendido a la inocente niña con su gallarda figura y su acento extranjero que entonces era «Sésamo ábrete» al corazón de las damitas capitalinas"...

Una de aquellas vetustas confabuladas, nudosa, delgada, amarilla como el bambú, cara de machete taco, voz de zanatería revuelta, impuso su voluntad: vendrían todas esa misma tarde en unión de parientes y amigos a impedir que se realizase la boda. Notificado de la intención del grupo por una chigüina con vocación de espía, salió el cura al atrio y después de escucharlas pacientemente explicó que, en religión, «protestante» no quiere decir que niega o se opone a las doctrinas de Jesús, sino que pertenece a un conjunto de religiosos partidarios de la reforma cristiana, y que por ello la iglesia católica no objeta tales uniones.

Así en la tarde de aquel 9 de noviembre se llevó a cabo con toda pompa el matrimonio mixto entre don Carlos Hartling, de nacionalidad alemana y más tarde compositor de la música del himno de Honduras, y la inteligente señorita Guadalupe Ferrari, hondureña de las más distinguidas familias tegucigalpenses, y quien con el tiempo escribiría la obra «Recuerdos de mi vieja Tegucigalpa».

En la cena ofrecida a mi madre la noche siguiente a nuestro regreso de Olancho, hallábanse entre los numerosos concurrentes únicamente parientes de la familia Rosa, que hacía años no se sentaban a la mesa con nosotros. Y no es que se les discriminase por su falta de plata o por su aspecto ramplón. ¡Qué va!... Es que, desde que su fortuna vino a menos, emigraron a su pueblo natal, Sabana Grande, donde aún les quedaba techo propio y una parcela de tierra que incluía una mina que, felizmente, vendieron a buen precio. Tal el motivo de su regreso a la capital, que coincidió con el nuestro.

Mamá Rosa, desde el comienzo de la cena monopolizó la palabra para exaltar las maravillas de la tierra olanchana. ¡Qué flora! ¡Qué fauna! A mí me pareció que ella exageraba un tanto al referirse a la cantidad, tamaño y agresividad de las víboras y a la frondosidad de la selva...

La prima Nicolasa, encargada de la cena, mostrábase apenada porque los manjares no eran de los más selectos y dignos de servirse en tal ocasión y con mucha frecuencia se excusaba de ello.

—Es que aquí nada se consigue, todo escasea, el país no da para más...

—Por favor —agregaba—, ¡sírvanse disculpar!... Conociendo su tacañería, la disculpa estaba por delante...

Al escuchar que la zarca Nicolasa repetía tantas veces su poca convincente excusa, una de las visitantes recordó un suceso que la hizo sonreír, luego púsose en pie y dijo:

—¿Por qué, dilectos parientes, no me permitís que os refiera una anécdota del ilustre soldado centroamericano, cuya figura ecuestre honra con su nombre y da lucimiento al más visitado jardín de la capital?

—Faltaba más, Pulqueria... Habla, que aquí estás en tu casa —replicó mi madre entusiasmada y con tono afirmativo—; luego posando su mirada de águila en el lugar donde estábamos los chicos —recalcó—: ¡A comer callados; no acepto interrupciones!... ¡Ya me conocen!

—Se trata de un convite al General Morazán —dijo «La Bachillera», afianzándose los anteojos y tratando inútilmente de afinar su ronca voz.

—Esto acontecía en los buenos tiempos de la federación y en la ciudad de San Salvador. El cónsul de Francia, don A. de Michelín, había invitado a comer a su casa al presidente, General Francisco

Morazán, y al de igual grado, Isidro Saget. Durante la cena el señor cónsul francés se excusaba a menudo, por no haber podido obsequiar al ilustre centroamericano con manjares más selectos y más dignos de tan conspicuo huésped, repitiendo constantemente: "Dispense usted, general, pero el país no da para más, todo escasea, nada se consigue..." El general Saget no halló de su gusto las excusas del cónsul francés, y en sus adentros juró vengarse de su paisano.

—Al cabo de pocos días aconsejó al general Morazán formular una invitación al señor cónsul Michelín y prometió encargarse él mismo de la comida, con el primordial objeto de dar una buena lección a su coterráneo. Como legítimo francés, Isidro Saget entendía mucho de cocina y se esmeró en preparar un banquete verdaderamente opíparo, concretándose a usar los comestibles que pudiera suministrar el Estado de El Salvador.

—Llegó el día esperado y la sorpresa del cónsul francés no tuvo límites. Cada vez que se le servía un nuevo manjar, exclamaba estupefacto: "Pero, señor general, ¿cómo ha hecho usted para encontrar esas verduras tan delicadas que se parecen a las mejores de París?" El general Saget se apresuraba a contestar: "Esas verduras, señor Michelín, se encuentran en el país. Son genuinamente salvadoreñas". Luego servían carne de ternera horneada; ostiones, pescado de mar y de agua dulce; tepezcuintle asado, con variedades de salsas; palomitas de monte con repollo, imitando como sirven las perdices en Europa; codornices al horno. Venían como postre: almíbares de mamey, duraznos en rica miel, jalea de membrillo, café y crema de nance.

—Cada vez que al cónsul se le servía un nuevo manjar exclamaba sorprendido y satisfecho: "¿Cómo han conseguido ese pescado tan delicioso como la trucha? ¿Dónde lograron esta especie de liebre muy superior a las nuestras?" (se refería al tepezcuintle). "¿Y esos pajarillos al horno, tan similares al faisán?" (se refería a las codornices), "¿son importados?" No paisano —intervenía Saget—, todo lo que esta noche se ha servido aquí, es producto genuinamente salvadoreño, lo da el país...

—El señor cónsul Michelín salió del convite con el estómago satisfecho, pero al mismo tiempo avergonzado por saber que él no tenía excusa por la mezquina comida que había ofrecido al primer soldado centroamericano, pretextando la pobreza en alimentos de un país que apenas venía conociendo.

—Debo aclarar —afirmó tía Pulqueria, mejor conocida en los círculos literarios como «La Bachillera»—, que esta historia que os he narrado, es rigurosamente auténtica, la leí en el diario «LA PAZ», del 25 de noviembre de 1877, editado en esta capital hibuerense. También agregó en su descargo, que ni lejanamente abrigaba al referirla, deseo alguno de ofender a su sobrina, la zarca Colacha, que le parecía ser la única responsable de que nada pudiera conseguirse en plaza, porque todo escaseaba... y sonriendo se sentó.

Celebróse con nutridos aplausos el oportuno relato de la tía Pulqueria quien —como podrán observar los lectores— tenía la manía de hablar «en difícil...». Por lo demás, era una persona erudita, de claro entendimiento y se mantenía bien informada de lo que acontecía dentro y fuera del país.

Enterados los concurrentes de la elocuencia narrativa de la tía, a voces pidiéronle que refiriera otra historia o que declamara. Ella, a su vez, excitó al poeta Ramón Cubas Alvarado, a recitar alguna de sus propias poesías. Ramón no se hizo rogar; su temperamento no lo permitía. Luciendo orgullosamente su blanco y bien tallado traje de cadete, arriscó hacia atrás su lisa cabellera, y exclamó entusiasmado:

—Voy a recitarles un poema que acaso no sea el mejor que he escrito, pero tiene el mérito de ser el más grato a mi espíritu.

SALUTACION MATINAL

Buenos días, mañana! Qué me traes ahora
en la brisa que pasa musitando a mi oído?
Su lenguaje no entiendo por no haberlo aprendido
ni en la Biblia Sagrada, ni en la Ciencia pagana,
¡Buenos días, mañana!
¡Mi ventana está abierta! para darte cabida
cual si fuera una rosa que con ansia ahí espera
un rayito de sol... Entra a darle a mi estancia
tu calor con que sueña cuanta cosa está yerta,
Mi ventana está abierta
¡Mañanita de hogaño! de mi antigua leyenda
de cuando era yo un niño por senderos de luz.

Qué me dicen tus alas de ese cielo al trasluz?
Yo no sé si en sus ritmos hay la gracia de antaño,
¡Mañanita de hogaño!

¡Cómo en tiempos remotos! ha cantado una alondra
entre tules de ensueño y entre frondas de seda,
y hay rumores de fiesta por la vasta alameda
donde alzan solemnes, pensativos los lotos
¡Cómo en tiempos remotos!
¡Buenos días, mañana! ¿Qué me traes ahora
en la brisa que pasa musitando mi oído?
Su lenguaje no entiendo, por no haberlo aprendido
ni en la Biblia Sagrada, ni en la ciencia pagana,
¡Buenos días, mañana!...

Después de los aplausos y felicitaciones al poeta, mi hermana Amelia —¡15 floridas primaveras!—. intervino.

—No es mi intención hacer un relato o recitar versos.

Voy con mi hermano, Antonio, a obsequiar a nuestra madre un frasco que contiene pepitas de oro del Guayape. Esperamos que sea suficiente para confeccionar el collar que ella desde hace mucho tiempo desea. Huelga decir que nos costó muchas privaciones y sacrificios reunir estas pepitas de oro..., pero como tratábase de nuestra madre, valió la pena el esfuerzo... —dijo al tiempo que mostraba ¡MI BOTE! ¡MI BOTE! de pepitas del precioso metal, que ella en nada había contribuido para conseguir!

Mi madre, emocionada, recibió el regalo y "a mí también" me llamó para besarme y abrazarme.

¡Ah, cómo ahogaba en mi hígado la cólera contra mi hermana! Ya vería esa, a quien cariñosamente llamaban «Negra», cómo me vengaría de ella. Mientras tanto, como anticipado le di a la pasada un fuerte pellizco, sin alcanzar a acertarle un machucón. Ella, en cambio, ostentaba la sonrisa del triunfador.

Servido el postre y luego café, mamá Rosa estimó oportuno levantarse para agradecer la cena y dar fin a la velada.

MARCO ANTONIO ROSA

OBRA Y VIDA DEL PADRE REYES

Transcurría el año de 1854. En una pequeña casa, situada al costado de la extinguida Iglesia de Nuestra Señora de la Concepción, comunicada con el templo por medio de la sacristía, se deslizaban risueños los días de mi infancia.

Los sábados me causaban grande alegría porque se celebraba en la vecina iglesia la misa de la Virgen. Al despuntar el alba, despertaba casi asustado por los bulliciosos repiques que convidaban a los fieles. En ese estado indeciso, intermedio de la vigilia y el sueño, recordaba que tenía un amigo cariñoso en la sacristía, y me encaminaba a verle, sin ocuparme en perseguir, como otras veces, a los gorriones que revoloteaban en torno de las flores de un hojoso limonero que ornaba el estrecho patio de mi humilde hogar. Todo lo dejaba, sin sentimiento, por encaminarme ligero y alegre a la sacristía, que una mano amiga me dejaba entreabierta.

En el umbral situaba mi observatorio, y, ansioso, a cada momento asomaba la cabeza, para ver a mi amigo. De ordinario, le veía arrodillado, inmóvil, ante la dulce imagen de la Virgen, que iluminada por la incierta luz de la mañana y por dos velas de amarillenta cera, se destacaba sobre una peana cubierta de rosas, de dalias, de nardos y de jazmines.

Largo rato permanecía en aquella actitud, con la vista enclavada en el suelo y absorto en fervorosa y purísima oración. Por fin, volvía los ojos, los fijaba con amor infinito en el rostro divino de la Virgen, y de allí, dirigía una mirada suplicante al azulado cielo, que se dejaba ver a través de una pequeña ventana, cuya madera envejecida mostraba la carcoma del tiempo.

Concluida la oración, aquel hombre piadoso se levantaba con profundo respeto. Entonces, yo asomaba nuevamente la cabeza y hacía ruido en la puerta, para que advirtiera mi presencia. Conocedor de mis pueriles ardides, volteaba a ver, y a mi sonrisa de niño correspondía con tierna sonrisa paternal.

Me llamaba con un ligero movimiento de mano, que a mí me parecía, aunque no formulaba la idea, cariñoso aleteo del ave que llama a su polluelo. Yo acudía, saltando, y él me apretaba la cabeza entre sus manos, y me hacía caricias, que me agradaban mucho más, cuando, al despedirme, me daba golpecitos en la cara y me regalaba nardos y claveles, que me decía eran "flores de la Virgen", y por añadidura, algunos centavos para mis juguetes.

Días serenos de mi infancia: ¿por qué se fueron tan presto? Amigo de mis primeros años: ¿por qué no existe, para que el hombre, abrumado por desengaños y pesares, te muestre el afecto que te mostraba el inocente niño?

Jamás olvidaré la imagen de aquel hombre venerable. A través de las espesas brumas del tiempo, yo la conservo grabada en mi alma. Era un sacerdote de mediana estatura: su cuerpo robusto y la morbidez y suaves contornos de sus formas revelaban, a la simple vista, la virginidad de su organismo y de su alma: su cabeza, casi siempre inclinada, tal vez por el peso agobiador de las ideas, era grande, bien formada, cabeza escultural: su frente no era espaciosa, pero sus marcadas protuberancias decían, al hombre de ciencia, que era la frente de un pensador: sus cejas eran pobladísimas y, debido a una perenne contracción nerviosa del entrecejo, aparecían como una prolongada línea negra, interrumpida por pequeñísimos copos de esa nieve del invierno de la vida que se llama las canas: sus ojos eran algo saltones, como si quisieran estar listos para recoger mucha luz; carecían de belleza, en la forma, pero su dulce mirada hacía transparente el fondo de la infinita ternura que encerraba su alma: su nariz era irregular, modelada por el tipo de la raza mestiza: sus labios eran gruesos y salientes, particularmente el labio inferior; de una a otra comisura, se notaban, en raro contraste, las líneas de la boca de Voltaire, el filósofo demoledor, con las líneas de la boca de Juan, el piadoso evangelista; ora jugueteaba en sus labios la picante sonrisa del epigrama, ora la dulce sonrisa expresiva de la mansedumbre, de la benevolencia cristiana para todos sus hermanos los hombres. Tales facciones resaltaban en el fondo de su color trigueño, palidecido por las vigilias del estudio y por las meditaciones y los éxtasis de la oración.

El hombre que he procurado describir, evocando lejanas y caras memorias de mi corazón; el hombre a quien oía llamar siempre, por los niños y por los pobres, "Padre mío", y a quien yo daba el nombre de amigo o de padre, porque creía, y con razón, que era el verdadero amigo o padre de todas las buenas gentes; el hombre que llegó a ejercer grande y benéfica influencia en la familia, en la sociedad, en el Estado, —¿qué nombre tuvo? ¿cuál fue su historia?—. Su nombre, JOSÉ TRINIDAD REYES. Su historia —la de su vida, su genio y sus obras —, aunque a grandes rasgos, voy a contárselas.

El día 11 de junio de 1797, nació en esta ciudad José Trinidad Reyes, hijo de Felipe Santiago Reyes, honrado profesor de música, y de María Francisca Sevilla, instruida y talentosa Señora, de quien dicen sus contemporáneos que no se podía discernir si valía más por sus muchas virtudes, o por la solidez y brillo de su grande inteligencia.

He aquí su partida de bautismo: "En la Iglesia Parroquial del Señor San Miguel de Tegucigalpa, el día 14 de junio de mil setecientos noventa y siete, el reverendo padre fray Nicolás Hermosilla, previa licencia mía, bautizó solemnemente a un niño que nació el día 11 del mismo, a quien puso por nombre José Trinidad, hijo legítimo y de legítimo matrimonio de Felipe Santiago Reyes y de María Francisca Sevilla. Fue su madrina doña María Josefa Arau Renechea, quien quedó advertida de su obligación y espiritual parentesco, y firmé: —Juan Francisco Márquez".

Reyes no vino al mundo en brazos de la fortuna. Estaba destinado a sobrellevar el peso de contratiempos, de pobrezas y aun de miserias, pues los autores de sus días carecían de un nombre ilustre y de un rico patrimonio. Pero la naturaleza providente, que nada olvida, le dio, en compensación, las aptitudes musicales de su padre y la bondad y los talentos de su virtuosa madre. ¿Qué más patrimonio?

Poseía, al nacer, valiosos bienes que no arrebatan las malas voluntades de los hombres ni los caprichos de la voluble suerte: bienes que van a donde va nuestro espíritu, y que desaparecen hasta que se pierden cerca de los lindes del sepulcro, cuando también se pierde el último aliento de la vida.

Los primeros años de Reyes corrieron en humilde y apartado hogar, como pasa la infancia de los hijos de los pobres. Para él no había la solicitud cariñosa ni las exquisitas atenciones de la sociedad, que prodiga elogios, obsequios y mimos al hijo del poderoso; para él no había bonitos y variados vestidos, ni numerosos y lindos juguetes; pero se indemnizaba, de todo esto, con las caricias constantes de sus padres, que son los presentes que los pobres ofrecen a sus hijos, como para compensarles, a fuerza de ternura, los halagos que les niega la esquiva fortuna.

Cuando hubo llegado a la edad de recibir la instrucción rudimental, primer alimento del alma, sus padres atendieron con empeño a este objeto. Tomaron, para sí, el cargo de instruirle en la moral y en el arte de la música, y, a la vez, les confiaron a las señoritas Gómez, —por antonomasia llamadas "las maestras"—, quienes le enseñaron la lectura y la doctrina cristiana. Tal era la enseñanza primaria de la época.

Felices fueron los ensayos del niño, en orden a su instrucción primaria. Dócil, aplicado, inteligentísimo, aprendió, en breve, todo lo que había que aprender en la pequeña esfera de la escuela de aquellos tiempos. Desde temprano, el pobre niño hizo la revelación de que en su alma estaba encerrado, como el polen fecundante en el botón de la flor, el germen de un gran porvenir.

Instruido en la modesta escuela de las maestras Gómez, Reyes divisó, aunque en vaga lontananza, nuevos y dilatados horizontes. Aspiraba a una instrucción superior, al comercio de la inteligencia con los productores y propagadores de las luces del saber. Por desgracia, imperaban, a la sazón, en Honduras, las viejas instituciones coloniales con sus desigualdades y privilegios, sostenidos por la autoridad de monarcas absolutos que lo eran por derecho divino.

Reyes, el niño desvalido, quería, con afán, aprender la sabia lengua latina; y, sin embargo, ¡no le era dado poseer la lengua del Lacio! ¿Por falta de recursos? No. ¿Por falta de maestros? Menos. ¿Por falta de aptitudes? Mucho menos. ¿Por qué, entonces? Porque lo prohibían las leyes y las costumbres de aquellos tiempos; porque Reyes no se había mecido en cuna dorada; porque Reyes carecía de viejos pergaminos; en una palabra, ¡porque Reyes no era noble! Sólo a los hijos de los nobles era permitido instruirse en ciencias y letras, en el Colegio Tridentino de la ciudad de Comayagua, asiento de la Gobernación de la Provincia. ¡Funesta influencia la de aquellas instituciones, que, con su manto de tinieblas envolvían el espíritu de los hijos del pueblo, para que no brillase la luz de sus ingenios! La justiciera historia se ha encargado ya de condenar tamaño crimen.

Está reservado siempre al carácter y al genio vencer las resistencias, por formidables que se les opongan. Reyes tenía ambas dotes; perseveró en su propósito, con aquella fe suya, candorosa y jamás entibiada, que había de asegurarle el éxito en las rudas batallas de la vida; y hubo la feliz circunstancia de que, por aquel tiempo, 1812, permaneciese en el convento de Nuestra Señora de las Mercedes el Reverendo Padre Fray Juan Altamirano, quien, cediendo a sus generosos sentimientos, y a despecho de las preocupaciones reinantes, enseñó a Reyes el idioma latino. Más tarde, el discípulo pagó a su maestro la deuda de gratitud que había contraído, dedicando a su memoria sentidos versos, ¡flores y lágrimas del poeta agradecido, flores y lágrimas regadas sobre la tumba de su bienhechor inolvidable!

En parte, estaban satisfechas las aspiraciones del joven Reyes. Conocía el idioma latino y el arte de la música, y conocía, además, el arte del dibujo, que aprendiera bajo la dirección de don Rafael U. Martínez, pintor guatemalteco que vino a Tegucigalpa a ejecutar algunas obras. Pero nuevos tropiezos encontraron en su penosa carrera.

En su país no podía dedicarse a estudios profesionales; y contaba ya diez y ocho años, edad en que se aspira noblemente a alcanzar un puesto honroso en el mundo; edad, también, en que se atesoran las más grandes esperanzas y las más caras ilusiones.

Para abrirse paso en el camino de las letras, y en lucha con mil dificultades que le ofrecía la pobreza, convino con sus padres en dirigirse a la Provincia de Nicaragua, a fin de hacer sus estudios superiores en la Universidad de León; que por entonces florecía. El 20 de enero de 1815, Reyes, bajo la guarda de un buen labrador del barrio de La Plazuela, llamado Miguel Álvarez, y acompañado de los devotos que iban en romería al pueblo de El Viejo, se encaminó a la vecina provincia nicaragüense. Reyes era el pobre peregrino, que iba, a otro suelo, a ofrecer sus votos en el santuario de la ciencia: sus acompañantes eran peregrinos, también, que iban a ofrecer a la Virgen del Viejo, los votos de su fe religiosa. Impulsaba a Reyes la idea; a sus compañeros el místico sentimiento. Así viaja la humanidad, por los mismos caminos, pero con fines distintos. ¡Más dichosos, siempre, aquellos que peregrinan, en la vida, llevando muchos ideales en la mente, o mucho amor en el corazón!

A los pocos días, el joven estudiante, aquejado, más que por el cansancio, por los dolores de la ausencia del hogar paterno y de la tierra nativa, llegó a la populosa ciudad de León. Se hospedó en casa de don José María Guerrero, padre del virtuoso presbítero e instruido doctor del mismo nombre, donde fue recibido como uno de la familia.

La austeridad de su vida, la dulzura de su carácter, la distinción de sus modales, su versación en las artes y su aptitud para las ciencias, le abrieron, de pronto, las puertas de la hospitalaria sociedad leonesa, y le captaron el aprecio sincero de las personas más distinguidas, entre las que figuraba fray Nicolás García y Jerez, a la sazón Obispo de Nicaragua.

La actividad y la atención de Reyes estaban dedicadas al estudio. Perfeccionaba sus conocimientos en el castellano y el latín, cursaba filosofía, después cánones y teología, y al mismo tiempo estudiaba matemáticas, para lo cual iba, diariamente, al Cuartel de Artillería, a recibir lecciones de don Manuel Dávila, acreditado artillero que, más tarde, trajo al país el general Morazán, y quien, con su valor y pericia, contribuyó al buen éxito de la famosa batalla de La Trinidad, librada en 1827.

Las pocas horas que podía robar al estudio, las empleaba en ayudar, en la Catedral y otras iglesias, al señor guerrero, en sus oficios de maestro de capilla. Así cultivaba, cada vez más, el arte musical, y hallaba un recurso para satisfacer sus necesidades, y para auxiliar, en lo posible, a sus padres, necesitados de los recuerdos y del apoyo del hijo ausente.

LLAMADO DE DIOS

En la Catedral de León —en aquel templo católico de sólida y deforme fábrica, de sombrías y espaciosas naves, de elevada y anchurosa cúpula, de cuadradas y ennegrecidas torres y de severo aspecto— ahí el joven Reyes, contemplando las nubes de oloroso incienso, que se elevaban y se desvanecían y se perdían en el azulado cielo; viendo los amarillentos cirios de que partían múltiples rayos de luz, que se descomponían en los vidrios de las altas ventanas o se quebraban en las columnas de las arqueadas naves, yendo a morir, con sus últimos reflejos, en las pupilas de los ángeles, al parecer animados y sonrientes sobre sus pedestales de perfumadas flores; oyendo las notas del órgano que, ya graves y solemnes, ya tiernas y dulcísimas, semejan voces, ayes del misticismo, lamentos y quejas de una religión que pide a lo alto luz para la tenebrosa conciencia, y paz y consuelo para el triste y lacerado corazón; ahí Reyes, con la sed de lo infinito, con las visiones extraordinarias de lo sublime, arrebatada su mente por el ideal divino, inflamado su corazón por el amor inmenso, envuelta toda su alma en mística atmósfera..., ahí apartó los ojos de las miserias de la tierra, los volvió al cielo; se olvidó de las inestables glorias de la vida, y se abismó tan sólo en la eternidad de Dios; y quiso ser el ungido del Señor, quiso ser Sacerdote.

Reyes no sólo era el verdadero padre de los necesitados, sino, también, el prudente consejero de las familias, cuya paz restablecía o afirmaba. Además, como hombre ilustrado, se oponía, siempre, a las falsas ideas y preocupaciones del pueblo, hijas de la ignorancia y del fanatismo. No fanatizaba; moralizaba e ilustraba. De esta conducta dio pruebas, evidentes y repetidas, aun, en los momentos de pública tribulación. El 20 de enero de 1835, llamado vulgarmente el año del polvo, ocurrió que, de repente, se oscureciera el sol, se sintieran horribles sacudimientos de tierra, ya de oscilación, ya de trepidación, y se oyeran retumbos prolongados y pavorosos, que semejaban truenos ensordecedores de una tempestad deshecha.

Tanto en 1845, en Comayagua, como en 1846, en esta ciudad, trató al señor Campoy con muestras de profundo respeto y de sincero cariño. No guardó rencor a sus enemigos, que inventaron la noticia de su muerte para privarle del obispado; y por tal beneficio del cielo, que así lo estimaba, cantó, en acción de gracias, una misa solemne en la iglesia de La Merced. Desde entonces, no volvió a hablar de incidente tan vergonzoso, que exhibe los ruines manejos de nuestra política; y se cuenta que sólo una vez, en el año 51, en que hizo una visita en León de Nicaragua al señor obispo Jorge Viteri, emigrado de El Salvador, recordó el suceso, con motivo de mostrarle Viteri el retrato de Gregorio XVI, diciéndole: "Conozca usted al Papa que le hizo Obispo de Honduras". La verdadera grandeza está en olvidar las ofensas. Elevarse sobre la envidia y miserias humanas es la mayor de las elevaciones.

Llega el momento de referirme a una de las labores más costosas y trascendentales de Reyes, cuyo solo mérito bastaría para inmortalizar su memoria. Poco tiempo después de su regreso de Guatemala, en las horas que le quedaban libres, y que bien hubieran podido ser de justo vagar, se dedicaba a instruir en ciencias y letras a los jóvenes que mostraban deseos de aprender. Fueron sus primeros discípulos don Yanuario Jirón, don Agapito Fiallos, don Máximo Soto, don Alejandro Flores, don Lorenzo Motiño y don Leandro Carías. Ya instruidos sus discípulos, como no había Universidad en Honduras para obtener títulos académicos o profesionales, se dirigieron en su mayor parte a la ciudad de León de Nicaragua, a fin de terminar sus respectivas carreras. Bien pronto alcanzaron con notable lucimiento sus primeros diplomas áulicos, debidos a la enseñanza que les había dado su generoso maestro. Pero he aquí que, en 1844, el general salvadoreño Francisco Malespín llevó una guerra a Nicaragua, desastrosa en sus muchos resultados. Todo era, en ese tiempo, desconcierto y destrucción. Los discípulos de Reyes, amedrentados, tuvieron que regresar con penalidades sin cuento a su nativo país, viendo frustrados sus esfuerzos y los sacrificios de sus pobres familias. Lo de siempre: cuando se toma el fusil, se dejan el libro y la pluma; cuando se abren los cuarteles, se cierran las universidades y academias.

Los golpes rudos del militarismo desatentado hieren o matan a los trabajadores que cultivan las ciencias y las letras, que proporcionan el alimento material y moral de las naciones. Ojalá que alguna vez, en Centro América, la fuerza militar deje de ser la destructora de las ideas y de los derechos, y se limite a ser, cualquiera que sea el partido que triunfe en las contiendas sociales y políticas, la salvaguardia de los individuos, de la producción que alcanza el trabajo, y de la acción de la ciencia y de las letras, ejercida desinteresadamente por los que más estudian y padecen, oscuros y perseguidos en vida, y, muchas veces, después de muertos, glorificados por la Historia y aun por sus mismos detractores.

Entre los jóvenes que regresaron de Nicaragua, se contaban Yanuario Jirón, Máximo Soto, Miguel Antonio Rovelo y Alejandro

Flores. Viéndose sin ocupación provechosa y cortadas las alas de sus aspiraciones, ¡pobres aves que rastreaban!, les ocurrió buscar un ideal para su inteligencia, a la par que un noble objeto para sus actividades y energías. Convinieron en formar una Academia, en que pudiesen enseñar Latín y Filosofía, en sus diversos ramos, y obtener el dirección del Padre Reyes[1].

El Padre acogió la iniciativa, con entusiasmo, y aun el título de la Academia, dado por los proponentes: Sociedad del Genio emprendedor y del buen gusto; título que, a la verdad, era impropio y hasta pedantesco, aplicado a un establecimiento literario constituido para la enseñanza del latín y de la filosofía.

El 14 de diciembre de 1845, en la que hoy es Casa de Gobierno, se instaló solemnemente la Academia, bajo la presidencia del padre Reyes, y en presencia del vecindario notable, que manifestaba su grande y legítima satisfacción.

Reyes, en calidad de Rector, pronunció un breve pero elocuente discurso de inauguración, y, haciendo justicia a sus alumnos, convertidos en profesores, dijo de ellos, entre otras cosas: "Unos jóvenes que, uniendo a sus talentos una infatigable aplicación al estudio, han merecido los honrosos títulos literarios con que los condecoró la acreditada Universidad de León de Nicaragua, consagran hoy a la Patria sus tareas y vienen a pagarle las primicias de sus luces, haciéndole un servicio de clase superior a la de cuantos pueden prestarle sus más amantes hijos. Su misma ilustración les ha hecho conocer que las ciencias contribuyen, sobre manera, a hacer felices a los hombres y a los pueblos, y que, en los países donde por fortuna se han adoptado los principios democráticos, son de absoluta necesidad; y he aquí el don precioso que vienen a ofrecerle. Ven la falta de establecimientos de enseñanza; advierten, no sin dolor, que en Honduras las ciencias están todavía encerradas bajo los pergaminos y capilladas, y no pueden ser indiferentes al malogro y

---

[1] El Doctor don Máximo Soto me refirió, hace 20 años, que, después de salir del baño de la ya aterrada poza de EL TABACAL, en el Río Grande, o sea Choluteca, que desagua en el Pacífico, ocurrió a él y a sus compañeros, fastidiados por la inacción, fundar la Academia de estudios y comunicar el pensamiento al doctor Reyes, para que le diese vida y prestigio con sus persuasiva palabra y autorizado nombre.

desperdicio de talentos privilegiados que se quedan sin cultivo, cuando debieran ser la honra de la Patria.[2]

La buena semilla siempre germina, para dar, a su tiempo, flores y frutos. La humilde Academia o Sociedad del Genio emprendedor y del buen gusto, bien pronto hizo notables progresos y se convirtió en Universidad de la República. Apreciando el buen éxito de los trabajos de la Academia, el padre Reyes propuso a la Municipalidad de Tegucigalpa que solicitase del Gobierno Supremo la autorización debida para elevar el Establecimiento, que tenía carácter privado, al puesto oficial de Universidad. Hubo oposiciones, como sucede, casi siempre, cuando se trata de operar adelantamientos sociales que chocan a los bien hallados con el atraso, quienes ven, en el movimiento y en la luz de una transformación, la pérdida de las ventajas que creen proporcionarles la quietud del estacionamiento y la oscuridad de la ignorancia. Mas triunfó la grande iniciativa de Reyes: la Municipalidad presentó su solicitud, y el hábil político, Jefe del Estado, doctor don Juan Lindo, que también fundó la Universidad de El Salvador, expidió el correspondiente decreto de autorización.

El memorable día 19 de setiembre de 1847, en la Iglesia de San Francisco de esta ciudad, se inauguró, con público regocijo, la Universidad de Honduras. Presidieron acto tan solemne el consabido Jefe del Estado, doctor don Juan Lindo, y el señor obispo don Francisco de Paula Campoy y Pérez: asistió todo el vecindario distinguido de la ciudad, y se pronunciaron oportunos discursos por el señor Lindo, el señor Campoy, el rector y algunos de los catedráticos.

Al siguiente día de la inauguración, se graduó de bachiller en Filosofía el joven Sinforiano Rovelo, obteniendo el primer título que extendió la naciente Universidad. Al Padre Reyes corresponde la alta honra de ser el fundador de la Universidad hondureña, pues a su iniciativa, afortunadamente hecha y dichosamente realizada, se debió

---

[2] Los primeros alumnos de la Academia fueron: don Valentín Durón, don Adolfo Zúñiga, don Salatiel Andino, don Crescencio Gómez, don Sinforiano Rovelo y don Miguel Bustillo, Z Padre Reyes enseñaba Física y Matemáticas, Máximo Soto, Filosofía, y Yanuario Jirón y Alejandro Flores, Gramática Latina. Miguel Antonio Rovelo cooperaba, eficazmente, a la enseñanza de dichos ramos.

su establecimiento. Fue también el autor de sus Estatutos que han regido, con algunas modificaciones, hasta la publicación del nuevo Código de Instrucción Pública. Si Reyes hubiera vivido largos años, habría recibido la más grata y cumplida recompensa, viendo los opimos frutos de su obra civilizadora. De la Universidad han salido, concluyendo o no sus estudios en ella, Máximo Soto, el primer médico legista de Centro América; Yanuario Jirón, aventajado teólogo; Samuel Escobar, brillante orador sagrado; Céleo Arias, Valentín Durón, Crescencio Gómez y Vicente Ariza Padilla, jurisconsultos de primer orden; Adolfo Zúñiga, publicista y escritor sobresaliente; Julio Contreras, filósofo elocuente y humanista; Rafael Alvarado Manzano, jurisconsulto y docto educador; Juan Ramón Reyes, poeta inspiradísimo; Álvaro Contreras, tribuno y periodista, el más fecundo de la América Central, y varios otros de distinguido mérito, que sería prolijo nombrar en esta ocasión.

Lástima grande que, debido a las ideas de la época y a los escasos elementos de la Universidad, no hayan salido de su seno geógrafos, historiadores, físicos, matemáticos, naturalistas, economistas y estadistas, de que tanto necesita Honduras para que alcance a comprender sus verdaderos intereses materiales y morales. Empero, la obra de Reyes fue grandiosa, y espléndidos sus resultados. ¡Que el sacerdote evangélico reciba las bendiciones de la posteridad agradecida, y que sea imperecedera la gloria del padre legítimo de las letras hondureñas!

Fundada la Universidad, dedicaba Reyes su tiempo a la enseñanza, al ejercicio de su ministerio, a sus esparcimientos poéticos y, siempre que le era dado, al cultivo de sus numerosas relaciones. Era una vida de trabajos y de afectos, que no daba lugar al vacío de la inteligencia ni al triste vacío del corazón. Del confesionario, pasaba a componer canciones, villancicos y pastorelas.[3]

---

[3] El Padre Reyes dio, impropiamente, creo que a sabiendas, pues era versado en latín, castellano, francés, inglés e italiano, el nombre de Pastorelas a sus dramas bucólicos. En rigor, deben llamarse Pastorales, del latin PASTORALIS, que es el nombre castizo que corresponde a las obras dramáticas, cuyos interlocutores son pastores y pastoras. Cierto es que existe la palabra pastorela, derivada de la Italiana PASTORELLA; pero tal vocablo significa tañido y canto sencillo y alegre, a modo del que usan los

De la cátedra, a escribir su Compendio de Física, en que todos aprendimos los rudimentos de la ciencia, y buenos artículos, como el firmado Sofía Seyers, que publicaron los periódicos de la época; y del escritorio, a dar expansión a su genio comunicativo y jovial. Entretenía y deleitaba: a las damas, en las tertulias y bailes, con su amena conversación y felices ocurrencias: a los caballeros, jugando sin interés a las cartas o empeñando partidas de billar; y a todo el pueblo, con los alegres paseos a la Laguna, con las competencias y emulaciones de los gremios en las fiestas de Mercedes, con los nacimientos en Navidad, y con las encantadoras veladas en la plaza de El Calvario, durante el tiempo de la pascua de resurrección.

Disgustos, penas, y desengaños no le faltaron, aun siendo tan dulce y benéfico. Tuvo enemigos gratuitos que le prodigaron insultos, y algunos de sus familiares, que no tomaron buen camino, muchas veces llenaron su alma de indecible amargura; pero a todo hacía frente con su resignación y prudencia. Varón justo, se encastillaba en su conciencia y su saber, y, haciendo el bien, hallaba honesta distracción para su espíritu y consuelo para sus pesares.

También es digno de notarse que, comunicándose con todas las clases sociales y mucho con las damas, y viviendo en una pequeña ciudad, en que hay muchas lenguas que hablan y pocas cabezas que piensan, ni aun sus mayores enemigos pusieron en duda su desinterés, sus virtudes privadas y la severa moral de sus actos. Jamás, ni una sospecha empañó el espejo en que podía verse la imagen pura del sacerdote inmaculado. Sus ideas independientes, y hasta agresivas, en el terreno de los principios, le atrajeron enemistades, denuestos y aun persecuciones; pero su conducta, clara como la luz y limpia como el agua que sale del primer manantial, fue su sólido e impenetrable escudo. El odio y la calumnia no pudieron hincar en ella su diente

---

pastores, y de ninguna manera un drama corto en que son autores individuos del campo. Expuesta esta advertencia, y reconocida la impropiedad de la palabra pastorela, en el sentido en que la empleó el padre Reyes, continuaré usándola, tanto porque la aplicó a sus composiciones bucólicas el poeta tegucigalpense, como porque su uso está universalmente aceptado en Honduras y en las demás Repúblicas de Centroamérica. Que corra el vocablo, como corren otros muchos, todavía más impropios.

envenenado, ni ensuciarle con la baba biliosa de sus impotentes iras. ¡Raro fenómeno, en una sociedad pequeña en que todo se adultera, en que domina la ruin envidia, en que los comentarios torticeros abundan, y en que tener talento, ciencia, disposición y nombre, es un gran crimen!

Si la Iglesia le nombró Sinodal del Clero, en cuyo cargo mostró sus grandes conocimientos en cánones y teología y en materias litúrgicas, y si todos los prelados le dieron licencias absolutas en prueba de completa confianza, los pueblos del Estado, en mérito de su patriotismo y de sus luces, también le dieron sus votos espontáneos para que fuese su representante, entonces que aún había alguna fe en asuntos de política. Siete veces fue diputado de la Nación, y figuró, en primera línea, en el célebre Congreso centroamericano reunido en Tegucigalpa el año de 1852.

¡Qué de recuerdos! Era el 15 de setiembre, aniversario de la Gran Patria. Se hallaban reunidos con el pueblo, en la Iglesia Parroquial, los representantes al Congreso, los primeros personajes de los fraccionados y mutilados pueblos de Centroamérica. El orador sagrado que iba a pronunciar el discurso político religioso en día tan fausto y solemne se excusó a última hora, por tener justificado inconveniente. Los diputados conocían a Reyes de nombre, pero no le habían visto sujeto a pruebas; pruebas que, por el hecho, y no por la vocinglería, dan la medida de la importancia real de un hombre. Todos se interesaron en que subiese al púlpito. Reyes, pálido y conmovido, sube a la cátedra sagrada, y, bajo las alas del Espíritu Santo, y bajo el pabellón celeste y albo de la Patria, improvisa, conmueve y arrebata. Con unción religiosa, como Jeremías llorando sobre las ruinas de Jerusalén, lloró sobre las ruinas de la Patria; y con ardiente nacionalismo, como Mazzini, fulminó anatemas sobre los destructores de la Unidad Nacional, y predijo con palabras de fe, de aliento y de esperanza, la reorganización de Centroamérica. ¡Magnífico espectáculo! El Recoleto estaba en el Sinaí; el patriota en la tribuna del publicista. José Francisco Barrundia, de alma espiritual y de imaginación de fuego, quería aplaudir en plena Iglesia; Gerardo Barrios, cojeando, quería levantarse, fulguraban sus ojos y casi echaba mano a la espada; Enrique Hoyos, bilioso y polemista, se estremecía y palidecía; Justo Rodas calculaba y se inquietaba; Pedro

Zeledón meditaba y se entristecía; Buenaventura Selva, pensando en las leyes, fruncía el entrecejo; José Guerrero tocaba los frecuentes latidos de su pulso; Rafael Pino poetizaba en silencio y sonreía lleno de esperanza, y Pedro Francisco de La Rocha hacía esfuerzos para vencer su laboriosa digestión, y entreabría los ojos, en que empezaban a lucir rayos de entusiasmo; y en medio de escena tan grandiosa, de rodillas, el pueblo hondureño lloraba!

Al bajar Reyes del púlpito, todos los diputados le abrazaron con la más tierna efusión. Era el abrazo fraternal de los primeros personajes de Centroamérica, en ciencias, letras y política. Pero ¿qué importa? Luego debía de venir la guerra con todos sus horrores. El abrazo de hombres tan distinguidos no era el abrazo de los pueblos. ¡Pobres pueblos! Por cada cincuenta mil habitantes, hay un hombre ilustrado y patriota. Estadística cierta, pero tristísima. ¿Qué mucho, pues, que la gran masa, con la inmensa sombra que proyecta, no deje ver las pocas luces de la inteligencia, que, de tarde en tarde, disipan, por un momento, las tinieblas de nuestro estado social? Reyes tomó asiento en el Congreso, y fue muy apreciado de sus colegas, por saber y por su elocuencia, de que dio repetidas pruebas en las grandes discusiones que tuvo aquella Asamblea Constituyente, la que al fin, como fruto de sus trabajos, decretó, en 13 de Octubre de 1852, el Estatuto Provisorio de la República de Centroamérica.

La guerra debía de seguir, como una consecuencia fatal de aquel supremo y malogrado esfuerzo del patriotismo centroamericano. El padre Reyes, a más de ser el hombre benéfico y el propagador de las luces de su país, fue, al propio tiempo, su poeta nacional. Nos ha dejado himnos patrióticos, poesías amatorias, felicitaciones e invitaciones, cantos elegíacos, villancicos, epigramas, y, sobre todo, sus famosas pastorelas.

En sus cantos patrióticos tiene, a veces, magnífica entonación, conceptos elevados, y versos admirables; pero con frecuencia se oblitera el nervio de su inspiración, se apaga la llama de su entusiasmo, decae lastimosamente, y los destellos de su genio se amenguan, por las sombras de ideas vulgares y de versos duros y hasta prosaicos, de todo en todo insoportables. Refiriéndose al general José Trinidad Cabañas, cuerpo de pigmeo y alma de gigante, decía:

Su frente no domada, siempre airosa
laurel de vencedor lleva, ¡aun vencido!

He aquí unos versos dignos del Tirteo español, Manuel José Quintana. Después de la guerra franco-prusiana, hizo furor, como dicen los galiparlistas, el calificativo de glorioso vencido, que se dio en Francia al Mariscal del Imperio, MacMahon. Diecinueve años antes, refiriéndose a un soldado republicano, Reyes había expresado la misma idea, con más vigor, novedad y brillante. Pero vienen los decaimientos, y concluye la composición, dedicada a Cabañas, con estos pésimos pareados:

¡Manos puras, valor y humanidad,
honran en lo alto a Trinidad!

Por el concepto, honran mucho, tales versos, al Bayardo centroamericano, al caballero sin tacha y sin miedo; pero, por lo prosaicos, por lo pedestres, no honran al poeta que había dicho, de manera sobresaliente:

¡Laurel de vencedor lleva, aun vencido!

En sus poesías amatorias, hay ideas oportunas, delicadezas de sentimiento y versos dulcísimos; pero, en lo general, sus versos están vaciados en el molde de los poetas del tiempo de Meléndez Valdés. Abundan las juguetonas Galateas, las queridas Nices, las Filis adoradas, las Anardas bellas e ingratas, los Febos enamorados, los pechos encendidos, los Etnas en erupción: literatura convencional, artificiosa y, de fijo, pasajera; copia servil de lo clásico, con ribetes de campestre, que no revela la conciencia del profundo sentidor, que no expresa las naturales inspiraciones del alma, y que no conmueve diciendo, con ingenuidad, las incertidumbres, las tristezas, los duelos, las alegrías y las esperanzas que, en uno y otro día, embargan al propio corazón.

Y no hay que culpar a Reyes por sus ficciones de sentimiento lírico. Es un axioma, en el arte, que "sólo lo bien sentido puede ser bien expresado". Reyes tenía un ideal religioso y celeste, e ignoraba lo que son las amorosas pasiones de este mundo: sobre amor mundano escribía versos, a modo de muchos niños que dan sus lecciones de memoria sin comprenderlas. No hay que tener demasiadas exigencias. De haberlas, tanto valdría exigirle que, en Honduras, hubiese hablado sanscrito en vez de castellano. Se ve, en sus felicitaciones e invitaciones, que olvida el artificio. No imita; se inspira en los motivos y circunstancias la localidad que le hacen cantar. El poeta aparece natural, y sus versos rebosan de vida, y tienen oportunidad, soltura y bello y particular colorido. He aquí una muestra, en la invitación que, en 9 de febrero de 1848, hicieron los estudiantes para el paseo a la Laguna:

Al sexo amable y hermoso,
Y al público, se convida
Al paseo,
En que será delicioso,
Lleno de espíritu y vida,
El recreo.

Cuanto de más lisonjero
Hay, en la naturaleza,
Miraremos;
Un placer puro y entero,
Que destierre la tristeza,
Gozaremos.

Respiraréis, Ninfas bellas,
Si suspendéis las labores
Por un rato,
Bajo pabellón de estrellas,
El ambiente de las flores,
Que es tan grato.

Abre el teatro sus escenas,
A la faz plácida y viva
De la luna;
En sus márgenes amenas,

Nos verá, en danza festiva,
La laguna.

Os presentará la tierra,
En los paisajes más bellos,
Sus verdores,

Donde veréis la becerra
Paciendo y gozando, en ellos,
Sus amores.

Y, si entonan vuestras voces
Canciones tiernas, divinas
Y muy suaves,
Veréis acudir veloces,
A sentarse en las encinas,
A las aves.

Allí, libres estaremos
De la enfadosa y tirana
Etiqueta,
Y todos allí tendremos
Igualdad republicana,
Muy completa.

Allí no habrá Señorías,
Y nadie osará llamarse
Su Excelencia;
Nadie, en nuestras alegrías,
Pretenderá disputarse
Preeminencia.

Tregua a los negros pesares
Y los amargos cuidados
Justo es demos;

Y entre bailes y cantares,
Al placer sólo entregados,
Descansemos.

Versos tan deliciosos, que corren murmurando dulcemente como
el libre arroyuelo, deben leerse, cual deseaba el literato venezolano
Cecilio Acosta, que se leyesen los versos de Garcilaso, en medio de
un jardín de tomillos que tenga nardos por cerca.

Sus cantos fúnebres tienen preciosas ideas sobre lo fugaz y vano
de los días de la vida, y sobre las promesas consoladoras del cielo y
de la inmortalidad. Empero, vuelve a aficionarse a imitaciones de mal
gusto: entre algunos originales conceptos y bellos rasgos de poesía,
figuran mucho las parcas, los agudos filos y las guadañas de la
muerte.

Con motivo del fallecimiento del señor obispo don Jorge Viteri y
Ungo, decía, en 10 de septiembre de 1853, en un canto elegíaco:

La muerte que no acata preeminencia,
Ni al valor ni a la ciencia,
Que al humilde pastor y al soberano
Hiere con igual mano,
Acaba de cortar, con duro filo,
De una vida preciosa el débil hilo.

Hay en esta elegía algunos versos buenos, como el primero, y
algunos duros, como el último; pero lo malísimo es la imitación, ya
muy manoseada, del pálida de Horacio. El poeta reaparece inspirado,
espontáneo y atractivo, por el sentimiento y por la novedad de la
expresión, en sus villancicos. La majestad de Dios, la pureza y los
dolores de María y la inocencia y la dulzura de Jesús, fueron hermosas
e inagotables fuentes en que bebió su inspiración el espíritu de Reyes,
aquel espíritu místico, apegado, sobre todo, a los ideales del cielo.
Lindísimos son sus villancicos, aunque tachables por algunos de sus
versos. Oigamos quejarse a la tórtola:

Una tortolilla,
Sencilla y sin par,

Que puso su nido
Cerca del Portal,

Viendo a medianoche
Mucha claridad,
Creyó que era el día
Y empezó a cantar:
Sola estoy, decía,
Mas mi soledad
Se divierte un poco
¡Cantando ay, ay, ay!

Pero luego advierte
Que la claridad
No viene de Oriente
Sino de un pajar,
Donde una Alba hermosa
Daba de mamar,
Asido a su pecho,
A un Sol celestial.

Sola estoy, decía,
Mas mi soledad
Se divierte un poco
¡Cantando ay, ay, ay!

Deja los polluelos
Y al Portal se va,
Y junto al pesebre
Se sienta a cantar:

Hacia ella su mano
Extiende un zagal,
Y ella, mansa y tierna,
Se deja tocar.

Sola estoy, decía,

Mas mi soledad
Se divierte un poco
¡Cantando ay, ay, ay!

En este villancico, como en otros muchos, hay bellezas literarias. La viudez de la tórtola es vulgar, así como es común que haya muchas viudas que diviertan su pena; pero la tórtola equivocada (que también las tórtolas se equivocan) por la claridad del pajar; pero ella, atraída por la influencia de lo divino (que no ha de atraer sólo a los hombres); pero ella, que deja a sus polluelos, y que, mansa y tierna, se deja tocar y vuelve a su triste canto; todo esto tiene originalidad, tiene imágenes que podrían trasladarse al lienzo, tiene unción religiosa, tiene el óleo santo de la verdadera poesía.

Sus epigramas fueron, casi todos, improvisados, y, en su mayor parte, son dignos de aprecio. Pudiera lastimar a personas que viven, y esto me veda la reproducción de un ejemplar. Yo hubiera deseado que el sacerdote evangélico, ni aun por pasatiempo, como lo hacía, compusiese epigramas. Hay en el epigrama, por lo común, algo de burla de humanas flaquezas; y la burla y el sarcasmo no están bien en los labios de quienes, por su instituto y por sus votos, sólo deben pronunciar palabras de caridad, de amor y de consuelo. Hoy el epigrama que punza, y cuyo autor puede reconocerse, ha sido, más que nunca, reemplazado por el anónimo que infama entre las tinieblas de lo ignorado y bajo los auspicios de la irresponsabilidad. ¡Cuánta vileza en sus autores, y cuánta inmoralidad social!

En donde el padre Reyes se muestra como poeta de primer orden, me atrevo a decir inimitable, dadas las aptitudes y aficiones que privan hoy en día, es en sus pastorelas, que por cierto son sus obras más preciadas[4].

---

[4] Compuso ocho Pastorelas, intituladas: Ester, Neptalia, Zelfa Rubenia, Micol, Elisa, Albano y Olimpia. Todas están desfiguradas por los malos copistas, que dejan tan mal paradas las obras literarias, como maltrechos quedaban los cuerpos de los infelices que cayeron en manos de los familiares y verdugos del Santo Oficio. De un endecasílabo han formado dos y hasta tres versos, y de dos o tres eptasílabos han forjado versos de catorce y de veintiuna silabas. Aparte de estas monstruosidades, han truncado escenas y alterado muchas consonancias y asonancias. En cuanto

En Las Pastorelas no se presenta el poeta imitador servil o de circunstancias: es el poeta que, inspirado en la Historia Sagrada, que conocía profundamente, canta con naturalidad y dulzura las escenas de los campos y de las montañas de Honduras, y que critica, ya con feliz donaire, ya con punzante agudeza, los vicios y defectos de las gentes tenidas por cultas en su nativo pueblo.

Para sus críticas, representaba, en sus pastores y pastoras, a los TIPOS de las personas distinguidas por su importancia política o social. Se necesita conocer a los personajes y familias de Tegucigalpa para apreciar la oportunidad, la intención y el chiste de las producciones pastoriles de Reyes, en que, como filósofo y crítico, dio una grande enseñanza política y social.

Por punto general, sus composiciones pastoriles son magníficas, porque guarda muy bien, dentro de la variedad, la unidad del pensamiento que en ellas domina; porque sostiene, admirablemente los caracteres de sus pastores; porque embellece sus escenas con oportunas, exactas y primorosas descripciones, y porque maneja el diálogo con tal facilidad y tal soltura, que hacen recordar, a cada paso, los diálogos de Alejandro Dumas en sus populares novelas, y de Manuel Bretón de los Herreros en sus admirables obras dramáticas.

Aparte de los enunciados méritos, los versos de las pastorelas, por falta de ripios —que son patrimonio de ruines versificadores—, por sus cortes no violentos, por su candorosa espontaneidad, en especial

---

la sintaxis y ortografía, puede decirse que, por lo común, corren parejas con las que lucen en las cartas amorosas de las muchachas de aldea, y aun de algunas apuestas niñas de la ciudad. Y tanto mal no puede remediarse por completo: los originales de las pastorelas se han perdido; así es que, para formar concepto de su mérito y publicarlas, se requiere, en mucha parte, recomponerlas, descubriendo o interpretando el pensamiento del autor, arreglando y completando los versos, y dándoles los acentos, consonancias y asonancias que debieran tener. Ojalá que, no embargante mi poco saber literario, pueda yo llevar a cabo tan difícil trabajo, que ya tengo emprendido, y publicar del mejor modo posible, para honra de las letras centroamericanas, un volumen que contenga obras de tanta valía y que tan populares son en algunas de las Repúblicas de Centroamérica. También compuso nuestro poeta nacional "Las Posadas de José y María" y la "Adoración de los Reyes", no inferiores a algunas de sus bellas pastorelas.

en los asonantados de los romances, y por su ritmo que deleita el oído, son de todo en todo excelentes, y parece que provocan a vivir la vida del campo, a buscar, siguiendo el sentir amable del maestro Fray Luis de León, "una descansada vida, lejos del mundanal ruido, y a seguir la escondida senda por donde han ido los que en el mundo han sido".

A veces sus versos son tan naturales, tan fáciles y cadenciosos, que uno llega a creer que no ha habido trabajo alguno, ni menos arte alguno, en componerlos. Tal es el distintivo de la buena versificación, de la que enaltece a Gaspar Núñez de Arce, en España, y al inmortal José Batres Montúfar en Centroamérica. Donde se dejan ver conceptos especiosos, esfuerzos y artificios en la expresión, el arte está perdido: a la poesía, que debe volar libremente como las aves felices, se la ve arrastrándose, a estilo de perezoso y repugnante reptil, y los versos resultan insufribles y condenables ante el tribunal del buen gusto y de la crítica sensata. Más vale escribir en mala prosa que hacer versos ramplones. La prosa sin altos conceptos y sin propia forma, todavía puede alcanzar perdón; los malos versos jamás. Personificándolos, por vía de gracia, diré que tienen para sus culpas las interminables penas del infierno de los católicos. Por una eternidad, estarán privados de la bienaventuranza de la gloria.

Poco entendido en achaques de crítica, y, aunque fuese muy entendido, la índole de este trabajo me vedaría juzgar por extenso las obras de Reyes. Empero, debo manifestar que las pastorelas, si bien abundan en belleza, tienen también graves defectos. En ocasiones, los pastores y pastoras de Reyes saben mucho, tienen gran cultura intelectual y largos alcances, que no dan la vida y los usos de los campos. Pudiera hacérseles la observación que el atinado crítico don Antonio Alcalá Galiano hizo respecto del poeta don Juan Meléndez Valdés y de otros de su linaje: sus campos huelen a ciudad.

Viene bien decir que Reyes disimulaba el defecto, con el empleo de ideas felices, con lindas descripciones y con su facilidad de dialogar; pero, para la buena crítica, aunque disimulado, el defecto queda subsistente. También prolija, a veces, expresiones de estilo bajo, que traen a la memoria los cuentos de Bocaccio y las ocurrencias de Quevedo. Graciosas son, en verdad, pero inoportunas, tratándose de gentes sencillas e inocentes, y de escenas que preparan a la adoración del Mesías, del Cordero inmaculado.

Algunas de sus pastorelas están recargadas de cantos, y el mucho canto, cuando representa actos ordinarios de la vida, no es natural, y cansa y hasta fastidia. A mí sea por mi ignorancia, sea por mi mal gusto, me hace el efecto de las óperas, por las que muchos tanto se desviven. Gozo con la armonía y con la melodía, y aun me forjo la ilusión de que uno enamora, tiene citas y hasta se casa, cantando; pero tener celos cantando, tener riñas cantando, odiar cantando, vengarse cantando, y suicidarse o morir cantando; todo esto —hecha excepción del mérito de la armonía y de la melodía—, como copia artística de la vida, o me hace reír, por lo ridículo, o me hace bostezar, por lo continuado de... tan insigne tontería. Yo me identifico con el actor que representa un drama, si quiera sea mediano; jamás con un buen tenor, por mucho que recree mi oído. Aquél representa con naturalidad la vida real, recordada, sentida o presentida por todos; éste la música de los sonidos, que tienen limitada esfera, y que no debe usurpar sus las palabras, llamada a expresar la inmensa mayoría de los afectos, de las pasiones y de las ideas que forman los hilos de la trama de la vida individual y social.

Cierto es que Reyes, sin propio intento, y sólo por complacer, prestaba su musa para lisonjear o para denigrar; más esto apenas constituye una circunstancia atenuante. En el fondo faltó a su alto ministerio de ciudadano y de poeta. El talento y el numen no deben tener inconsideradas complacencias; de lo contrario, sus producciones alcanzan el mérito, si es que mérito puede llamarse, de las obras de prestidigitadores y de juglares. El talento y el numen deben huir de la mentira y de la farsa, y tener por granítica base la conciencia, la justicia y la lealtad. Por eso sobreviven los genios educados en la escuela de los principios, siempre cumplidores de su deber, y siempre enamorados de un ideal que aliente y dignifique sus trabajos e inspiraciones.

Me lastima haber apuntado el notable defecto de Reyes; pero de ello no me arrepentiré. El biógrafo y el historiador no iban de ser apasionados panegiristas de santos, ni aun tratándose de personalidades como la de Reyes; deben presentar las fases oscuras y las fases luminosas de los hombres escriben. Si así no lo hacen, la biografía y la historia tienen que convertirse en fábulas; y la sociedad, para su enseñanza, cuya necesita de verdades y no de ficciones. Por otra parte, en el terreno de la verdadera filosofía, nunca puede exhibirse a un hombre como perfecto en toda su vida y en todas sus acciones. De tal aserto puede ser un ejemplo el mismo virtuoso y benéfico Reyes. Historiar la vida de un hombre sin defectos, impecable, sería historiar la vida de un dios; y no hay dioses en nuestro planeta. La humanidad tiene el mal incurable de la contingencia, y este mal deben señalarlo los historiadores y biógrafos, aun ocupándose de los hombres modelos, para que, mostrados los errores de los menos imperfectos, sirvan de advertencia saludable a los individuos, a las familias y a los pueblos. Si semejante procedimiento no se adoptase, la Historia dejaría de ser para las sociedades y para las naciones, ¡un alta, provechosa y trascendental enseñanza!

En todos los hombres puede advertirse una vocación particular que es como el distintivo de su personalidad. La vocación de Reyes le inclinó, decididamente, al cultivo de la gaya ciencia. Como he notado, fue compositor mediano, en la lírica, y productor admirable, en la bucólica. La poesía pastoril fue su fuerte; y sin duda él lo comprendió así cuando su musa la dedicó, primordialmente, a la invención y formación de pastorelas.

No obstante la marcada vocación poética de Reyes debido a sus múltiples aptitudes, hizo buenos escritos en prosa, ya difundiendo ideas científicas, como en su Compendio de Física, ya promoviendo reformas en el sistema de educación como en su interesante artículo que aparece bajo la firma de Sofía Soyers.

Se ejercitó poco en la prosa, y pudo llegar a ser un gran prosista. Tenía para ello eminentes cualidades: espíritu sintético a la par que analítico, mucho caudal de conocimientos en ciencias y letras, profundo conocimiento del idioma, y esa flexibilidad graciosa, que dan la imaginación y el buen gusto, para presentar las ideas en formas naturales y animadas, y llamar la atención de los lectores.

Mas no llegó a ser un prosista sobresaliente, porque no se aplicó al objeto, porque no fue su negocio, como dicen los norteamericanos. Faltó a Reyes el estilo propio y sostenido que distingue al gran escritor, y que hace que se le reconozca siempre en todas sus producciones. De ello Reyes no es responsable; no trató de ser buen prosista sino de ser buen sacerdote, poeta bucólico, y propagador de las ciencias y de las letras. Dados sus tiempos y los escasos medios de que dispuso, cumplió dignamente su misión, y hay que hacerle justicia.

Para juzgar a los hombres hay que fijarse en el medio social en que viven. Reyes tenía las más variadas y sorprendentes facultades. Era filarmónico, y, en Tegucigalpa, la población más culta de Honduras, no había un piano; y él introdujo el primer piano. Era escritor, y no había una imprenta, y él introdujo la primera imprenta llamada de "La Academia". Era literato, y no había una biblioteca; y él fundó la de la Universidad. Era entendido en astronomía, física y química, y no había elementos, ni aun rudimentales, para un observatorio, para un gabinete de física, y para un laboratorio de química. Reyes se encontraba en el vacío. Suplían, al aristocrático piano, la popular guitarra; a la imprenta, los manuscritos de pésimos pendolistas; a la biblioteca, unos pocos y maltrechos libros, que eran antiguallas en la Europa moderna; a los telescopios, los ojos del observador que veía los astros con el aumento de la luz de su alma; a los instrumentos de física, las fuerzas del empeño del trabajador que estudia; y a los experimentos químicos, hechos por los procedimientos modernos, las observaciones empíricas sobre la composición y descomposición de los cuerpos. ¡Ah! si Reyes hubiese vivido en estos nuestros tiempos, en que hay abundantes y preciosos elementos para la ciencia, tendría un puesto de honor en el banquete de los sabios, que olvidan el beefsteak para el estómago, por buscar el pan de la inteligencia de los hombres que vigoriza y eleva el espíritu de la humanidad. ¡Qué divina eucaristía! Con ella debe comulgar la especie humana. Dios, que nos ha dado sentimiento y razón, no debe ofenderse porque comulguemos de un modo tan conforme a los instintos e ideales de nuestra pobre naturaleza.

Por hacer reflexiones, tal vez inconducentes, voy alejándome de mi objeto. Reproduzco, pues, sin más digresión, el precioso artículo de Reyes sobre la educación de la mujer, para que pueda formarse juicio de sus cualidades de prosista:

"Yo, débil mujer, me atrevo a levantar la voz reclamando los derechos de mi sexo, en medio de un pueblo que apenas los conoce: yo, sin misión expresa de mis compañeras, hablo en su favor a una sociedad que se cree iluminada con los resplandores del siglo XIX, y que no va a retaguardia en la marcha de la civilización y del progreso, pero que, en orden a nosotras, no tiene ideas que vayan en consonancia con sus adelantos.

No pido tanto como las mujeres parisienses; no me quejo de que en el siglo de las democracias se tolere y se sostenga la aristocracia varonil, ni de que, abolida la esclavitud, esa aberración tan depresiva de la especie humana, no se haya también emancipado la mujer, quedando ella sola esclava en medio de tanta libertad; ni tampoco hago reparar que el principio, tan decantado, de la igualdad civil y política, no se haya extendido hasta nosotras.

No pretendo, como las socialistas francesas, que seamos asociadas a la administración gubernativa, que se nos dé el derecho de concurrir con nuestros votos a la elección de los funcionarios públicos, ni que nos declaren hábiles para obtener los destinos de la Patria. No me avanzo hasta ese punto, aunque, en verdad, no veo que haya un motivo ostensible y justo para que, en el siglo de la luz y de la razón, se sostengan principios y costumbres que nacieron en los tiempos más oscuros de la ignorancia y de la barbarie; aunque no hallo razón suficiente para que se dé a los varones el privilegio exclusivo de optar por los empleos, de dictar leyes y de gobernar a los dos sexos; aunque podría esperarse, tal vez, que sería mejor la suerte del género humano dependiendo de la mujer que dependiendo de los hombres, de los que tenemos experiencia de que han trastornado y desfigurado el mundo moral, de tal manera, que ya no es aquel que el Creador destinara para la raza humana.

Y es la razón, que la mujer, siendo más tímida, más sociable, más sensible y dulce, no emprendería guerras por cuestiones frívolas, no haría derramar la sangre por añadir un galón a su vestido o adquirir un nuevo título para denominarse, ni subiría a los empleos formando escala de miembros humanos y de cadáveres; y porque, con un corazón de madre, sería más propicia a la humanidad que muchos de los que se llaman Padres de los Pueblos, que, sin el cariño y la ternura de tal nombre, tienen la severidad y el azote prontos a descargarlos sobre sus hijos. Reclamo únicamente, la igualdad de educación. Reclamo se considere que las almas no tienen sexo, que el ingenio y talento femeninos son tan perfectibles como los del varón, y que es claro que, formados con tanta igualdad de facultades, si no puedo decir con mayores dotes, es contrariar la voluntad providencial dejar perecer sin cultivo sus inteligencias.

Esto supuesto, ¿por qué en Honduras no se toman otros cuidados, para formar a la mujer, que los que se ponen en la educación de un pájaro, o de otro de esos seres privados de razón, cuyo destino es proporcionar placer y desahogo a los hombres? ¿Por qué no se nos da en la sociedad otro papel que el de muñecas automáticas, con quienes los varones entretienen sus ocios, a quienes no creen capaces sino de conversaciones pueriles, sobre modas, trajes y amoríos? ¿Por qué se nos deja ser siempre el objeto de afectadas lisonjas, cuando nos tienen presentes, y, lo que es más cruel, el blanco de la burla, del sarcasmo y de la deshonra, allá en particulares reuniones? Si fuésemos más ilustradas, no se burlarían tan fácilmente de nuestra credulidad; nos tendrían más respeto, y no se atribuiría a pedantismo el uso que solemos hacer de algunas frases o palabras que hemos aprendido en la lectura de algunas novelas.

Yo veo establecer en todas partes escuelas primarias; veo afanarse porque haya Liceos y Academias para la instrucción del sexo privilegiado; veo levantarse, con este objeto, generosas suscripciones, dictarse providencias y gravar a los pueblos con nuevos impuestos. Pero ¿quién ha pensado en las pobres mujeres? Ni el Legislador ni el Gobernante, ni ninguno de cuantos se liquidan en cumplimientos refinados ante las Señoritas; ninguno —digo— ha hecho una proposición en nuestro favor, ni una oferta, ni una libación siquiera, ni un brindis en los banquetes, porque se añada a nuestro sexo una nueva gracia, el nuevo atractivo del saber. A no estar persuadidas de que esta exclusión es obra solamente de las preocupaciones, de la rutina y de la inadvertencia, creeríamos que la política de los hombres, respecto de nosotras, era la misma de la de las naciones europeas respecto de sus colonias: tenernos siempre embrutecidas para dominarnos, sin más reglas que su caprichosa voluntad; y que no nos concedían otras aptitudes que para ayas de sus hijos y para los ministerios de cocina. Mas no dudo que este reclamo va a revelar las ideas que deben tenerse de las mujeres, a obligar a que se reflexione que, si Dios en la repartición de los dones intelectuales no ha hecho diferencia entre los sexos, dándolos tan grandes y poéticos a las Staeles, Genlis y Avellanedas, como a los Dumas, Sues y Lamartines, es una conclusión lógica que no ha sido su intento destinar los unos a la cultura y perfección, y los otros a malograrse en la oscuridad; pues, a querer imponer una especie de ley sálica, nacieran las hembras privadas de capacidades mentales, como lo están del valor y de la fuerza, porque no las creo propias para soldados.

Piénsese, además, en la utilidad y ventajas que reportarían los varones de la ilustración de las mujeres. La primera edad de los niños toda es de las madres: ellas les comunican el idioma, les dan los primeros pensamientos, forman sus primeros sentimientos y afecciones, y presentan a su alma las primeras imágenes. ¿Qué diferencia, pues, entre un niño cuya madre no le da más que lo que tiene, es decir, preocupaciones vulgares, ideas falsas, frivolidades pueriles, sentimientos innobles y lenguaje rústico e incorrecto, a otro que, como Lamartine, logre tener una madre maestra, que sepa formarle el gusto para la ciencia y el corazón para la virtud? Cuando se presente en las escuelas o en las aulas irá ya iniciado en los conocimientos que adquirió con las caricias maternales, y con una disposición precoz para recibir todo género de enseñanzas.

¡Qué de consuelos no hallará el hombre en el seno y compañía de una consorte instruida! En su casa tendrá un manantial de placeres, y no se verá forzado a buscar otra sociedad más amena para libertarse del fastidio, de la monotonía y sandeces de una mujer que no tiene otras ideas ni otras conversaciones diarias, que las del baile, el paseo y otras cosas de este jaez, cuando no lo importune con chismes o lo mortifique con imprudentes celos. Grande será la satisfacción de un hombre estudioso, al asociar a su esposa, como Dacier, a sus meditaciones, y consultarle sus dudas en materias científicas; y más grande la de un padre que ve a su hija conducida en triunfo, como Corina, y adornada la frente con los lauros y coronas de Minerva, más que con los brillantes atavíos de un lujo vano.

¡Ah! Si desde que se trabaja por la enseñanza de los varones se hubieran hecho iguales empeños por la de las mujeres, no cabe duda de que hubieran ya probado que, en un tiempo dado, había en ellas más adelantos y progresos. Más recogidas, más aplicadas, más pundonorosas y sumisas, no se disiparían, como tantos jóvenes, no se entregarían, como ellos, a la vagancia: lejos del juego y de los placeres que distraen la atención y enervan la mente, no verían sus libros y sus laboratorios con tedio enfadoso; y, de este modo, no darían lugar a reconvenciones y quejas, ni a que con descrédito se dijera que hacían al Estado gastos inútiles, y a sus padres encorvarse sin fruto bajo el peso del trabajo.

Compañeras: reuníos conmigo para declamar, doquiera, contra ese culpable olvido de nuestra educación; contra esa preferencia estúpida que, en esta parte, tienen sobre nosotras los varones; contra esa tiranía sexual que nos despoja de nuestros derechos más sagrados. Si logramos que se nos atienda, ya no seremos, como hasta ahora, esclavas de nuestros mismos hermanos, seres medios entre el hombre y el bruto; se perfeccionará nuestra razón, y nuestra sensibilidad natural dejará de ser puramente instintiva; el círculo de nuestras ideas se extenderá más allá de las niñerías de las modas y del modo de condimentar las viandas; conoceremos las bellezas que producen las imaginaciones creadoras de los poetas; no veremos la hermosa naturaleza con la indiferencia del salvaje y de la bestia; y no es difícil que haya quien, como Mistres Trolop, se alce a alcanzar el vuelo de los genios pintores, describiendo las costumbres y los paisajes de los pueblos.

Y si la naturaleza no nos hubiere favorecido con el don de la fugaz belleza, o cuando la mano del tiempo haya destruido los hermosos contornos de nuestro cuerpo, y no podamos agradar a la ligera juventud, que no busca otras cualidades en nosotras, no por eso seremos, como ella piensa, seres nulos y de ningún valor, no desapareceremos del mundo, no se nos definirá una negación, un error de la naturaleza: seremos, sí, una flor que no muestra a los ojos el brillo de los colores ni la elegancia de la figura, pero que exhala una fragancia balsámica, y que contiene excelentes virtudes curativas; seremos un fruto que, bajo áspera y ruda corteza, lleve deliciosos néctares y sabores que recrean y sustentan. Y si no nos vemos, como Penélope, rodeadas de importunos y románticos amadores, en cambio tendremos, como Ninón, un cortejo de sabios y personas más interesantes por su ilustración, que, en vez de cansarnos con estudiados requiebros, nos hagan ocupar el tiempo con más provecho.

Sin educación, nuestra suerte, como ven y sientan, es siempre desgraciada; y cuando haya pasado nuestra juventud, nos veremos aisladas en medio de la tierra, destinadas, cuando más, al triste y ridículo papel de pedagogas que acompañemos a los jóvenes que van a lucirse a los espectáculos, donde bostezaremos en un rincón, reventando de envidia, ¡y haciendo dolorosos recuerdos de un pasado que nunca ha de volver...!

Reclamemos, repito, no la consagración de los principios de la Señorita Lenz, ni menos que se nos deje salvar los límites que nos puso la naturaleza, sino lo que se nos debe en conformidad con las miras de Dios, y que se evidencia en las facultades con que nos ha dotado. Si los hombres se alzan con el saber; si nos dan un no ha lugar a nuestra justa demanda; si se obstinan en tenernos confinadas en la obscura región de la ignorancia... ¡oh! entonces, mírenlos como a sus tiranos, estén ciertas de que no los aman, y que, cuanto les digan por conquistar sus afectos, es sólo fingimiento, es seductora y detestable adulación".

Sofia Seyers.

En vista de los conceptos del anterior artículo, de mucho avance para la época en que fue escrito, y en presencia de otros juicios análogos, formados por Reyes, reconociendo la excelencia de la democracia y la justificación y ventajas de los modernos progresos, ocurre preguntar ¿qué ideas tuvo, como filósofo y hombre de religión, sobre la vida moral de los individuos y la vida moral de los pueblos?

La democracia tiene por base el reconocimiento del derecho humano, en contraposición al derecho divino. O se rigen las sociedades en nombre de los decretos de Dios, revelados por una religión, cualquiera que ésta sea, o se rigen en nombre de las leyes derivadas del conocimiento y apreciación de los derechos de la especie humana. En cuanto a los progresos del mundo moderno, han de ser considerados como productos de la ciencia; pero ésta, con sus enseñanzas, se muestra adversa a las imposiciones de la fe y del dogma. La ciencia discute; la fe no admite réplica. Los que entienden algo de Astronomía, de Geología y de Historia Natural, no hallan cómo armonizar las revelaciones de estas ciencias con las revelaciones de las religiones positivas, ya las profesen discípulos de Confucio, de Moisés, de Sakia, de Zoroastro, de Sócrates, de Jesucristo, de Mahoma, de Lutero o de Calvino.

Los que entienden algo de física y de química, no hallan el medio de aceptar el cumplimiento de los milagros; y los que entienden algo de las evoluciones jurídicas de los pueblos antiguos y modernos, no pueden conciliar las prescripciones del derecho humano con las prescripciones del derecho divino. ¿Qué pensó Reyes sobre estas materias que ofrecen terribles y aun pavorosos problemas? Siendo docto en ciencias y letras, ¿tuvo grandes dudas, grandes vacilaciones, y grandes luchas, en el fondo de su conciencia?

La respuesta es muy difícil, y no me atrevo a afirmar nada sino por vía de suposiciones. Sería en mí una especie de sacrilegio dar el voto decisivo de una conciencia que no me pertenece, y más de la conciencia de un sacerdote intachable y de un hombre versadísimo en la ciencia. Que de un modo asertivo Dios lo juzgue, y que, si hay verdadero escepticismo, la negación corresponda a mi falta de datos suficientes para poder decir: "esta fue la conciencia del sacerdote; estas fueron las sinceras convicciones del sabio".

Hechas tales salvedades, propias del honrado propósito del biógrafo que no falsifica ideas ni acciones, debo confesar: que supongo que Reyes creyó, como otros sapientísimos católicos y no católicos, encontrar la alianza de la tradición y del progreso moderno, la alianza del derecho humano y del divino derecho, y la alianza de la ciencia y del dogma. ¿Podrá haber tal alianza? Este es el problema que se resolverá en futuros y lejanos tiempos. Por lo que hace a Reyes, nada afirmo definitivamente sobre sus creencias íntimas; y por lo que hace a mí, sólo deseo tener la vasta ciencia de Litré, de aquel santo que no oía misa, o la fe ciega de la última y más oscura vieja de mi pueblo. Todo esto quiere decir que dudo, y que hay en lo recóndito de mi alma grandes combates. La ciencia me ilustra, pero me deja un vacío; la fe me consuela, pero me impone una esclavitud. Algo hay, que es Bien Supremo, e imitando al poeta nacional de España, al caballero, trovador y cristiano, José Zorrilla, diré que voy, no por mis viejos versos, sino por mi vieja prosa, a que me juzgue Dios.

Apartándome del terreno vedado de la ajena conciencia, y de las ajenas creencias, hora es de que trate, no sin profunda tristeza, de los últimos años y término de la vida de Reyes. Desde su regreso de Guatemala su casa fue el centro de las más amenas tertulias y de las más francas y dulces recreaciones. Su Señora madre, doña María

Francisca, encantaba por su talento, por su instrucción y por las agudezas de su ingenio: su padre, don Felipe Santiago, agradaba por su bondad, por la sencillez de su carácter, y por las muestras de sus dotes musicales; y todos sus amigos y discípulos complacían por la ingenuidad del afecto, por la sinceridad de la confianza, por las ocurrencias felices, por los donaires del festivo decir, y por todos aquellos mil y mil detalles, obras de la amistad y del cariño, que sólo pueden apreciarse cuando se tiene un hogar seguro, una madre que es una providencia, una conciencia tranquila, una inteligencia que comprende mucho, un corazón que ama intensamente, y un círculo de familiares y de amigos que, confundidos en uno solo sentimiento, dan inspiración a la mente y dulce sosiego al espíritu, y que aprisionan al jefe de la casa con cadenas de flores que hacen olvidar los duelos de lo pasado y las incertidumbres de lo porvenir. Tal era el hogar de Reyes, y así comprendo yo mi hogar. Dichas humanas no pueden ser durables. Doña María Francisca murió repentinamente en junio de 1847. Don Felipe, a causa de tan rudo golpe, quedó en profundo abatimiento, fue víctima de una enajenación mental, y terminó sus días en el año de 49. Otros individuos de la familia de Reyes pagaron, casi al propio tiempo, su tributo a la muerte, lo mismo que algunos de sus amigos más íntimos, entre ellos uno que había sido su discípulo querido, el virtuoso e ilustrado sacerdote don Agapito Fiallos. La que antes fuera casa de reuniones, de tertulias y de recreos producidos por la civilidad y por el arte, se convirtió en mansión del silencio... Si Reyes hubiese vivido en mis tiempos, habría dicho como Becquer. "¡Dios mío, ¡qué solos se quedan los muertos!".

Idos sus padres y sus mejores amigos, Reyes fue perdiendo las fuerzas de la salud y su genio comunicativo. La muerte le había arrebatado las más caras afecciones, y el sepulcro tiene sus voces para los hombres de corazón y de talento que saben oírlas. Vivía triste; su genio expansivo se disminuía, y todo hacía comprender que sentía la aproximación de su fin. ¡Qué dolorosa previsión para el hombre que siente, ama y piensa con toda su alma! ¡Dichosos los imbéciles que olvidan lo pasado! ¡Dichosos los estúpidos que no piensan en lo porvenir! ¡Dichosos, sí, los que sólo se fijan, por instinto, en las satisfacciones del momento! Mas no; ésta no es una dicha. Que se abrase el cerebro por el fuego del pensamiento; que se destroce el corazón a fuerza de sufrir; pero, con todo y todo, un instante de satisfacción al hombre pensador y sentidor, vale más que un siglo de la vida de un idiota, para la humanidad que vive y vivirá —pese a la ignorancia, pese al sibaritismo, pese a las brutalidades de la fuerza— por las inspiraciones del corazón y del talento.

El estado psicológico de Reyes tuvo que ejercer influencia fatal en alguno de sus órganos, o en alguno de los elementos esenciales que constituyen la vida. Era rico en sangre, y no pudo venir la anemia; tenía perfecto corazón, y no pudo venir la atrofia; tenía buenos pulmones, y no pudo venir la tisis; tenía un cerebro bien organizado, y no pudo venir ni el reblandecimiento ni la locura; tenía un hígado que no podía dar grandes secreciones biliosas, y no pudo venir una fiebre, ni el envenenamiento instantáneo o lento de la sangre. ¿Qué tenía Reyes? ¡La vida en su corazón y en su cerebro! De aquí que se alterasen las funciones de su estómago. y esta fue la gran perturbación de su organismo. Reyes, pensando como teólogo, tal vez no pudo pensar como sabio, y si alguna vez amó con amor profano, contrapuesta estuvo su conciencia de sacerdote. Pudo haber, como dice Hugo, una tempestad bajo un cráneo, y ya que con sus rayos no pudo herir al fraile, pudo, tal vez, destruir el estómago del hombre.

La enfermedad de que fue víctima se exacerbó, de un modo alarmante, desde principios de 1855. Los doctores don Máximo Soto y don Hipólito Matute hicieron esfuerzos para regularizar las funciones del órgano enfermo, pero sólo lograban dar al paciente cortas mejorías. En una de éstas fue a la capital de Comayagua, a visitar al ilustrísimo señor obispo, don Hipólito Casiano Flores, que había venido de consagrarse de El Salvador, y a quien acompañó en su primera misa pontifical. Regresó en junio, y desde entonces no tuvo un día de alivio. Cediendo al voto de los facultativos, fue a la vecina aldea de Soroguara, para probar si en el campo podía recobrar la salud.

En fines de agosto, volvió a la ciudad; pero ya tan enfermo y decaído, que apenas bendijo el agua el día de San Ramón, y no pudo tomar parte en las alegres fiestas de Mercedes, que formaban uno de sus mayores encantos. A mediados de setiembre tuvo ya que permanecer constantemente en el lecho, y preparó su espíritu para el eterno viaje, recibiendo los sacramentos del presbítero don Pío

Gómez, reconciliándose en el tribunal de la penitencia con el presbítero don Yanuario Jirón, y haciendo, ante el juez de primera Instancia, la expresión de su última voluntad. Reyes quiso irse de este valle de lágrimas en completa paz con Dios y con los hombres.

Como hombre de observación científica, comprendió bien que su enfermedad era incurable. Un amigo suyo le decía: "Usted recobrará su salud debido a los cuidados de la familia y de los médicos". El padre Reyes contestaba: "No. Cuando un cuerpo se desorganiza solo puede esperarse la muerte. De lo contrario, serían casi inmortales los príncipes y reyes de Europa que cuentan con todos los recursos materiales, y con la ciencia de los mejores médicos del mundo".

Un pálido sol de invierno alumbraba escasamente el lluvioso día del 20 de septiembre de 1855. La celebrada campana del reloj de la Iglesia Parroquial daba, a intervalos, lúgubres toques de agonía. Reyes estaba muriéndose; la ciencia era impotente, y el organismo del Recoleto benéfico iba a volver al seno de nuestra madre común, la tierra. Por los claustros del Convento de La Merced, hoy Universidad Central, discurrían hombres y mujeres de todas las clases sociales, ancianos, adultos y niños, con los ojos arrasados de lágrimas.

Al fin sonaron las diez de la mañana, y.... en los brazos de los sacerdotes y amigos que le acompañaban, Reyes exhaló, con la suavidad de un niño, su postrimer aliento. ¿A dónde fue? ¡Tal vez, para el naturalista, a formar la esencia bienhechora de una flor; quizás para el astrónomo, a formar parte de un rayo de luz de una de las más hermosas estrellas: o acaso, para el creyente ortodoxo, a entonar un eterno canto, lleno de infinita ventura, entre los coros que reverencian y exaltan la majestad del Dios de los cristianos, ¡del Dios de la justicia y de la misericordia!

Nunca olvidaré el luctuoso día 20 de septiembre. Era un niño: erraba como todos, por los claustros, sintiendo una inquietud extraña; pero no lloraba, porque no tenía idea exacta de la muerte. Como a las once y media de la mañana, oyendo el fúnebre clamor de las campanas y los gritos de desesperación de los tegucigalpenses, vi a Reyes sentado en una silla, y a una Señora, Luisa Valdés, que le ponía en frente un aparato que me era desconocido. Con la curiosidad propia de un niño, pregunté: "¿Qué está haciendo tata Padre, y qué la señora con el trasto que tiene enfrente?". Me contestaron: "El padre está dormido, y la Señora lo retrata". Comprendí lo primero, pero no lo segundo, y me fui, saltando, a buscar mariposas y flores. Yo no había visto muertos, así es que, en medio de una inmensa desgracia, iba a tener sonrisas en presencia de las escenas de la vida, cuando debí derramar muchas lágrimas en presencia de la muerte.

Después cambié de idea. A pesar de las amenazas del cólera y de los horrores de la guerra, en que sucumbió, en los campos de Masaguara, el general José Trinidad Cabañas, en lucha desigual con Carrera, vi llegar a numerosas gentes del pueblo que habían huido, y que volvieron, arrostrando dificultades y peligros, para llorar en torno de la tumba de su bienhechor, del primero de los tegucigalpenses. Todos decían: "No hemos de volverle a ver".

Mi madre decía lo mismo; y entonces comprendí lo que es la muerte, y entonces olvidé mis juegos infantiles y me puse a llorar. Conocí que mi antiguo amigo, el de la Iglesia de Nuestra Señora de la Concepción, ya no me apretaría la cabeza entre sus manos, ni me haría sonreír de alegría, con sus obsequios de flores y de centavos para mis juguetes; y presentí que, en cambio, dejaba al niño un legado de tristísimos recuerdos y de acibarabas lágrimas. Bienaventurado seas tú, que te fuiste tranquilo, padre de los pobres y de los niños, y que recibiste el puro llanto de mi infancia, como recibes hoy el amargo lloro de mi precoz vejez.

En correspondencia de sentimientos que no finjo, y perdona mi egoísmo, que es el santo egoísmo de un padre, te pido que, desde tu cielo, bendigas este pobre hogar; que des tu bendición a la compañera de mi vida, y a los pedazos de nuestra alma, a nuestros tiernos hijos.

No obstante el estado de guerra en que permanecía el país, se hicieron a Reyes exequias muy solemnes. Embalsamado su cuerpo, estuvo expuesto durante varios días en las principales iglesias, en donde recibió flores y lágrimas de los tegucigalpenses. En el primero y subsiguientes aniversarios de su muerte, tuvo su memoria homenajes de amor, de respeto y gratitud; y, últimamente, el Gobierno decretó que se erigiese un monumento en recuerdo del Fundador de la Universidad de Honduras. El monumento existe frente a la puerta principal de dicha Universidad. Reyes murió en la pieza que hoy ocupa el Archivo Nacional, y que da al traspatio del edificio. Sus restos están sepultados al lado norte, en el presbiterio de la iglesia parroquial. Si alguna vez los hondureños construyen un panteón para depositar las cenizas de sus grandes hombres, Reyes deberá tener puesto escogido y preferente, en el lugar destinado a recordar la vida y la muerte de los que fueron ilustres y benéficos, y a dar nobles estímulos y nobles ejemplos, exaltando ante la posteridad los méritos de insignes varones que son legítimas y queridas glorias de la Patria.

RAMÓN ROSA

EN UN LUGAR LLAMADO CHINDA DÍAZ

Llegó la época más esperada del año: Navidad

No sé si a ustedes les pasa lo mismo, pero a mí me encanta el mes de diciembre y ver cómo la raza sale a compartir con sus amigos.

Además, esta es la época en la que se comen los ricos nacatamales con limón y sal, acompañados con una tacita de café. Las torrejas no pueden faltar, ni mucho menos el cerdo o el pavo.

¡Qué rico… siento un agujero en el estómago!

Bueno… me di una pasadita por el centro de Tegucigalpa, avenida Cervantes. Caminando y caminando fui a dar al casco histórico de la capital: la famosa pulpería y panadería "Chinda Díaz", fundada en 1960.

Ahí llega la gente trabajadora y humilde. Gente de buenos principios y con ganas de salir adelante.

GASTRONOMÍA CATRACHA

En esta época navideña no cae nada mal comer montucas y nacatamales.

En Chinda Díaz se siente el verdadero calor humano. Llegan personas de todo tipo a degustar las rosquillas, pan de borracho, bollo grande, semitas de yema, pan dulce, entre otros.

También hacen recargas para celulares, venden refrescos, semitas y churros. Ahí hay de todo, y sobre todo, buen servicio de calidad.

La famosa casa de Chinda Díaz data del siglo XVIII. El nombre de "Chinda" Díaz surgió debido a que la dueña se llamaba Gumercinda Díaz, quien falleció hace más de 18 años.

Es como un derbi entre Olimpia y Motagua.

En mi opinión, hablar de Chinda Díaz es hablar de historia.

Es un clásico entre los clásicos capitalinos.

Los datos revelan que Chinda Díaz dirigió durante 30 años el destino de esta panadería y consagró su éxito gracias a sus buenos y muy buenos panes dulces.

"Tengo 10 años de trabajar en Chinda Díaz. Ha sido una buena experiencia. Nuestro negocio es tradicional y la gente siempre nos compra porque tenemos precios cómodos. Si en los locales compra un fresquito a 15 lempiras, aquí se lo vendemos a 10 lempiras", dijo la empleada Angélica Mejía.

"Ahora que estamos en Navidad, la gente nos viene a comprar pan de yema, nacatamales y montucas. Esta es la época más bonita, porque viene bastante gente", afirmó.

Angélica tiene razón: la gente llega, hace sus compras y se va. Otros prefieren comer parados y luego salen a fumarse un cigarrito o leer el periódico.

"Aquí vienen abogados y políticos. Ellos siempre nos compran pan de yema", confesó Mejía, quien me confirmó que en Chinda Díaz nunca han sido víctimas de un asalto. ¡Qué buena noticia!

"En esta época de Navidad es bueno que vengan. Si quiere comer bien, le aseguro que compre un nacatamal con un fresquito y se va contento para su casa", detalló con una sonrisa en los labios.

VOCES CAPITALINAS

"Tengo 15 años de venir a comprar en Chinda Díaz. Lo que me gusta es que me queda cerca del trabajo y siempre compro rosquillas", contó el ciudadano Juan Carlos Mejía, quien estaba parado tomándose una taza de café.

"Desde que era niño visito este negocio. Este es un lugar que está ubicado en el casco histórico de la capital. Aquí venden el mejor pan de la capital. Me gusta comprar pan torta y refrescos. Los nacatamales se los recomiendo", afirmó el señor Luis Gravis.

"Cada vez que salgo de mi trabajo vengo a tomarme un cafecito con pan. Con mi hijo es una tradición venir por las tardes y la pasamos bien. Los nacatamales son muy ricos", cuenta Reyna Flores

"Tengo 30 años de venir a comer donde Chinda Díaz. Lo que como siempre es un tamalito de cambray con un café. Decir Chinda Díaz es una referencia en la capital. Lo malo es que uno come parado, pero es que es un lugar muy concurrido", dice por su parte Wilfredo Flores

El tiempo pasa volando en Chinda Díaz. Aquí todos son amigos y se respira un ambiente de tranquilidad.

Son las cinco de la tarde y las campanas de la Iglesia San Miguel Arcángel suenan; es señal de que pronto iniciará la misa.

Me tengo que marchar, pues vienen más clientes y no puedo seguir estorbando.

Mañana me compraré unos tamalitos de cambray con un fresco de Tropical. Mañana llegaré hambriento a la panadería Chinda Díaz.

SAÚL CARRANZA

CHINDA DÍAZ: SESENTA AÑOS HECHOS CENIZAS

El humo era enceguecedor, pero no lo suficiente como para ocultar las lágrimas y la tristeza de los emprendedores que observaban, impotentes, cómo decenas de bomberos terminaban de apagar el incendio que consumió sin piedad sus negocios, sueños e ilusiones.

Uno de ellos es Denis Nájera, propietario del emblemático negocio Chinda Díaz. De pie, con los brazos cruzados y los ojos al borde de las lágrimas, observaba la maquinaria que removía los escombros de lo que, hasta el día anterior, había sido el hogar de sus emprendimientos.

"Duele, duele. Hoy en la mañana me arrodillaba para pedirle a Dios que no pasara nuevamente, porque ya ocurrió una vez. Pero cuando vine, abrí la puerta de Chinda Díaz y vi que todo se venía abajo, encima de los panes en las cámaras, supe que ya no había vuelta atrás", lamentó Nájera, con la voz entrecortada.

Los suspiros lo acompañaban mientras recordaba el camino que había tenido que recorrer para mantener en pie su negocio. "Habíamos hecho tantos esfuerzos, teníamos un rótulo ahí que hasta lo habíamos bajado porque la Alcaldía tenía unos parámetros de uso, y ahora imagínese".

"Uno se limita a muchas cosas, a cosas que te gustan hacer para mantener fuerte el negocio, que te genere algo más para la familia, para los próximos años venideros, construir algo para tus hijos, pero bueno, se dio", lamentó.

Carlos Bonilla, portavoz del Cuerpo de Bomberos, explicó que "a las 06:20 a. m. fuimos alertados de un incendio estructural debido a una explosión que se había escuchado en la zona. En el lugar se encontraron varios locales ardiendo en fuego, fue necesario mover toda nuestra logística contra incendios".

Entre estos negocios estaban los de Nájera. Chinda Díaz no era el único negocio que le pertenecía, de hecho, tenía tres emprendimientos más. Dos de ellos funcionaban desde hace varios años y el tercero estaba a punto de inaugurarse.

"Teníamos cuatro emprendimientos juntos: uno de celulares, uno de asados que estábamos por inaugurar este jueves, uno de plásticos que está con el portón cerrado y Chinda Díaz, que es el histórico", explicó el afectado.

El siniestro no tuvo piedad. En 30 minutos, la avenida Cervantes, que se distingue por su color y vida, se transformó en una chimenea de tonos negros y grises.

Esta es la segunda vez que los locales de la avenida Cervantes son víctimas de incendio, incluyendo el icónico "Chinda Díaz".

Más de 60 años de historia consumidos en 3 horas: así lucía el popular Chinda Díaz

Pese a los esfuerzos del Cuerpo de Bomberos y autoridades municipales, nada quedó de los negocios, solamente escombros y cenizas. Según el recuento, en total, fueron ocho los negocios que desaparecieron bajo las llamas de fuego, al igual que el sustento de decenas de familias y empleados que dependían de ellos.

"Ni siquiera he tenido chance de sentarme a sacar un número sobre las pérdidas, pero se imagina, el primer negocio lo comencé hace 12 años (Chinda Díaz), el segundo hace seis, el tercero hace cuatro y este ya tenía tres", relató Nájera.

Esta es la segunda vez que los locales de esta avenida son víctimas de las llamas, incluyendo el icónico "Chinda Díaz".

El 18 de febrero de 2020, las llamas consumieron por completo el negocio, dejándolo en cenizas y con pérdidas materiales millonarias. Poco tiempo después, la pandemia por covid-19 azotó Honduras, impidiéndole a sus dueños reabrir sus puertas al público.

Pese a las grandes dificultades –el incendio y la pandemia por covid–, en marzo de 2021 lograron renacer. El negocio se restableció y tanto los hondureños como los extranjeros volvieron a disfrutar de sus panes y tamales, que los distinguían.

Este martes 22 de julio, cuatro años después, el fuego volvió a hacer presencia y a derrumbar todo lo que habían alcanzado construir.

Pese a las grandes pérdidas, Nájera, acompañado de sus hermanos, su hija y su mejor amigo, aseguró con la frente en alto que

"Dios pone pruebas y hay que saberlas superar, más cuando somos hondureños, que somos gente trabajadora".

El propietario afirmó que este no será el fin para Chinda Díaz y sus otros negocios.

"Hay planes a futuro, estamos fuertes, estamos con todas las ganas y Dios está con nosotros, además del apoyo de mi familia". "Estamos con los brazos abiertos" ante cualquier ayuda que la Alcaldía Municipal del Distrito Central (AMDC) o demás autoridades quieran brindar, ya que este tipo de sucesos son "un duro golpe" para cualquier familia hondureña, cerró.

NAYELY SANTOS

RECUERDOS DE MI VIEJA TEGUCIGALPA

LA PENULTIMA MIRRA: RECUERDOS DE MI VIEJA TEGUCIGALPA

En lo más transparente de la tarde, Lupe Ferrari de Hartling ha convocado sus recuerdos. Es una tarde estremecida de luceros de oro, dorada de elegante melancolía. Ninguna hora es más propicia para conversar con los fantasmas de nuestro corazón, porque en ella van de puntillas los ángeles pensativos y hasta las serpientes rencorosas hablan en voz baja.

Lupe se ha sentado frente a su balcón solariego para presenciar el viaje de las nubes hacia el mar en que está surto el barco del crepúsculo. En la urna del tiempo ha visto derramarse el aroma de la raíz de violeta que las bisabuelas escondían, supersticiosamente, en el fondo de los baúles hereditarios. Está íntegro el álbum de la familia numerosa, y ella lo acaricia con el gozo casto de quien —toda la vida— ha sabido amar en el pan y en el vino, más allá de la risa y el llanto.

¿Qué no ha visto y oído en sus ochenta y dos abriles? ¿Cómo ha sabido esmaltar el relicario de su memoria, quien como ella es la imagen viva de la tradición en Tegucigalpa? No hay para ella ciudad más hermosa que la suya, como si la hubiera construido con sus manos y sus besos. La salida del sol sobre las cumbres, en el primer abrirse de los jazmines del Cabo, sólo es comparable al interludio de sus recuerdos. Ha hecho bien —y le debemos las gracias— al mostrarnos todo lo que atesora en su álbum y en su baúl, y al convidarnos a oírle este monólogo sentimental, con que ha querido demostrarnos que el pasado no pasa y que la vida vale la pena de ser vivida cuando la gracia y la inteligencia continúan en flor y el alma es una gran sala con muchos rostros en los espejos.

Imaginera de la Tegucigalpa de las casitas blancas que el poeta Joaquín Palma confundió con un nido de paloma; hada madrina del suspiro, Lupe ha creído llegado el momento de engarzar en un relato las añoranzas que le fluyen de los labios cada vez que conversa con quienes saben escuchar, y de sacudir el polvo que ha caído sobre los cortinajes del salón encantado. Es el salón en que se bailaba el rigodón en las fiestas de bodas. Es aquel tiempo en que los padres de la novia daban por ella el "sí" a una comisión de caballeros con levitas circunspectas y frases entrecortadas. Es aquella Tegucigalpa en que el policía, en la alta noche, daba noticias del almacén de Bristol; y la serenata calle abajo promulgaba la elección de la reina de la belleza en los momentos en que el tío ricachón viajaba hacia París, sin saber parlar francés. Muchos de los que lean las Memorias de Lupe ignoran que Tegucigalpa tuvo pinares en torno y que sus tres ríos eran tan caudalosos en invierno, que a falta del circo o el teatro de títeres, con sólo verlos crecer, la gente presenciaba un espectáculo sonoro.

Los ojos de Lupe han visto desde las entradas de los indios desgreñados y el regreso de don Pío Uclés, desde Londres, en su alígera mula de hule; las barbas de Marco Aurelio Soto y los bigotes de Terencio Sierra, doña Carmen en landó, la procesión de San Benito y la primera alborada de la luz eléctrica. Las manos de Lupe han reflorecido como esas corolas que fueron señales de la lectura devota entre los oros del eucologio; y se han vestido de sortijas meteorológicas para tomar el pulso a las nubes que bajan desde la Montañita con el efluvio de las resinas de sus últimos pinares.

Los oídos de Lupe han escuchado las confidencias de Tegucigalpa con sus novios los montes; y los gritos de la felicidad entre las madreselvas y los pianos que empiezan a soñar; y conservan en su disco de maravilla el sermón en que se transfiguró, envuelto en llamas, Alberto Medina, recién llegado de Roma con su elocuencia de cristalería irisada y sus oboes de oro polifónico. Toda Lupe es ojos, manos y oídos y alma para sentir los huesos, la carne y la poesía de Tegucigalpa. De la Tegucigalpa con jardines que se hacían violetas para saludar al padre Reyes; la de los celajes que, al atardecer, se tiñen de esa ternura recóndita que sólo saben sentir las mujeres como ella, porque han pasado por la vida iluminadas por el amor, esa luz evanescente que cae sobre los recuerdos como si fuese un nimbo.

En sus venas confluyen dos ríos, como en su ciudad adorada; ríos de sangre mediterránea, fluir de dos nostalgias en embrujo. El italiano y el catalán luchan en ella, atemperados por el frío de la meseta castellana; y después de ser gala de los saraos, risa abierta en el aire, remontó la corriente espiritual de la España morena al sumar su destino al del teutón melodioso que unió su nombre al de Honduras, para siempre, al darle música al himno cuya letra escribió su trovador enamorado. En el hogar en que Tegucigalpa supo reunir mujeres bellas y hombres vehementes, Lupe ha sido la expresión más pura de una prosapia ilustre en la que han brillado dos jurisconsultos, dos presidentes de república y tres hermanas, las Arbizú, que de tan bellas que fueron, las llamaron "Las Tres Gracias". Pero si tal ha sido su claro orgullo, lo es más el de sentirse barro y lágrimas, dolor y frenesí, de su Tegucigalpa. Siempre que amanece, alza al cielo los ojos hacia El Picacho, la cumbre que todos sus seres queridos han querido. Cada vez que Lupe se ha ausentado de la casa paterna para respirar otros aires y ver otros rostros, y ha regresado a la ciudad de sus amores, el alma se le ha caído de rodillas, desde la altura de sus ojos, para ver el gran altar azul de El Picacho, y se lo queda viendo como si fuera todo suyo desde antes de su primer sollozo hasta más allá de la muerte.

Esta es la poesía que funde cada una de las páginas de este devocionario. Superiores a las palabras son los recuerdos, cuando en ellos late la voz sagrada, íntimamente pura, del corazón. Y Lupe ha sabido convocarlos, como la pájara a sus polluelos; unos tienen doradas las alas de tanto viajar entre el sol, sin quemarse; otros saben secretos de la brisa, o le han robado talismanes que curan, porque tienen la virtud de las amatistas antiguas; y en todos se acurruca el tiempo y contiene la respiración para contar alguna de sus hazañas y restañar muchas de las heridas que han inferido a esta mujer de irradiación. Se han detenido en un altillo de sus Memorias para contemplar en toda su hermosura el paisaje que en más de tres cuartos de siglo se queda viéndola también, como si quisiera convertirla en una musa siempre joven, con su corona de sueños y su suave manera de hablar.

En el confín se alzan las montañas que son como el trasfondo del recuerdo; las altas piras en que el mediodía enciende luminarias divinas; y más allá, en la lontananza más distante, que sólo pueden ver con claridad los viejos de ojos de niño, está la ciudad que ya no es para muchas gentes de hoy, la que Lupe Ferrari ha visto desde cuando apenas podía balbucear y ya el Arcángel San Miguel estaba en su hornacina aérea, con su espada de luz y su amor a Tegucigalpa.

137

Junto al ara ardiente en que se queman las penúltimas mirras del amor doloroso, Lupe ha puesto nueva luz en la lámpara que ha custodiado contra el furor de la intemperie y las nébulas del olvido, y ahora se queda en paz, con su tesoro de añoranzas, mostrándolo a todos, aún a los transeúntes insensibles, invitándonos a entrar en la Tegucigalpa que fue y que lleva en su pecho de paloma demasiada ternura y la sangre fragante de la melancolía.

RAFAEL HELIODORO VALLE

DOS PALABRAS

Al hacer esta ligera reseña de mi querida, simpática y vieja Tegucigalpa, no me mueve más que el deseo de dar a conocer a los lectores, algo de lo que oí narrar a mis antepasados y algo de lo que yo he visto y que deseo conozcan mis paisanos, pues según vi el pasado, en todos sus aspectos, ya sea por una u otra causa, se va perdiendo.

Si alguien encuentra algún error, le suplico me lo disculpe, pues tal vez me falle la memoria en algún detalle y que vean en esto, sólo mi buena voluntad.

GUADALUPE FERRARI DE HARTLING

Tegucigalpa, D . C., 20 de Febrero de 1953.

MIS PRIMEROS RECUERDOS

Estos recuerdos los doy a la publicidad con el deseo íntimo de que han de resultar útiles a las nuevas generaciones, sobre todo aquellas a quienes les agradan las cosas viejas, los relatos de antaño.

Cuando yo era niña, tenía de 3 a 5 años, recuerdo que hubo un desorden, no sé si en el antes Cuartel, donde hoy es la Imprenta Nacional, y como éramos tan vecinos, abandonaron la casa y nos fuimos a la casa inmediata que pertenecía a la familia Reyes Palacios, hoy frente a la Imprenta-La Democracia. Recuerdo que me llevó en brazos y ligero una negra cocinera que se llamaba Cirila. Me sentó en un escaño de madera como de 3 a 4 varas de largo. Así se usaban antiguamente. La negra, al dejarme allí, se fue corriendo y regresó con una balija de mi padre en la cabeza. Posiblemente traía documentos. Allí dormimos y recuerdo que mi compañera de escaño fue una tía de mi madre que vivía en nuestra casa. Cuánto duró nuestra huida, no recuerdo.

Cuando ya tenía yo como 5 años, recuerdo que el Cuartel funcionaba en una dependencia entre el edificio hoy de la Imprenta Nacional y el desaparecido cuño.

Mis familias Ferrari y Guardiola eran muy numerosas, desgraciadamente ya no existen. Las casas estaban muy vecinas a dicho Cuartel y nos dábamos cuenta exacta de todo lo que pasaba allí.

Al venir Marco Aurelio Soto al poder de Honduras, mandado por Rufino Barrios a que José María Medina le entregara la Presidencia, éste depositó en Crescencio Gómez para que éste se la entregara.

En 1876 vinieron 1.000 hombres de Guatemala al mando del General Gregorio Solares, pues aunque la capital era en Comayagua, la tropa llegó aquí y los alojaron en ese Cuartel. Recuerdo que a toda la muchachada del barrio no nos dejaban salir, y cuando se fueron los soldados, decían que se habían comido todos los gatos. Entonces se decía que comían gatos los guatemaltecos. No sé ahora.

En esa gente venía José María Reina Barrios que después fue Presidente de Guatemala y murió asesinado por un suizo. Aquí Reina

Barrios fue Mayor de Plaza, y cantaba en la puerta del Cuartel, acompañándose con su guitarra, y mis tías Guardiola decían al oírlo: "Está cantando Rufinito".

Como era el Cuartel, lo recuerdo de un modo vago, pero ya en el tiempo de mi niñez me acuerdo muy bien.

Soto desembarcó en Amapala el 21 de agosto de 1876 y el 27 inauguró su Gobierno. Se dirigió a Tegucigalpa y de aquí a Comayagua, donde le entregó la Presidencia don Crescencio Gómez, comisionado por Medina, como antes dije.

Allá permaneció hasta 1880 que trasladó la capital a Tegucigalpa. El Gobierno de Soto dispuso habilitar el Cuño que estaba abandonado desde la muerte de mi abuelo don José Ferrari que, según oí decir en mi casa, él lo manejaba. Para habilitarlo de nuevo, se consideró la necesidad de trasladar el Cuartel a otro sitio y posiblemente el más conveniente les pareció el local donde hoy está.

En ese edificio o Convento, como le llamaban, funcionaban dos escuelas y vivían allí tres ancianas llamadas: Leona Galo, que, por bajita, la llamaban Leonita; otra, Ña Paula, que hacía unos dulces muy sabrosos y les decían africanos; y, la tercera, ciega y paralítica, se llamaba Ña Gordiana.

Las escuelas no sé a dónde se fueron ni tampoco la de los dulces; esa fue la que más dolió a la gente menuda.

La Galo, lo mismo que la ciega, fueron llevadas a nuestra casa, y esta última trasladada en brazos de mi padre el Doctor Trinidad Ferrari y de su hermano mayor Rafael.

Recuerdo que el edificio del Convento tenía un corredor alrededor, angosto y con pilares de madera y en los lados arriba unas planchas del mismo material que formaban arcos y las llamaban "zapatas". Orillando al corredor tenía un muro como de media vara de alto para que las aguas lluvias no entraran. También había unos cuartos pequeños oscuros y yo les tenía miedo. Posiblemente eran celdas de los frailes.

La Iglesia de San Francisco o Convento, ahora Cuartel, fueron construidos en el año 1589 por los padres Franciscanos. Es la Iglesia más antigua de Tegucigalpa. Ambos edificios estaban comunicados, aún se ven las puertas.

Bien se puede observar que esta Iglesia es una reliquia histórica y los extranjeros, entendidos en la materia, la admiran.

La imagen del Patrón de la Iglesia tiene una placa en el pecho, que todos pueden verla, y dice: "Diola el Padre comisario F. Francisco Segura de Idiáquez, año 1762". Este mismo Padre comisario obsequió la bella imagen de la Soledad de la Iglesia de El Calvario, en el año de 1764. También tiene placa.

Este modesto templo de San Francisco fue reconstruido en el año 1742 por el Obispo Fray Antonio López de Guadalupe cuya momia se conserva en la Catedral de Comayagua.

La sacristía de antes era más cómoda, aunque oscura, la quitaron para ampliar el Cuartel y dieron un cuartito donde apenas caben los armarios y se presentan dificultades para los preparativos de los oficios. En ese cuartito se encuentra el retrato del Obispo que mencionamos, con la siguiente leyenda en español antiguo:

"El Ilustrísimo y Reverendísimo Señor Doctor M. M. ñ. d. Dean Fray Antonio López de Guadalupe de la orden de nuestro patrón San Francisco, natural de Guadalajara Reino de México, del Consejo de S. M. Príncipe del Sacro Solio, Inquisidor de la Suprema, Predicador de S. M. y digno Obispo de Comayagua, redificó a sus expensas este Convento dirigiendo personalmente la obra. Murió en el año de 1742. Se renovó este retrato por el Reverendo Padre Andrés López, cuarta vez, en este Convento en Mayo de 1812".

Al lado oeste abajo del comulgatorio había una lápida que desapareció al poner el nuevo ladrillo de cemento y decía:

"En esta loza fría y dura yacen los restos de José Fernández Vijil. Dejó mujer, hijos, riquezas, todo por esta sepultura. Año 16 de Junio 1821".

Entrando por la puerta que decían antes "del perdón", había otra lápida de piedra con una calavera montada en dos grandes huesos como de rodilla y tenía este nombre:

"Cecilia Martínez 1811".

Frente a la Iglesia, en la entonces plaza, había una cruz de piedra la que llevaron y colocaron frente a la Iglesia del Calvario y tiene esta inscripción:

INRI
AQUY MURYO CRYSTO

ESTABA AL PYE DE LA CRUS
TRYSTE AFYG, A LLORO SA
La Madre mas
DOLOROSA
Viendo Pendt a Jesús
La PUSO EL
Padre Artica, QUE en paz Descanse.— Amen
6 D.C.
Dizce 1 de 1783

La quitaron para hacer el parque Valle. Recuerdo que ese día fue de lágrimas en mi casa, pues la iglesia y sus cosas las consideraban como una prolongación del hogar.

Allí estaba la Cruz puesta desde que ese Templo lo hicieron los Franciscanos. Pues les pareció un feo adorno para el parque. ¿Verdad que habría sido muy interesante como reliquia histórica? En esta mi tierra hay placer en hacer desaparecer lo antiguo; en otras partes por la historia se conservan esas cosas.

La plaza de la Parroquia estaba igual a como se encontraba cuando se reunió el pueblo el 28 de septiembre de 1821, a oír la lectura del Acta de Independencia.

En la Curia existe un cordón grueso de oro con esmeraldas y perlas, regalo de mi abuelo para su hija mayor María del Carmen, en su cumpleaños, y ella dijo: "Esto nadie lo usará, es para la llave del Sagrario de San Francisco, el Jueves y Viernes Santo.

Los candeleros de plata y manteles de magnífico lino, todo regalo de ellos, los que se entendían en todo lo relativo a la Iglesia, desde el techo hasta el piso.

Recuerdo que haciendo un arreglo en el tejado, encontraron un depósito de polvo negro y todos dijeron: "de Cosigüina". Aquí, a las dos de la tarde, se oscureció la luz del día, quedando así por 3 días desde el Cerro de Hule hasta Trujillo, al cabo de los cuales cayó un aguacero y limpió el polvo. En Yuscarán, como queda más cerca, creían que era el juicio final y hacían la confesión pública, a gritos. Mi abuela lo refería.

Mis queridos abuelos Ferrari están enterrados abajo del altar de Guadalupe. Primero José Ferrari, y a su derecha, su esposa Mariana

144

Agüero, y al lado de ella, su hija María del Carmen. Yo asistí al sepelio de ambas y murieron de 96 años.

Por sus largos servicios a la Iglesia tal vez merecieron el privilegio de ser enterradas allí.

A propósito de mi abuelo José Ferrari, voy a referir algo que oí de mi abuela y tíos.

El señor José Vijil era dueño de una manzana de casas, hoy del Licenciado Blas Henríquez y del señor Ernesto Divanna.

El señor Vijil era muy rico en prendas de plata y oro. Los objetos como bandejas, etc., eran aparte.

En ese tiempo, cuando se enfermaba un miembro de la familia, era costumbre llevarle el Viático con gran pompa y ponían barras de plata desde el portón hasta la cama, haciendo valla. Como viniera una peste de cólera, en el año de 1837, el señor Vijil despachó a su señora con sus hijos a un lugar cerca de la ciudad, donde habían quemas de metales, pues creían que con esos humos no llegaba el microbio del cólera.

Él se quedó con su criado fiel, de apellido Artica, al que los niños decían, Tartice.

El objeto de quedarse fue el de enterrar los tesoros, pues en aquel tiempo no había Bancos ni cajas de hierro y la seguridad la encontraban en la tierra. Lo cierto fue que ambos murieron.

Al regresar la familia no encontraron los tesoros.

Con el tiempo dispusieron vender la mitad de la casa a don José Ferrari, pero le pidieron un mes para seguir buscando su tesoro, y él accedió con gusto.

Compró la mitad al sur del Parque Valle. Vamos a narrar algo interesante.

Al final de la casa, al lado occidental, había un cuarto oscuro, angosto y largo. Al entrar allí don José, vio algo raro que se movía, era una mujer desgraciada, llena de cicatrices y que no podía andar. Al entrar en detalles con ella, comprendió don José que había sido esclava y la habían maltratado terriblemente. Entonces él llamó a toda la servidumbre y les dijo: De hoy en adelante esta desgraciada es la reina de la casa, todos a servirla.

Un día que él entró en el cuarto y le preguntó cómo la trataban, llorosa contestó: que muy bien y que quería pedirle algo. Imagínese lector lo que pedía: su ataúd y que se lo pusieran cerca de su cama.

Ya relatamos cómo el Cólera Morbus obligó a don José Vijil a enterrar su tesoro en 1837.

Nosotros crecimos con el miedo a Tartica, pues hasta decían que en el cuarto donde estuvo la esclava, éste le había salido a una sirvienta llamada Chón López y le dieron ataques del puro miedo.

Continuemos con el Templo de San Francisco.

La gran araña que está en el centro la regaló Carlota Ferrari de Robles, pues últimamente ella se entendía con todo. Hemos sido desprendidas y obsequiosas, pero algunas de esas preciosidades han sido despedazadas y otras les han dado diferente destino.

Volvamos al Cuartel, aún recuerdo el día en que fue trasladado de su antiguo local. Lo que pasaron fue unas pocas carabinas (así llamaban entonces a los rifles); unos viejos cañones, tarimas, una mesa y algunas sillas. Ese era el Cuartel. Seguidamente fue el Comandante Manuel Morey, general cubano, leal, negro. Con él estuvo Antonio Maceo, mulato cubano. Morey murió peleando con Delgado contra Bográn en 1886, en una expedición donde también murieron otros. Se suicidó en Casa Nueva, jurisdicción de San Antonio del Norte.

En un periodiquito de aquel tiempo, les hacían la burla de que sólo habían venido a pintar micos. Por este tiempo, un coronel muy valiente llamado Fernando Blanco, compuso una danza a la que llamó "la pinta micos", y me la obsequió, pues yo era la pianista en aquel tiempo, y aún lo recuerdo.

Como la familia Ferrari era tan vecina al Cuartel, se impusieron de que a un hombre lo habían vareado (así se decía varear), al pie de la cruz que aún estaba allí. Los hermanos Rafael y Trinidad Ferrari fueron a donde el Comandante a pedirlo y llevarlo a su casa. Este contestó que podían, pues a él sólo le habían ordenado que le diera 500 palos. Acto continuo, los hermanos Ferrari pasaron a sus casas a trasladar la muchachada a la casa Ferrari-Agüero y a la de Guardiola-Arbizú. Esto lo hacían para que los niños no se impusieran de aquello.

Llevaron al hombre a la casa, lo curaron y al estar cicatrizada la gran herida lo despacharon secretamente a su pueblo.

Ese día los niños regresamos a nuestro hogar. Con el tiempo supimos el motivo de nuestro destierro.

Recuerdo que doña Salvadora, esposa de don Rafael, vivía frente al hoy Parque Valle y todas las tardes se sentaba en la puerta a tomar fresco, divisando el cerro, pues los grandes árboles que hay no estaban.

Cuando veían pasar a los soldados trayendo tercios de varas de lo que llamaban varas negras o varas de membrillo, decían: esta noche hay vareo.

Las cocinas de las casas quedaban cerca del Cuartel (hoy casa de Donato Díaz Medina). A las 8 p.m. tocaban con gran fuerza los tambores y cornetas para que no se oyeran los lamentos. Entonces, las señoras y sirvientas se hincaban a rezar por el desgraciado que estaban sacrificando.

En mi corta edad, lo recuerdo bien.

Voy a referir algo simpático. Mi abuela Ferrari, ya anciana, pues ya dije que murió de 96 años, y sus 9 hijos todos viejos y los nietos, al oír el toque de las campanas, a las 6 p.m. y que llamaban toque de oración, se iban en busca de la madre y era impresionante ver a la anciana rezando la oración, diciendo: "El Ángel del Señor anunció a María, que concibiera por obra del Espíritu Santo". La segunda, decía: "He aquí la esclava del Señor: hágase en mí según tu palabra". Ave María.

La tercera decía: "El Hijo del Señor se hizo hombre y habitó entre nosotros2. Ave María. Buenas noches. Amén.

El saludo antiguamente era: Ave María Purísima, y contestaban: En gracia concebida. Adelante.

Mis hermanos se sentían dueños de las campanas de San Francisco. Entre ellos, uno era muy afecto a las bromas, se llamaba Eduardo.

En uno de esos toques, al terminarlo, amarró una pita del badajo de la campana más grande y más sonora, y como el patio de nuestra casa quedaba tan cerca del campanario, de lo alto tiró la pita al patio, y como en ese tiempo no había luz eléctrica, la oscuridad lo favoreció. Nadie lo vio. A la una y media de la mañana se levantó en silencio y comenzó a jalar la pita, sonando naturalmente la campana.

Se puso en movimiento el Cuartel y la población entera, pues se creyó que era incendio en la Iglesia. Cuando los soldados abrieron la puerta y ya subían al campanario, le dio un gran jalón a la pita de la campana y sonó más fuerte y se reventó. Más de alguno ha de haber pensado que era alguna "alma en pena", y había que rezarle.

Mi hermano, al día siguiente y con semblante malicioso, nos preguntó: ¿qué pasó anoche? Nosotros, inocentemente, le referimos lo ocurrido y él, riéndose, nos refirió la ocurrencia.

De San Francisco aún salen para la Iglesia de El Calvario, lo que los católicos llamamos "los pasos", es decir, rezar todos los Viernes de Cuaresma el Vía Crucis, haciendo las estaciones en las casas, las que tenían antes sus nichos en la pared que arreglaban con flores y con candelas; era de ley ir. La estación más elegante decían que era la que arreglaba una española rica que era dueña de la casa hoy de los herederos del Dr. Trino Mendoza y se llamaba Josefa Cocaña, esposa de José Fernández Vijil, e hija de José Cocaña y de su esposa Magdalena Fábrega.

A propósito del Vía Crucis, vamos a referir una historieta que oíamos. Una dama algo pecadora, para aquellos tiempos, y de apellido Lozano, tuvo por penitencia rezar por la tarde el Vía Crucis y con la cruz al hombro. Ella trató de cumplir lo ordenado por el Sacerdote. Tenía hermoso pelo. Se lo soltó para que quedara en forma de cabellera de santo y se lo puso afuera del pañolón; (era el tapado que usaban y decían que venían de China; había unos con lindos bordados en colores). Al imponerse los caballeros de lo que pasaba, corrieron a ponerle alfombras de flores para que se hincara y flores en el camino para que pasara. Al ver eso, corrieron a decírselo al Sacerdote, y éste ordenó que se diera por terminada la penitencia y que la dama regresara a su casa.

La Iglesia del Calvario antes quedaba lejos de San Francisco; ahora no se siente, pues por todas las calles hay elegantes casas y hasta un lindo parque que llamamos Parque Herrera y el Teatro Nacional.

Como no todos los creyentes podían ir al Vía Crucis en la tarde, unos lo hacían en la noche. Se juntaba un buen número y como no había luz eléctrica llevaban encendidas sus candelas de sebo que eran las que se usaban. Dos o tres estaciones antes de llegar, había unos nichos hechos de adobe (marquetas de tierra de igual tamaño y las ponían en hileras). También había unos árboles de castaño en cada nicho, aún queda uno. Se decía que en cierto año unos muchachos traviesos habían recogido piedritas y se subieron a los árboles, y cuando rezaban con más devoción, les tiraban las piedritas y ahí fue el desparpajo, pues creyeron que era tentación del diablo. Las candelas se apagaron y el rezo se lo llevó el diablo, y los muchachos gozaron sin dejarse ver. Los lectores dirán, ¿y la policía?, eso no se conocía en aquellos tiempos.

Había personas que pasaban todo el día en esa Iglesia rezando en calidad de romería los viernes, pero lo que más gustaban eran los azafates con gran almuerzo (no había portaviandas) bien preparado y comían con gran apetito a la orilla del río que corre atrás de la Iglesia, y como la población era pequeña el agua era limpia. Hoy atrás de la Iglesia es el campo de juegos "15 de Marzo".

En el local, esquina noroeste de los Ministerios, existió en época colonial una Iglesia llamada de San Sebastián. Al lado norte hay unas casas de alquiler y dicen que los inquilinos por la noche ven un Sacerdote. Algo dejaron enterrado allí y por eso andan penando, ¿verdad? No había calle y decían que la Iglesia y plaza fueron allí. Como quedaba tan aislada esta Iglesia, había muchos desórdenes; cuando Santos Guardiola fue Presidente trajo la Feria a la Plaza de la Parroquia.

Cuando el Gral. Sierra era Presidente quiso restaurarla, pero tuvo que suprimirla por las mismas razones del desorden.

LOS NACIMIENTOS

El entusiasta y querido Trinidad Reyes comenzó la gran celebración de la Pascua de Navidad. Hace poco que ya el nacimiento lo están sustituyendo por el árbol como en los países del Norte. Antiguamente era esta fiesta tan alegre que decían: "Semana Santa en León, Corpus en Guatemala y Pascua en Tegucigalpa". Todos hacían nacimientos y salían a lo que llamaban "paseada", que era la reunión de familias amigas con su respectiva música y bailaban en los nacimientos y hasta en la calle; pero la gran "paseada" era la del Padre Reyes. Se reunían en la Plaza de La Merced. De allí salían con él a la cabeza. A donde más les gustaba era en la ya extinguida Calle de los Horcones, la llamaban así porque todas las casas, a un lado y otro de la calle, tenían corredor con pilares a lo que llamaban "horcones". Bailaban en el corredor y adentro en el nacimiento. El baile era público al compás de guitarras y acordeones. En el nacimiento era de ley poner muchas frutas y nadie las tocaba hasta el 6 de enero, Día de Reyes, que el Padre las repartía entre su gran número de acompañantes.

El 6 terminaba la "paseada" en la Plaza de La Merced.

Allí rezaba algo con ellos y les decía una chabacanada que terminaba con "la Pascua se acabó". Todos se reían y regresaban a sus casas felices.

Después eran las representaciones teatrales, es decir, sus pastorelas, que eran muy simpáticas, y referiré algo de cuando yo muy joven salí en una de ellas.

También se robaban el niño del Nacimiento, y el que se lo robaba tenía que dar una fiesta al encontrarlo; era una gran bailada. Salían cantando y tocaban una puerta y los de adentro decían: "No está2. Tocaban otra y contestaban lo mismo; al tocar la tercera vez abrían y allí estaba el "Niño perdido y hallado en el Templo", y después era la gran bailada.

A eso llamaban Niño Perdido.

LA FIESTA DE MERCEDES

También hacía el Padre Trino la gran celebración de Mercedes, y cada gremio tenía su día.

El 8 era la Iglesia, después los muchachos, las señoras, los albañiles, los carpinteros, los zapateros, los mostrencos, que eran los comerciantes, los músicos, etc., y los labradores. Estos tenían su casa para la Virgen y allí se reunían en el barrio de La Plazuela; la casa existe. Los labradores hacían lo que antes decían atributo, hoy carroza. A cada lado de la calle iban con ramas haciendo valla y tirando cohetes, hasta llegar a La Merced. En el atributo ponían niños con las insignias de labrar la tierra.

Un año salí yo de pastora. Lo más alegre de eso era la víspera del día que cada gremio celebraba. A las 12 salía lo que llamaban la mojiganga repartiendo las papeletas que eran los programas.

La mojiganga consistía en varias personas disfrazadas y a caballo. Todos eran hombres, algunos con vestidos de mujer y con antifaz (careta).

Iba un hombre tocando corneta y al oírla todos salían a gozar con los disfraces y a recoger la papeleta, la que tiraban en toda dirección.

A las 5 a. m. gran carrera de bombas y repique de campanas; en la noche fuegos artificiales; y, a los labradores les tocaba el 14 por lo cual se unía su celebración con la fiesta oficial del 15 de septiembre. Un año no celebró un gremio y con la mojiganga sacaron un ataúd como diciendo: "Ya murieron". Cada gremio tenía fuegos artificiales. El toro de fuego era de ley.

Don José Ferrari, en compañía de otros caballeros importantes, habiendo sido uno de los principales el Padre Reyes, firmaron una escritura de compromiso en la que todos se comprometieron a pagar una cuota mensual para poder sufragar los gastos de un centro de enseñanza que, según las versiones, fue en rigor histórico el germen de la Universidad de Honduras.

El primer Bachiller fue Sinforiano Robelo, quien se casó con su maestra María Valdez, que tenía una hermana fotógrafa.

INCIDENTE DE LA NOCHEBUENA (1855)

La casa que está hoy frente a la Imprenta La Democracia era una gran casa, hoy dividida, y pertenecía a don José Domingo Reyes y a doña Tomasa Palacios. De ese matrimonio vinieron Francisca, Raquel, Ester, Clotilde y Juan Ramón. Este casó con una señora de apellido Gallo, y procrearon dos hijos. Mercedes y Felipe.

Cuando el matrimonio Reyes-Palacios vivía en esa casa, tenía vista a tres calles.

En tiempos de esa familia hubo en su casa un incidente muy desagradable en la población.

En esa casa estaba hospedado con su familia un señor Nicolás Mendieta, con su esposa Escolástica Rosa, pariente de doña Tomasa. El incidente fue así: en un barrio cercano, llamado La Plazuela, una Noche Buena, que estaban velando, esperando la nacida del Niño Jesús, y tal vez con sus copas adentro, mataron a un vecino del barrio que por apodo le decían "Pinga"; esa casa es hoy la residencia de don José María Ramírez. Pinga era muy querido de todos. Al que lo mató le decían por apodo "Pico Chele".

Al imponerse el barrio de lo ocurrido se revuelven todos buscando al matador. Alguien les dijo que se había ocultado en casa de la familia Reyes-Palacios. Corren todos para allá y es con el señor Mendieta con quien primero se encuentran, y como él se opusiera a que entraran, la venganza comenzó por allí. Lo hirieron con navaja, pues pistolas no todos tenían, pues eran escasas y caras. Al caer sin conocimiento el herido, ellos tuvieron la entrada franca. Imagínese el lector cómo estaría esa casa a medianoche y alumbrada con candelas de sebo, pues no se conocían otras, lo buscaron hasta en el techo de la casa y nada. Al fin, a uno se le ocurrió amarrar en una cabuya de mezcal una candela. Como sólo faltaba buscar en el "lugar secreto", como se usaba entonces y que era un cuarto de 5 varas de hondo, bien repellado, con unos dos palos enterrados de un lado que servían para una emergencia.

Pues, por último, echaron la pita hasta adentro y cuál fue el alboroto: el hombre, Pico Chele, estaba montado en el palo, creyendo naturalmente que no les iba a ocurrir buscarlo allí.

Lo sacaron, y como estaban enfurecidos, lo hicieron pedazos. Por muchos años quedó como refrán: "Escóndete a donde se escondió Pico Chele".

El escándalo alcanzó a un vecino, Quintín Girón. Este vivía en la casa que es hoy de Isidoro Soto, ocupada por la Imprenta Calderón.

A ese, ya muerto, y como la casa era baja, lo tiraron al tejado. Al amanecer el 25, estaban cansados y tranquilos de haber vengado al amigo. Esa noche fue famosa por muchos años, diciembre 24 de 1855.

La casa, con el tiempo, la vendió la familia Reyes al Gobierno y allí estuvo muchos años la Administración de Rentas y otras oficinas. Después pasó a poder del Licenciado Rafael Alvarado Manzano.

Con el dinero de esa venta las Reyes compraron su casa al señor Antonio Inestroza que, por tener los ojos azules, le llamaban el "Sarco Antonio"; este la vendió porque se trasladó para Nicaragua con su familia.

Esa casa es hoy de los herederos de la familia González Rosa.

Antes no había Bancos ni cajas de hierro; la seguridad la encontraban en la tierra. Referían que un hombre tenía enterrados unos 100 pesos (no había lempiras); alguien lo vio y se los sacó.

Cuando él fue a rodear su tesoro, había desaparecido. Eso lo impresionó, pues en ese tiempo, 100 pesos, era una buena suma y le vino la idea de salir en la noche cantando: "100 pesos tengo enterrados y otros 100 voy a enterrar". Posiblemente lo oyó el ladrón y creyendo que el dueño de los 100 pesos no se había impuesto del robo, se fue a colocar los 100 pesos para conseguir 200. Uno de tantos días, el enterrador encontró los 100 pesos y los llevó a otro sitio más seguro.

Otra noche repitió el canto, pero ya entonces diciendo: "Yo mis 100 pesos ya los hallé, quien todo lo quiere todo lo pierde".

En la parte baja del antes Cabildo (hoy Distrito Central) era la cárcel, y como eran pocos los reos los podían cuidar. Yo la conocí.

En tiempos pasados, mi abuelo don José Ferrari, que era muy caritativo y progenitor de una familia ya casi extinguida. Todos los sábados llevaba a los reos alimentos, ropas y medicinas. En una ocasión llegaron dos nuevos presos y al regresar a su casa les dijo: Niñas, para mañana necesito dos almohadas. Se llegó el día y no prepararon las almohadas.

Entonces él las tomó de sus camas y en la noche ellas lo notaron y preguntaban, él oyó la cosa y les dijo: Están en la cárcel, yo las pedí y no las hicieron.

En la casa, hoy Imprenta Calderón, vivió el gran Máximo Jerez, de Nicaragua, con su familia. Su esposa se llamaba Paula, su hija Juana y su hijo, que se casó aquí con una señorita Dávila, se llamaba Ramón.

En una ocasión estaba el señor Jerez comiendo pescado y algo le pasó con una espina; mi tío Esteban lo asistió. Hubo gran alboroto en el barrio.

Recuerdo que jugaban lotería de cartón y como mi familia iba, fui también yo. No sé quién me dio para una jugada y gané. El dinero que se reunía para una jugada se llamaba polla.

Me fui corriendo a mi casa con mi gran capital. No recuerdo cuánto era.

La casa de Isidoro Soto, hoy alquilada a Calderón, era una casa humilde y allá por el año 1873 a 1875 vivía en ella una familia pobre. El jefe era un talabartero que por apodo le decían "Gurupera". En una ocasión se les murió un hijito, y ¡oh!, indignación del barrio, cuando a medianoche comienza el baile y la alegría, y decían que los niños eran ángeles que había que celebrar la muerte. Por muchos años continuó esa costumbre en los barrios, y los enterraban con música.

Todavía en la administración del General Bográn, el barbero de él, llamado Nicolás Romero, y por apodo le decían "Lucho", hacía eso.

A propósito de los muertos enterrados con música, voy a referir algo divertido. Allá por los años de 1896 a 1897, vino un alemán para dirigir la Banda del Gobierno. Se llamaba Carlos Hartling. Él firmaba permisos a los músicos para salir a tocar en las horas vacantes y sacaban los instrumentos; era costumbre. Él creía que tocaban en bailecitos o cosas por el estilo.

Un día él oyó la música en la calle y se dirigió allá para ver qué era y... horror cuando vio que llevaban el muertito con música hasta el Cementerio.

Después, cuando llegaban los músicos a que les firmaran permisos, les decía, sí, pero para muertos con polca, no; él quitó esa costumbre.

Los lectores desconocedores del ambiente de hace 60 a 70 años, por lo menos, recogerán complacidos los informes sobre la niña Chica Cano.

Su casa es la misma que está frente a los Tribunales de Justicia. Vivía con ella una discípula vieja llamada Ceferina, pero todos la apodaban Yina. Hacían rico pan de huevo y otro que llamaban cemitas.

La antevíspera del día de ceniza, los Santos Peregrinos los recibían ellas. Esa noche era de ver el derroche de dulces y el fresco llamado "Horchata"; los muchachos buscábamos los pañuelos más grandes, además de los que comíamos, llevábamos a la casa para el siguiente día.

La casa de la niña Chica era una casa santa, al grado de que, cuando alguna señora casada le resultaba una natural consecuencia del matrimonio y se enojaba con su consorte, se iba para donde la niña Chica y al verle sólo le decía: "¿Ya vienes? Entra", y entraban como a su casa propia. Cuando regresaban a sus hogares, era solícitamente, pues habían estado donde la niña Chica. Hay dos personas que son hijos de aquellas asiladas voluntarias.

También recuerdo de un señor pirotécnico de apellido Soto, el que era conocido por "Tata Yino" y que mucho estimaba a las ancianas y les obsequiaba un torito de fuego para ser quemado el 3 de octubre, víspera de San Francisco, en la placita de la Iglesia. Ellas decían que no era torito, sino ternero. Después de esta quema la gente se iba a mirar los fuegos pirotécnicos de la plaza de la Parroquia, para los que la campana llamaba con anticipación al pueblo, de modo que a la hora anunciada aquello estaba lleno de gente.

Entonces ya había policías como ahora; a los cuidadores en la noche los llamaban "serenos". Cantaban las horas y decían, por ejemplo: "Las doce han dado y sereno". Así. Pero a las 5 a. m. el canto era para retirarse y decían: "Alabados sean el Santísimo del Altar y

María concebida sin pecado original". "Las cinco han dado y sereno". No dejaba de ser simpático eso.

Como no había alumbrado eléctricc, las calles las alumbraban con unos faroles de vidrio y adentro un quinqué alimentado con gas.

Estos faroles los clavaban en un poste enterrado en las esquinas de las casas. Si por casualidad la mecha se descomponía, se reventaba la bomba y comenzaba el fuego, y como eran las casas de esquina bajas, había peligro de incendio.

En el día había un agente cuidador, pero era para vigilar a los niños que no querían ir a la escuela. ¡Dios mío, cómo lo respetaban! Se llamaba Aníbal Ferrera.

En ese tiempo eran peligrosos los incendios porque no había agua en la ciudad. El agua para el consumo de las casas la jalaban unas mujeres en cántaros en la cabeza y las llamaban "jaladoras de agua". Después apareció un hombre de apellido Montoya que era originario de Yuscarán, y según refería mi abuela, era de gente de buena condición y en su bautismo hubo hasta carrera de bombas, y en el estudio llegó a bachiller, pues yo lo conocí montado en un caballo blanco y adelante un burrito con unos aparatos de cuero que llamaban "botas", llenas de agua cogida arriba del puente Mallol, y se decía que una carga de agua valía doce centavos.

La gran casa, hoy de Mercedes Agurcia, era casa antigua de una familia Selva. Tenía esquina con dos puertas y un pilar en medio; todas las tardes se sentaba la dueña en la puerta en un asiento bajo que llamaban "butaco"; ella se llamaba Josefa y le decían Chepa. Allí charlaba con todo el que pasaba, investigando la vida ajena. Tenía una hermana loca pacífica y se llamaba Jesús. La casa tenía un gran solar que cogía tres calles. La parte edificada era la calle de La Merced. La Chepa tenía otra hermana, muy buena persona, que se llamaba Tula y hacía dulces muy buenos para vender. También cantaba en los coros de las Iglesias cuando había lo que llamaban rosario cantado.

Formaba parte del grupo un hombre gordo, blanco, de Comayagüela, que cantaba como mujer.

Era tío del poeta Juan Ramón Molina, pues era hermano del Ñato Molina. Le decían el ñato por un defecto que tenía en la nariz.

La casa donde nació Morazán, de su padre Eusebio Morazán, tenía una esquina con dos puertas, una al oriente y otra al norte divididas por un pilar. Dos ventanas al norte con lo que antes llamaban postigos. Al sur de la esquina con puerta a la calle y más al sur un portoncito bajo y se veían las tejas de la cocina.

Era casa pobre, pequeña, baja, y con alero a la calle. Como Francisco la heredó de sus padres, al morir fue rematada a nombre de su hija legítima Adela que vivía en Santa Tecla todavía el año de 1920. Esta fue casada con el Licenciado Cruz Ulloa. Se remató la casa a nombre de ella y otros herederos, valorada en 3.039 pesos. El pregonero fue José Ayestas.

No aparecieron postores que dieran más de 700 pesos y ese fue José Antonio Inestroza, a quien se adjudicó a nombre de su esposa Nicolasa Bustamante.

Ella fue la dueña y allí vivía con él y su hija Isabel. Al morir ellos le quedó a su hijo Próspero, éste la reedificó, pero como era tan pequeña, compró una parte a la familia Alvarado, hacia el occidente para darle comodidad. Allí hay ahora una Botica, y el Gobierno ha puesto una lápida conmemorativa en la esquina de la calle.

Hablemos del hoy Parque Morazán, antes plaza de la Parroquia.

En las funciones había fuegos artificiales, que decían fuego de cañas, granadas, castillos, y el toro fuego que era el que más gustaba. Este era un aparato en forma de toro hasta con cachos y se lo ponían a un hombre ensartado en la cabeza, y le daban fuego, pues llevaba cachinflines, escupidores y cohetes. La muchachada feliz toreándolo y él persiguiéndolos. Esa quema duraba como un cuarto de hora y el hombre era bien remunerado pues al terminar estaba sudando. Naturalmente al pueblo se le invitaba tocando la campana del Cabildo.

También en esa plaza había toros al estilo español.

Alrededor de la plaza hacían una cerca de palos delgados de pino para que los toros no se salieran y a eso le llamaban "barrera", a otra parte pequeña le llamaban "cozo". Allí era el depósito de los toros y sacaban uno a uno para el toreo. Así se dice en México, el "toreo". Cuando por casualidad se salía un toro, esas eran carreras de las gentes, huyendo. Temprano los paseaban por las calles, naturalmente, amarrados. Con ellos iba la música tocando y los toreadores. En la parte afuera de la barrera, en la calle, hacían unos tablados más altos que la barrera.

Había propios y alquilados y de allí veían los toros sin peligro. Arriba ponían sillas y subían por una escalera. Entre los toreadores había uno que era el gracioso y lo llamaban "mico de hoyo", vestido de mono con cola, pues toreaba y al acercarse el toro para embestirlo, ligero se metía en un hoyo, hecho de antemano, y lo tapaba con una tabla, y el toro quedaba buscándolo. También vestían una mujer pintada de negro que bailaba y la llamaban "Rita chiflada"; había toreadores y pulladores a caballo.

Al mismo tiempo, todos compraban ciruelas cocidas y guayabas que las costeñas traían en grandes canastos. Al lado sur de la plaza había una casa de dos pisos para los que no tenían tablado y la entrada era gratis. Esa casa, hoy Hotel Honduras, fue de don José María Lazo; y, al lado norte, la de un señor Pío Uclés, hoy Museo Nacional y al poniente la de un señor José María Zepeda, de Yuscarán, y que había sido de don Tranquilino de la Rosa, hoy Tribunal de Cuentas. En la plaza se leyó el Acta de la Independencia el 28 de septiembre de 1821.

La familia Ferrari tenía cierta parentela con la familia Espinoza-Morazán, y en tiempo del señor Espinoza habían tenido tienda en donde es hoy la elegante casa comercial del señor Facussé. Pero entonces sólo quedaban los estantes con 2 o 3 piezas de manta y olán; allí vivían unas ancianas de apellido Morazán.

Carlota Ferrari Espinoza y yo éramos primas y ambas íbamos allí y veíamos los eventos de la plaza, pues estábamos muy chicas.

En uno de esos años vino una maroma. En la noche extendían una gran carpa en la plaza y allí era la maroma.

El jefe de la compañía se llamaba José Escarriola y había traído un globo el que puso en acción. Esa era otra fiesta, todos viendo inflar el globo. Escarriola compraba cargas de leña de ocote y daba fuego hasta llenarse la boca del globo; ponía un trapecio (una especie de asiento amarrado), y..... arriba. Volaba alrededor de la población y caía en perfecto estado.

En uno de sus vuelos se entusiasmó un farmacéutico de Guatemala, cantador, llamado José Morales, pequeño de estatura, era conocido por Moralitos. Pues voló con Escarriola y cayeron cerca de la Piedra Grande, sin novedad.

Morales era el farmacéutico del señor Joaquín Díaz Borjas, que tenía la Botica en la esquina de su propia casa, hoy es la Botica Santa

Teresa. Como dije antes, en la casa frente a la plaza de la Parroquia, la entrada para ver los toros era gratis. Voy a explicar el origen de esas casas.

Donde está el Museo Nacional era la Iglesia de la Concepción y fue hecha por un sacerdote medio loco llamado José del Valle; era ermita. Al morir éste, la heredó el padre Reyes. Ya muerto el Padre Reyes la remataron para arreglar la entonces Parroquia que estaba rajada por los temblores de 1809. La compró el señor Pío Uclés y la arregló. Le quitó la forma de Iglesia, pero las paredes son las mismas y la hizo de dos pisos. Le construyó un corredor a la calle, frente al parque, y aun cuando lo quitaron siempre se ve la seña en la acera.

Al morir Tata Pío (así le decían por pequeño de estatura) los herederos la vendieron al Gobierno.

La casa hoy, Farmacia Unión, frente al parque Morazán, la compró el mismo Pío Uclés, dueño como dije de la casa hoy Museo Nacional. La casa donde está la Farmacia era de un piso y él la hizo de dos para casarse en segundas nupcias con una mujer joven.

Él tenía 80 años, y admírese lector, tuvo una hija igualita a él hasta en el modo de andar. Del primer matrimonio tuvo varios hijos. Yo conocí a Rosa, Enrique y Trino. La mamá de ellos se llamaba Tula. Trino era conocido por Trino Mamón. Hace pocos años que murió y le gustaba el magnetismo. Decían que hacía prodigios. Trino era casado con una buena señora de Yuscarán llamada Trina Durón.

De Tata Pío se contaban varios chistes. Como era tan miserable decían que había tenido una gravedad que creían que moría; naturalmente los deudos arreglaron todo en cuenta la fosa en el Cementerio y todo lo pagarían al morir él y recibir la herencia; pero no murió y no quiso reconocer los gastos "porque él no los había autorizado". En el Cementerio le ponían letreros divertidos en la fosa. Otro chiste. Decían que tenía una mula que murió de hambre. No le compraba zacate verde que vendían por cargas en las calles. Él buscaba madera de las que ponen en las cajas de las mercaderías y le arregló unos anteojos verdes para que la mula creyera que era zacate verde. Naturalmente la mula debe de haber muerto de hambre. Ese chiste era corriente, y cuando alguien no tenía hambre, le decían: Ponte los anteojos de la mula de Tata Pío. Dejémosle en paz.

Sigamos con el edificio. Al lado occidente del Museo queda una casa de una Señora Hernández. Allí era la sacristía de la Iglesia de la Concepción. Hace pocos años que se veía la construcción rara de ese Templo.

Un día que yo pasé por allí, entré y les pregunté a los trabajadores si no habían encontrado alguna fosa con restos humanos, pues antes enterraban en las iglesias, y me dijeron que no, y que sólo habían encontrado un agarrador de cortinas antiguo, oxidado, y me lo regalaron.

La casa, hoy Tribunal de Cuentas, y que amenaza ruina, fue del famoso Tranquilino de la Rosa, frente al lado norte del parque Morazán. Yo la conocí siendo muy niña y era de un señor llamado Francisco Zepeda, de Yuscarán, y como mi abuela Ana Arbizú de Guardiola era de allá, tal vez había alguna parentela, pues mi madre le decía hermano Chico. Cómo la obtuvo el señor Zepeda no sé. Recuerdo que un día mi madre me llevó allí con tristeza pues había cortinas negras. El señor tenía bigotes canosos y estaba sentado en una hamaca.

Tenía dos hijas: Sara y Ramona. Creo que tocaban piano y el profesor era un señor de San Miguel (El Salvador) llamado Antonio Galeano, padre del músico Froilán Ramos, clarinetista en la Banda que dirigía el Director Gustavo Stam. Froilán dejó varias composiciones musicales y muchos hijos. Este señor Galeano, en casa de las señoritas Zepeda, notó el talento musical de la niñita Manuela Ugarte, y comenzó a enseñarla sentándosela en las piernas, pues no alcanzaba la chica sentada en la silla. Ella lo recordaba con cariño.

Las hermanas Zepeda, como eran algo enfermas del pulmón, y deseaban una propiedad para temporar, alguien les indicó el terreno que se llamaba Fernán Martínez y ellas llamaron Palmira. Todo eso era inculto. Hicieron una casa con corredor. Para llegar pasaban por el río donde hoy es propiedad de don Silverio Laínez. Con ellas vivía una tía llamada Josefa Durón. Ellas habían criado y lo querían como hijo al Ingeniero Constantino Fiallos.

La Josefa quedó heredera de ellas. Una casa, al morir ella, la compró la familia Villar. Cuando ella se sintió morir, testó para don Constantino, con ciertas condiciones y que si no se cumplían, la casa del parque era para la Iglesia. Entonces la Iglesia no podía heredar y por eso pasó al Estado, pues las condiciones del testamento no se cumplieron. Por algún tiempo fue alquilada, al fin el Gobierno la recuperó en la administración de Manuel Bonilla y pusieron oficinas. La casa tenía corredor seguido frente al parque. En estos días tuve que ir allí y me dio tristeza; todo lo recordé hoy 1953.

CALLE DEL OLVIDO

La calle donde viven hoy las familias Sandoval, Romero, Estrada, Zavala y otras, era una calle extraviada y por eso la llamaban la Calle del Olvido.

La esquina, hoy Romero y Sandoval, era una sola casa. El dueño era un músico de Iglesia y le llamaban Miguel Ugarte, y le decían "Miguel picado", tal vez porque en su juventud le dio la viruela negra. Era casado con una señora mucho mayor que él y se llamaba Juana Godoy. Él fue músico de la Iglesia hasta morir. Cantaba, tocaba violín y el órgano que movía un hombre tonto pero muy desarrollado que le decían "Pablo el dundo". Entonces no había fuerza eléctrica.

Don Miguel tenía también un hermano músico que le ayudaba en la Iglesia, cantando y tocando violín. Este tenía una particularidad: si se ofrecía, cantaba con voz de mujer. También tocaba guitarra. En la Pascua hacía un lindo nacimiento.

A la casa de don Miguel valía la pena ir la noche que llegaban los Santos Peregrinos, que siempre era la última, el martes víspera de ceniza. Esa noche había derroche de música, cohetes y de lo que le decían brinde. Después del rezo obsequiaban dulces en profusión, y los niños comían todo lo que querían. Para los mayores, además de dulces, ponche de leche y de piña.

Vamos a explicar lo que son los Peregrinos.

Es la huida a Egipto. Como esa devoción se está acabando y las futuras generaciones la van a reemplazar con otras cosas, por ejemplo: el árbol que ya ponen hasta en las casas más pobres, por consiguiente no van a saber qué fueron los Peregrinos. San José y la Virgen huían con su niño pues Herodes los perseguía.

También decían: las Posadas. Además de los Santos, y cada persona se sentía honrada con llevarlos de una casa a otra, se llevaba el almuerzo que consistía en panitos, tortitas rellenas y más, según cada uno quería y podía. A eso se le llamaba "almuerzo" y lo repartían a la concurrencia. También se daba una limosna que se empleaba en la celebración de la Semana Santa. Era como una contribución.

Sigamos con la Calle del Olvido. La calle era al natural, de modo que en invierno ponían grandes piedras que eran una especie de puente, pero saltando, pues no eran unidas.

Las aceras no se conocían allí y no se decía acera, sino andén, pues no había andén.

Yo conocí bien esa calle porque viví en la casa del señor Ugarte.

Allí nació mi hija Enriqueta (Q.E.P.D.). Él fue su padrino.

En ese barrio había una familia Zelaya y su apodo era "Las Macotas". Había en frente, y aún existe, una casa de muchas puertas, hoy es de un señor Manuel Estrada.

La casa de las Zelayas hoy es del Licenciado José María Zavala.

Siguiendo al norte, la de don Rosendo Valladares, y una antes, de un señor Juan Cantarranas, hoy de Agurcia.

Siguiendo siempre al norte, hay una casa de dos pisos de los herederos de Marcos Carías Reyes, y sigue una chica de la suegra de éste. Ambas formaban una sola casa y era de una familia Fiallos de la que voy a referir algo que oí. Esa familia tenía un hermano músico y se llamaba Pablo, pero sólo le decían "Maestro Pablo". Era el orgullo de ellas. Aquí lo tenían por gran violinista, al grado que cuando fue a París un rico de esta ciudad —asústese lector— tres meses en buque de vela, lo llevó para que hiciera novedad.

Cuando regresó todos le preguntaban por sus triunfos y muy triste contestaba: "Cuando vi cómo tocaban allá, no dije que tocaba, pues no sabía ni coger el arco."

Recuerdo que cuando yo viví cerca de esa familia, la última que quedaba, pues todos habían desaparecido, y como mi esposo era el Director de la Banda del Gobierno, ella pedía que él le comprara la música de Pablo. Me dio lástima, tantos años, con qué primor la cuidaría, pero yo le di la disculpa de que el Gobierno era el que se entendía de eso.

La casa última, hoy de ese barrio, fue del Ingeniero Norberto Guillén. Esa es la Calle del Olvido.

En la casa hoy Asilo Santa Teresita y que es propiedad de esa orden y que perteneció al Padre Eulogio Carías, allá por el año de 1875 vivió un abogado joven y muy competente. Éste fundó un Colegio de hombres al que llamó "Liceo Pedro J. Bustillo". Allí se reunía lo mejor de la ciudad y los padres de familia estaban tan satisfechos que sintieron mucho cuando terminó, pues entonces no había Institutos como ahora.

Él se llamaba Pedro José Bustillo. Después se dedicó a ejercer la profesión de abogado y lo llamaban "el Abogado de conciencia".

Con el tiempo hubo allí otro Colegio de hombres fundado por unos salvadoreños llamados: Antonio Alvarado y Fernando C. Quintanilla. Fue buen Colegio. Este último se casó en esta ciudad, y desempeñó varios puestos públicos. También vivieron varias familias y con el tiempo vinieron unos sacerdotes alemanes y organizaron un principio de Seminario. Uno de ellos llegó al Arzobispado y se llamó Augusto Hombach.

Este Arzobispo dejó a las Teresitas organizadas en su propia casa y también el edificio del Seminario y por eso está sepultado allí.

Voy a referir una simpática historia que me consta, pues esa fue mi primera escuela; los años que tenía no recuerdo.

La casa hoy Embajada Americana, al occidente del parque Valle, hoy de los herederos de Santos Soto, pertenecía a unas señoritas de apellido Lemus.

Eran cuatro hermanas: Aniceta, Cirila, Bárbara y Ana. Cada una tenía su trabajo. Aniceta (a quien le decían "Nicheta") tenía una pequeña pulpería; Ana hacía cigarros de tusa de maíz. Aplanchaba las tusas con una piedrita lisa del río hasta dejarlas lustrosas, después las cortaba con moldes y hacía los cigarros. Era asmática y yo en mi corta edad le tenía lástima; Bárbara hacía unas flores de un material que llamaban "esmalte", y unos ramos en forma de palmas para altares y palmas especiales para poner a los niños muertos.

Algunas veces las gentes sencillas del campo llegaban a comprar las flores y preguntaban por "Nana Bárbara", y se ponía bravísima diciéndoles en otras palabras: "Yo nunca he tenido hijos". Cirila se ocupaba de la cocina y del aseo de la casa, era grande y tenía mucho árbol frutal y naranjos agrios del que hacía muy buen dulce. Hace poco que aún quedaba uno en la acera frente a la casa del don Carlos Fiallos.

La misma Cirila hacía una gran milpa en el corral, y como celebraba la Virgen del Tránsito, en agosto, el último día, después del rezo, regalaba elotes cocidos, atole y buenos tamales.

Los invitados eran la numerosa familia Ferrari, que eran vecinos, pues la favorecían mucho.

Cirila murió hidrópica, Aniceta y Bárbara no recuerdo. Ana, la asmática, quedó solita; a Aniceta la pusieron cuando murió en el piso para ganar indulgencias. Así decían entonces. A Ana era divertido oírla, protestando en alta voz de su virginidad. Al oír eso la familia Ferrari, iban a darle lo que necesitaba. Alguna parentela había con la familia Fiallos, pues yo oía que allí había vivido el doctor Rafael Fiallos con su madre, y que siendo muy niño, era muy bien parecido, las señoritas Guardiola y Ocampo lo habían vestido de ángel y se veía lindo. Eso les oía a ellas.

Mi abuela Ana de Guardiola era la madrina de él. El doctor Fiallos se llevó a su casa a la niña Ana y allí murió. Entonces él vendió la casa a Santos Soto y éste la hizo como está hoy.

Había la costumbre en la Iglesia de alquilar un gran trapo negro del tamaño de una sala y con una orilla amarillo-pálido. Allí ponían la mesa para colocar los cadáveres o bien ponían el cadáver en el suelo para ganar más indulgencias —como ya dije antes—. A eso le llamaban la tumba. Admírese, lector, cuánto microbio tendría ese trapo que era llevado a todas las casas.

LOS INDIOS DE CURARÉN

La casa donde está hoy el Banco Central, frente a la Casa Presidencial y en la que vive la familia Torres, formaba parte del basurero.

Había calle angosta para llegar al puente Mallol. Esa parte del terreno la compró don Julián Fiallos, que por ser pequeño de estatura, lo llamaban "don Juliancito". Cuando estaban construyendo la casa los trabajadores encontraron una gran pila sin ningún agujero como desagüe, por lo que calcularon que era para poner azogue para el beneficio de los metales de la mina.

Don Julián tenía una hermana llamada Florencia, y al terminar la casa la llevó a vivir allí.

Ella no estaba contenta con el cambio.

Al morir don Julián ella fue la heredera de la casa, pues aunque él tenía otro hermano llamado Eusebio, éste tenía su dinero y era soltero.

En una ocasión estaba ella haciendo un trabajo en la casa, y fuera de la pila encontraron los trabajadores un gran depósito de oro, tan grande, que alcanzaría para varias generaciones.

En ese momento gritan las gentes en la calle: ¡los indios! ¡los indios! ¡los indios en Comayagüela!

Los trabajadores taparon el hoyo y huyeron hacia Nicaragua y la familia Fiallos a Ojojona.

Vamos a explicar por qué ese terror a los indios que eran los de Curarén. Estos se juntaban con grandes machetes bien afilados a saquear la población, principalmente las tiendas. Como las autoridades no eran competentes para dominarlos, las familias huían a los alrededores.

Refería mi familia que en una ocasión don José Ferrari se fue a encontrarlos al paso del Guacerique, llevándoles pan, géneros y dinero y los hizo regresarse contentos.

Otra vez entraron a la población y saquearon la tienda de la familia Planas y buscaban a doña Jesús Planas a la que llamaban la colochona y tuvo que saltar una tapia para irse a otra casa huyendo.

La última vez que vinieron fue el 30 de julio de 1872, ya los Comayagüelas estaban listos, cogieron algunos y los ahorcaron en unas ceibas que había a orillas del río Choluteca, donde son hoy las casas de los Zúñiga Medal y Canales Zúñiga.

En esa ocasión era Alcalde don Trino Ferrari, hijo de don José (éste ya fallecido), al saber lo que pasaba se fue corriendo a evitar esa tragedia y al llegar ya tenían colgada una cantidad, y al último ya lo tenían para jalar la soga y se la quitó. El hombre le gritó: "¡Sálveme, soy inocente!" Don Trino lo trajo a su casa cogido de la mano.

La familia Ferrari tenía una propiedad de campo. Le hicieron su casa en un lugar donde podía cuidar la Hacienda, y decían: "La casa del Indio Justo". Allí vivió muchos años y se casó con una buena mujer llamada Jesús. Con el tiempo fue muy bueno con los hijos de don Trino. Ellos lo querían mucho y él murió fiel.

Volvamos a la casa Fiallos. Los hombres que encontraron el tesoro se fueron a Nicaragua como por 2 o 3 años. Allá murió uno y al regresar el otro habló con doña Florencia para sacar el tesoro y repartirlo por mitad; ella no aceptó y le dijo: que lo que no era de ella no lo cogía. Al morir ella el hombre volvió a la familia con la misma propuesta y ésta aceptó. Trajo el hombre los fierros de trabajo, cuando le vino un dolor de estómago se fue para volver enseguida y como no regresara, lo buscaron y encontraron a la hermana vestida de negro, y al preguntarle por él dijo: "La misma noche murió".

Los dueños de la casa han buscado mucho, valiéndose de todos los medios, pero nada. Ahora, con excepción de la casa Torres, esa manzana es del Gobierno y están haciendo edificaciones. Quién irá a ser el dichoso que encuentre el gran tesoro, que viene de la mina "El Jazmín", que era donde es hoy la Casa Presidencial y esos terrenos eran seguro donde ponían todo. De eso hablaremos. Como era propiedad grande con excepción de una pequeña parte frente a la Casa Presidencial, tienen que hacer excavaciones y van a encontrar ese tesoro. Dichoso el que lo halle pues será de su legítima propiedad.

Don Julián Fiallos, el primer dueño de esa casa, trajo los primeros fósforos. Él viajaba a París. Los fósforos venían en unas cajas grandes de cartón azul y contenían 12 cajas pequeñas cada una.

Después vinieron unas cajitas pequeñas con unos fósforos bañados con esperma y los llamaban fósforos de candelita pues tenían esa forma. Las cajillas tenían encima lindas figuras. Hoy existen en la ciudad buenas fábricas nacionales.

Antiguamente, encendían con algo que llamaban "pajuela" y era que, con el choque de dos piedras, que llamaban pedernal, sacaban chispas y con eso encendían.

Después los fumadores (aún los usan algunas personas) se servían de unas mechas amarillas de hilo grueso. A esas le arrimaban una piedra de pedernal y la golpeaban con un fierrito especial y de ese choque viene la chispa y enciende la mecha. Cuando encienden el cigarro meten la mecha en un dedal y se apaga. A eso llamaban eslabón.

Voy a referir de quién era la casa hoy Tribunales de Justicia y quiénes vivieron allí. Nosotras nos criamos en la casa contigua al lado occidental. Mi abuelo José Ferrari compró la casa al señor José Vigil (ya antes lo dije); enfrente de su casa era un basurero y para quitar ese foco de infección compró ese basurero e hizo dos casas las que ocuparon al casarse sus hijos, Rafael y Trinidad, por esa razón recuerdo todo lo de ese barrio.

La casa, Tribunales de Justicia, era de una familia de apellido Coronel. Allí vivió un general Andrés García, casado aquí con una señora llamada Josefa Alcántara. A él le faltaba un ojo y era conocido por el "tuerto García"; de allí vienen Los Duendes. Recuerdo a un joven que salía cantando: "Nací en la Cumbre de una Montaña" (El Gólgota). Ese era Carlos García, papá de los "Duendes".

También vivieron allí unas señoritas Lozano: Mercedes, Trina, Chabela y Josefita. Ellas hacían muy buen pan de huevo o como decíamos pan dulce. Doña Lupe de Ferrari vivía, como ya dije, en la casa siguiente; y, en una ocasión, como no había hoteles, vino a posar donde el señor Ferrari un francés amigo de ellos, que vivía en Amapala, llamado Pedro Leitzelar. La señora de Ferrari le puso lo mejor para su café, pan de las Lozano. Entonces el señor Leitzelar le preguntó si hacían aquí pan blanco, al decirle no, él escribió una receta y resultó muy buena. Siguieron haciéndolo, y como el francés había dado la receta, por muchos años se llamó "pan francés".

Después de unos años compró dicha casa el doctor Ramón Rosa. La hizo nueva. El arquitecto fue don Francisco Martínez. En la parte de atrás era la cocina, etc., donde es hoy la Corte de Apelaciones. Una noche que estaban en un gran baile y que aún no la habían concluido, se cayó esa parte. Esa fue alarma en el barrio. Antes de pasarse los dueños hubo algo sensacional para los muchachos, al ver a un hombre pasar con un coco para sembrarlo en medio del patio, todos se fueron a presenciar la siembra. Hace poco que yo estuve allí y me dio tristeza, el coco había desaparecido. Un señor magistrado dio orden de cortarlo. Al terminar la casa Rosa se pasó con su familia. Daban buenas recepciones y bailes, pero a los muchachos vecinos, lo que más nos gustaba era la linda orquesta dirigida por Gustavo Stam, y nosotros bailando en el patio de nuestra casa cuando había luna.

Allí estuvieron hasta que Soto dejó el poder y se fueron. El mismo día se fue el poeta J. J. Palma que vivía enfrente.

De antemano Rosa había vendido la casa al Gobierno y acto continuo pasaron las oficinas que allí existen.

En ese tiempo como no había luz eléctrica y era tiempo de los faroles, voy a referir algo que vi.

LOS AZOROS

Siendo muy niña oíamos a la servidumbre de la casa hablar de los azoros, y aunque mi padre prohibía, nosotras, como todo lo prohibido, oíamos secretamente. Estos eran: El Timbo, El Duende, La Sucia y el Caballo Maniado. Este era el más temido. Recuerdo que varios años dormí cobijada de pies a cabeza, únicamente descubierta la nariz para respirar. ¡Oh! Cuántos años sudé horriblemente.

Ahora voy a explicar lo que era El Caballo Maniado. No había aceras y las calles eran estilo primitivo, empedradas con piedra de río. No se conocía el cemento. Por consiguiente, crecía cierto zacate y otra planta llamada cardosanto.

Los dueños de las casas limpiaban con frecuencia, pero era de ley para el 15 de septiembre, día de la Patria. También para esa fecha limpiaban las paredes de las casas, es decir, las pintaban con cal.

Tenía yo como 9 años, estaba en la escuela de María Francisca Reyes y nos preparábamos para el examen de fin de año. Aunque yo siempre iba a mi cama muy temprano, una noche, haciendo un esfuerzo, dispuse no acostarme y estudiar. Cuando todos en la casa dormían oí que venía El Caballo Maniado. En la última ventana de la casa donde hoy existe "La Época", era una casa pequeña de una señora de apellido Borjas, y tenía gradas y decían que allí hasta el freno sonaba el caballo, preparé mis nervios y apagué la vela, abrí un poquito los postigos de la ventana de modo que el caballo no me viera y... ¡Dios mío, qué desencanto y disgusto!... pues eran dos burros comiendo el zacate. Supongo que desde tiempos remotos había aquí la mala costumbre de asustar a los niños, ya fuera en el día para que se estuvieran quietos o en la noche para que se durmieran, y lo que conseguían era hacerlos nerviosos.

Recuerdo que nos decían, pongan atención: "¡Caigo o no Caigo!" (decían que era el difunto) y le respondían: "Caiga con todos los diablos! ¡Caía una pierna. ¡Caigo o no caigo! ¡Caiga con todos los diablos! Al estar todos los miembros abajo, se juntaba el difunto. Para un niño en la noche eso era horrible. Veíamos caer cada miembro. No quisiera recordarlo. Niños: así son los azoros... nada.

EL PARQUE FINLAY

Era un terreno de Tiburcia, José María, Jesús y Máximo Gálvez. Después, de sus herederos. Donde está ese parque era un cerrito, terminación de la calle de la Ronda. Ese cerrito tenía un cimiento para formar el patio de la casa de los herederos de don Manuel Gálvez. Abajo de ese cerrito había un caminito para ir al barrio "La Plazuela", pasando por una quebradita que hoy está embaulada. Subiendo por la carretera que conduce al Hospital Viera, y muy cerca del parque, aún se ve una parte con una huerta de plátanos. En la parte embaulada está el edificio donde funciona la Radio Monserrat. La quebradita desemboca en el Río Chiquito.

Los herederos Gálvez vendieron a Pedro Rivas y éste hizo una cantidad de piezas que por la forma le decían "El Carrusel". Este vendió a Hortensia Argueta y ella al Distrito para hacer el parque. Don Leandro Valladares regaló una parcela de terreno que da al sur, antes del parque, para darle valor a su propiedad.

Al norte de ese parque había una casa en un alto barranco y pertenecía a Juana Díaz y Eusebia Varela. Esta tenía cabras y vendía sabrosa leche. Las cabras hacían sus cuevas en el barranco y allí se echaban a rumiar. Eso era muy simpático. Hoy se encuentran en ese barranco elegantes mansiones alquiladas por Embajadas, y frente al parque. El cerro terminó.

Al sur de ese parque, al abrir la calle Colón, quedó un pequeño terreno. Al lado sur del parque hay buenas casas, terminando la que ocupa la Monserrat Estación de Radio.

Desde la casa de las cabras hasta la Asociación China era un solo cerro. En el terreno de los chinos había una casita de un señor Justo Bustillo y tenía al frente dos árboles de granado y un callejoncito hasta llegar al río. También había otra casita de una señora alta, trigueña, que se llamaba María y por apodo le decían "Gancho". Pues era María Gancho. Hacía unas melcochitas de azúcar muy blancas. Las ponía en una bolsita muy blanca y las tapaba con una servilleta también muy blanca. Esa señora tenía una hija llamada Dominga y cantaba en la Iglesia, tenía una linda voz.

En el mismo cerrito había otra casita de una familia Romero.

Siguiendo a la Asociación China, había otra casita de una señora que la llamaban Na Nicha y otra de una señora Eleuteria Valladares. Na Nicha era casada con un señor que le decían Tata Pancho. Padecía de epilepsia y a esa enfermedad le decían "El Mal". Tenía esta enfermedad y como en ese tiempo, para alumbrarse los pobres, ponían en una teja pedazos de ocote encendidos en medio de la pieza. Tal vez le dio el mal, no lo vieron y se quemó toda la cara. Se veía muy feo. Salía a pedir limosna apoyado en un bastón y era el terror de los niños del centro de la población.

Hay dos calles actualmente que conducen al Barrio de El Guanacaste, una es la amplia calle Colón. El cerro comenzaba donde es hoy la elegante casa de dos pisos en la que funcionó varios años la estación de Radio H.R.N. Ese terreno fue de una señora llamada Pilar Díaz. Esta lo vendió al Ingeniero Enrique de Montis y él hizo la casa.

Siguiendo al oriente, a unas pocas varas, había una casa atravesada, donde hoy es casa familia Hartling y al lado opuesto Ernesto Molina. Se pasaba por un caminito por ambos lados. ¿Qué diría hoy María Cleofe si viera su casa por donde pasan constantemente toda clase de vehículos?

El barrio de La Ronda, donde está el parque Finlay, era un barrio sucio, con calles y casas feas. Todo ha desaparecido. De eso sólo queda una casa vieja abandonada. Hoy es calle adoquinada con elegantes casas, doctores, boticas, grandes pulperías, Institutos Normales, y casas para Consulados. A esa calle comenzó a darle vida don Federico Salgado, casado con una alemana; allí murieron los dos. Dejó tres casas para sus tres hermanas. En una de esas vive su sobrino, el cura católico de la ciudad. De esa cuadra en dirección norte, hay edificaciones hasta los cerros, desde donde se ve linda la ciudad, principalmente en la noche que está iluminada.

Lo que voy a relatar ahora me parece interesante, pues creo que pocas personas lo conocen.

LA HOY IGLESIA CATEDRAL

La primera Iglesia Parroquial de Tegucigalpa la hicieron los españoles, en donde son hoy las oficinas de la Empresa Taca (1953). Era de artesón y se quemó en 1742. El cura era José Simón de Zelaya.

José Simón de Zelaya era hijo de Tegucigalpa, de familia muy distinguida. Sus padres fueron don José de Zelaya y doña María Luisa de Herrera. Sus hermanos Pedro Mártir de Zelaya y doña Mariana de Zelaya. Fue educado con esmero en Guatemala. Después de obtener en la Universidad el grado de Bachiller, se dedicó a la carrera eclesiástica. Habiendo recibido las sagradas órdenes de Presbítero, fue nombrado cura de esta Parroquia. Durante su administración, que comenzó el 24 de diciembre de 1742, ocurrió la desgracia de que se quemara por casualidad la antigua Iglesia Parroquial que era de artesón y estaba situada en la hoy propiedad del Gobierno.

Se afligió tanto que sus padres, que no eran menos piadosos que él y muy ricos, al verlo llorar le dijeron: "No llores, pues la harás de calicanto; allí está nuestro capital", y animado por tal ofrecimiento pidió a Guatemala el diseño del edificio y dio principio al trabajo siendo el arquitecto don Gregorio Nacianceno Quiroz.

Antes hizo su casa de habitación inmediata al punto donde se iba a construir la Parroquia para cuidar por sí mismo el trabajo.

Dio principio a la obra y cuando los cimientos estaban a cierta altura, uno de los vecinos más ricos de la ciudad, al ver el gran trabajo, le ofreció 500 pesos y se los dio. Al mismo tiempo comenzó a poner defectos, entonces comprendió Zelaya el motivo y le devolvió el dinero, diciéndole que en el trabajo no había más voto que el de él.

En la construcción del cimborrio el arquitecto encontraba dificultades. Él trazó los arranques y con garrucha fue elevado.

El vecindario prestaba su cooperación con entradas de arena y agua del río. De los pueblos traían cargas de huevos para hacer la mezcla, y el movimiento era general.

Los fondos con que se construyó la obra fueron en primer lugar el capital de los padres del cura, que consistía en muchas y gruesas haciendas de ganado y bestias que tenían en casi toda la República, especialmente en Choluteca y Olancho, cuyos esquilmos los vendían en Guatemala y de allí traían ropa de lana que entonces tenía aquí mucho consumo. También formaba parte del capital las ricas minas de Yuscarán y Loma Larga. Todo el producto era para el trabajo. El 7 de noviembre de 1775 fue atacado de aguda enfermedad y murió el 12 del mismo mes. El 11 hizo su testamento y su hermano Pedro Mártir le dijo que testara a favor del trabajo de la Parroquia y así lo hizo. Además de los gastos de la construcción dejó 12.000 pesos para el Altar Mayor y las imágenes. Para el púlpito 500, fuera del dorado y pintura. Además, en metálico, 8.000 marcos de Plata Copela y otra parte de 500 que se mandó a Guatemala para que se acuñase por disposición del finado, y en moneda, 11 mil pesos para el mismo trabajo.

También en legados, 2.200 para misas de su alma, 1.000 y el valor de su casa para fundar capellanías. El trabajo duró 20 años.

Su entierro fue solemne y murió como verdadero cristiano. Lo enterraron en la Iglesia Concepción que entonces era la Parroquia (hoy 1953 es el Museo Nacional); a todos les dieron candelas para el entierro y el gasto fue de 700 pesos.

Nació José Simón de Zelaya por los años de 1710 a 1712.

Le cupo a otro hijo de Tegucigalpa, digno cura don Juan Francisco Márquez, y siguiendo las huellas de su fundador, concluir el trabajo a los 7 años de muerto el padre Zelaya.

Se le dio bendición solemne el 29 de septiembre del año 1782 por el Obispo Fray Antonio de San Miguel, quien vino a visitar esta Parroquia. Las lágrimas se mezclaron con el gozo, pues el siguiente día se trasladaron los restos venerados del padre Simón de Zelaya y se sepultaron en el lugar en que hoy están, es decir, en la Iglesia Parroquial. Sobre su tumba no hay más distintivo que el retrato que el padre Márquez hizo colocar el año 1786 para honrar su memoria. Hoy no está en ese lugar.

EL PRIMER PINTOR DE HONDURAS FUE JOSÉ MIGUEL GÓMEZ

Nació en Tegucigalpa en la segunda década del siglo XVIII.

José Miguel era hijo de familia acaudalada vinculada por sangre a otras de importancia, entre ellas los Zelaya, Rivera y Malloles. Vicenta Gómez, parienta muy cercana, casada con Narciso Mallol que hizo el puente en 1817 a 1822. Gómez recibió brillante educación en Comayagua. Desde temprana edad mostró gran afición a la pintura religiosa y se hizo devoto de San José de Calazanz. Sus padres lo mandaron a Guatemala para completar sus estudios.

Al terminarlos se vino al lado de los suyos y se trasladó a Comayagua donde residían todas las autoridades civiles y eclesiásticas. La familia Araque, de Comayagua, muy rica, le encargó hacer su primer cuadro de San José de Calazanz, que hoy se encuentra en casa de don Ludovico Berlíoz. Esa obra impresionó al Obispo Monseñor Fray Diego de Rivera, quien le encargó algunas pinturas para la Catedral de Comayagua. Allí está la Sagrada Familia, la Santísima Trinidad y San José de Calazanz.

Llamado a Tegucigalpa, le dieron la parte artística de la Parroquia. Pintó la Sagrada Cena que está en el arco que sostiene el coro. La disposición de los Santos Apóstoles y la combinación de colores atraen la admiración de cuantos lo ven.

Pasó a San Antonio de Oriente y pintó dos valiosos cuadros, la Virgen del Carmen y la del Rosario. La del Carmen hace pensar en la otra vida viendo las Ánimas en Llamas, etc.

Vino a la Ermita de Suyapa y pintó dos cuadros, un Nazareno y su favorito San José de Calazanz. Regresó a Tegucigalpa y pintó el retrato de José Simón de Zelaya. En 1786 pintó alrededor de la bóveda del centro de la Catedral los cuatro Evangelistas, todo admirable y hermoso, pero por desgracia al repintarlo borraron mucho de lo que él había pintado hasta el letrero que decía: "En 1834 se reparó este Templo a esfuerzos del vecindario y auxilio del C.O.

Anto. Trango. Rosa. Gómez lo pintó año 1786 Pr. el C. Marqz". Todo lo borraron al repintar la Iglesia.

Su última creación fue hecha en 1805 para una familia Quiñónez que residía en Comayagua desde el tiempo de la Colonia. Hoy es propiedad de don Tomás Quiñónez A. El valor de ese lienzo es indiscutible, siendo el último cuadro del primer pintor de Honduras.

Murió en Comayagua casi a los 100 años. Esto lo publico por interesante y para que todos conozcan el origen de nuestra Catedral.

La Iglesia de Los Dolores la hizo el Padre Juan Francisco Márquez, que fue el primer propietario de las minas de Agalteca, y su socio don José Francisco Zelaya.

Ojalá no quiten nada de lo que él hizo, pues esas son reliquias históricas que en todas partes se conservan.

Antiguamente, como no estaban descombrados los alrededores de Tegucigalpa, cortaban la madera para construcciones en la parte atrás del Picacho. Ese trabajo lo hacían un señor Casildo Moncada y su hermano.

Para cortar la madera buscaban la luna llena. Tiraban las trozas por el cerro abajo y si por casualidad se quedaban a la mitad, con gran cuidado les buscaban el modo de que cayeran.

Caía la madera en un plancito que llamaban "La Mina de Agua". De allí la traían por un caminito, jaladas las trozas con bueyes. A esa maniobra la llamaban el tiro de madera. En esa parte del "Picacho" no crecían pinos.

En la ciudad había un aserradero de dichos señores, en un lugar donde había un gran árbol de amate y le llamaban la calle del Amate. Aún existe la calle pero ya con edificaciones. Esa maniobra de aserrar la hacían esos hombres con grandes serruchos.

Agurcia compró la parte occidental de ese vallecito a los herederos de un señor Polo Zafra, que le decían "Chapetón".

Una de esas herederas fue la madre del abogado Leandro Valladares, llamada Josefa y la designaban cariñosamente "Pepa". El terreno se llamaba "Viera". Aún conserva su nombre.

Voy a referir algo verídico.

Don Ignacio Agurcia compró a "Pepa" y demás herederos de Chapetón Zafra ese plan que se llama Viera. Hizo una casa amplia de un piso y con hermoso corredor con vista a la ciudad y sus lindas montañas. Los jóvenes iban a pie por un caminito angosto, pues no existía carretera. Los mayores a caballo.

En cierta ocasión el suegro del señor Agurcia fue atacado de viruela negra en un pueblo vecino y por aislado el lugar lo trajeron allí. A pocos días murió y allí lo enterraron. En los terrenos del Hospital está el mausoleo.

Con el tiempo allí murió también don Ignacio. Murió al anochecer y pusieron lo que se llamaban luminarias, que consistían en la cantidad que se deseaba, pedazos de ocote pequeños, y les ponían fuego para iluminar el monte. La iluminación se veía de la ciudad.

Esa noche fue horrible, pues en la ciudad murió Carlos Gutiérrez y Simón Díaz Zelaya. Las campanas sonaron todo el día pues fueron enterrados todos por la tarde.

Con el tiempo ocupó la casa de Viera el doctor Walter; allí comenzó su clínica. Ese era patriotismo ir a pie hasta allá y él se reía y les decía a sus clientes: "El ejercicio les hace mucho bien". Después se vino a La Leona. Él fundó ese barrio y su primera casa la trabajó con sus propias manos. Como tenía pelo algo largo, le decían "El Colochón".

Con el tiempo los herederos del señor Agurcia vendieron al doctor Nutter una parte del terreno Viera. Este se vino de Tela, donde fue por muchos años Director del Hospital de la United. Compró ese terreno para fundar un hospital y es el que hoy existe. Formó una Compañía y comenzó la edificación y la terminó.

La Compañía le vendió a él y allí murió.

La viuda e hijos vendieron a una Sociedad de Médicos. Ese hospital hoy tiene todo confort. Además de buen clima y bella vista.

Hay una buena carretera que conduce al plan del Picacho, donde hay elegantes mansiones y el gran Parque "Las Naciones Unidas". Pasan por Viera, llegan y siguen. En el plan del Picacho está el gran Hospital de Dementes y la Casa de huérfanos "La Providencia", y las grandes pilas de agua para abastecer la ciudad. En el terreno cerca del Hospital hay elegantes mansiones.

La población ya sube casi a la mitad del cerro y esas casas se ven muy graciosas, parece que están pegadas al cerro y tienen una linda vista, principalmente la noche cuando la ciudad está iluminada.

La mamá de "Pepa" se hizo loca furiosa. Entonces no estaba en este mundo Alcerro Castro con su Sanatorio en el Hatillo. A la enferma la tenían con cadenas amarrada en un poste. Cuando se enfurecía rompía la ropa de modo que la tenían encerrada para que nadie la viera. Y era peligroso si se soltaba.

De repente aparece el Padre Manuel Subirana y lo creyeron santo, pues como no había vías de comunicación, como hoy, nadie lo esperaba.

De pronto se les presenta y menciona el nombre de la loca; ésta se impresionó lo mismo que los familiares de ella. Señor, es loca, le dijeron, pero éste no les hizo caso y entró al cuarto de ella y se le acercó. Esta se puso humilde; entonces él le dijo: "¿Por qué estás sin ropa?"

Ella no contestó, estaba asustada. Él se dirigió a sus familiares y les dijo: Tráiganle su ropa, ellos miedosos se la llevaron. Póngase su ropa, le dijo. Pero, por la cadena, no podía, entonces él le ayudó y ella muy humilde obedeció. Ella se llamaba Apolonia Valladares. Él pidió un cántaro de agua y de sorpresa se la echó en la cabeza. No la lastimó, pero la bañó y se curó. La llevó a la casa de don José María Zelaya (hoy almacén Quinchon León) que allí posaba. Él acababa de llegar y allí llevó a Pola para que le hiciera su comida. De carne él sólo comía de pollas de esas que ya van a poner, pero eran de casas especiales y las que él ordenaba. Los pedazos de la olla los conservó "Pepa" por muchos años.

En la casa al lado oriente de la de Francisco Valladares, allí estuvo Pola. El poste era de roble y bien enterrado.

Lo que hoy se llama Barrio "Berlín" fue propiedad de don Carlos Hartling. Era terreno inculto. Lo llamaban "Las Pericas". Ese terreno había pertenecido a don Francisco Martínez y tenía unas pequeñas tapias abandonadas como de una vara de alto. La casa la hizo don Carlos trabajando hasta con sus propias manos. Allí nació su hija Alicia. El vecino era un señor Manuel Gómez. Sus herederos han vendido y se ha hecho un barrio que tiene hasta iglesia.

Refería la familia de don José Ferrari, casado y con 9 hijos grandes, que aquí poco se usaba que los matrimonios se velaran en la Iglesia, sólo era el desposorio. El matrimonio civil no se conocía. La casa del señor Ferrari era grande. Al entrar al portón era un extenso corredor y cuartos al lado. De repente oyen una voz varonil que dijo: ¡Don José! Todos salieron pero el Santo Misionero repitió: "Don José". Salió él y todos lo condujeron a la sala. Después de hablar unas cuatro palabras les dijo: "Vengo a velarlos". A los cuatro días se dirigían a la Iglesia con sus 9 hijos. Lo mismo hizo con todos en la ciudad.

Confesaba sentado en una silla. Mi madre refería que ella, muy niña, se acercó para confesión y él al verla le puso la mano en la cabeza y le dijo: "Dios la bendiga, váyase".

Decían que viajaba solo. Tenía dos caballos. Si montaba uno, el otro iba adelante solito. Anduvo por todo el país. Pues en 1922 un anciano en San Pedro Sula refería anécdotas de él. Al anciano le decían "Tata Lelo".

Subirana murió cerca de Yojoa y está enterrado en la Iglesia de Yoro.

LAS PROFECÍAS DEL PADRE SUBIRANA

"El tiempo tiene que cambiar y llegará el día en que no se averigüe cuándo será el invierno ni el verano. Se formarán las tormentas pero no lloverá sino en las montañas, por cuya razón tendrán que sembrar en varios lugares y climas para que haya granos de primera necesidad, así como la caña de azúcar para extraer de ella el jugo; lo tomarán como agua pues los arroyos desaparecerán como sucedió en Europa y Asia.

El maíz no podrá venderse a más de 3 pesos la fanega, porque de lo contrario se escaseará ese grano, debido a que habrá gente sin corazón ni conciencia para traficar con los pobres, vendiéndolo a exorbitantes precios, es decir, muy caro; sólo los Gobiernos lo harán venir del extranjero a sus respectivos países y lo venderán caro. Llegará día en que nadie tendrá acierto en el tiempo de siembras. Habrá guerras civiles cuyas funestas consecuencias serán: El odio de casa a casa, entre padres e hijos, entre los mismos hermanos y de familia a familia. Se desarrollará un hambre espantosa en toda América. Habrá inundaciones, terremotos, plagas, incendios, ciclones y enfermedades en los lugares sanos y otras plagas que harán desaparecer muchas personas y toda clase de semovientes, y sus enfermedades no podrán ser extirpadas o combatidas con éxito por los médicos a pesar de los adelantos de la Ciencia Hipocrática.

Estallarán grandes guerras en los países del antiguo continente, tanto en Europa como en Asia y África, y no sólo en los países civilizados sino también en los selváticos y también sucederá en este continente y será tanta la matanza que no será posible darle tierraje a los cadáveres, por cuya razón se infectarán los aires debido a la putrefacción de la materia humana lo que originará toda clase de pestes y enfermedades contagiosas.

El trabajo de un ferrocarril ocasionará una gran deuda a la república y los extranjeros se posesionarán de sus costas.

Aparecerán en el siglo venidero innumerables y portentosos inventos que serán la maravilla del mundo y se llevarán a cabo obras colosales.

Los necios y orgullosos desafiarán el poder de Dios; mas este con su poder omnipotente y divino, aplastará esa osadía tanto en el mar como en la tierra. El ganado desaparecerá por el consumo y la peste; vendrán extranjeros pagando precios fabulosos y los nativos tendrán que pagar los quintos, emigrar a tierras lejanas porque el que da lo que tiene a pedir se queda, para lo que os aconsejo que obréis con la mayor prudencia y cordura y asidos de la mano del Creador. Vendrá una nación extranjera una y más veces queriendo apoderarse de toda la América, pero sucumbirá, por lo cual vosotros no os dejaréis embaucar por los potentes europeos, estáis preparados y si caeréis bajo ese terrible dominio será muy difícil salir de su poder pues quedarán maravillados de la riqueza de este suelo.

Vendrán predicadores de otras sectas religiosas proporcionando libros para engañar incautos con el objeto de destruir la Religión Cristiana y vuestra civilización. Reflexionad y esperad en Dios que nunca olvida a sus hijos que le obedecen.

La Misión año 1857.
Firma: Manuel de Jesús Subirana.
Misión Católica."

Frente al gran Puente de "La Isla" hay restos de una casa de la familia Xatruch, hoy de los herederos de Santos Soto.

Allí iba el General Santos Guardiola a jugar lo que decían "Malilla", y como los jugadores eran del partido político contrario a él, sus amigos le llamaron la atención y él les contestó: "Sí, son mis contrarios en política, pero son honorables".

Frente a esa casa vivía una señorita llamada Chon Melara, la pianista de aquel tiempo. Si resucitara vería su casa transformada.

Allí murió la primera esposa de Juan Ramón Molina, que se llamaba Dolores Inestroza.

La casa, hoy Hotel "Prado", era una casa antigua, grande, con unas ventanas de hierro hacia arriba y salidas a la calle. Era esa casa de una familia Zúñiga y por apodo les decían "Las Canjuras". Ellas vendieron a don Ignacio Agurcia y la reedificó. Hoy su hijo Ignacio ha hecho un elegante edificio que tiene cinco pisos.

La casa que perteneció a León Vásquez, casado con Concepción Lavaquí, era procurador y Francisco Morazán fue empleado de él. Hoy es del Gobierno y ya desapareció (enero de 1953).

Allí vivió una inglesa profesora de piano en la administración de Soto. Se llamaba Elisa Jackson. Tenía varias discípulas, yo era una de ellas. También Carlota Ferrari, Prisca Ugarte, Adela Ayestas, Rosa Uclés, María Margarita y Juan José Soto; no recuerdo las otras.

Después fue de sus herederos y unas de ellas fueron Nicha y Chon Vega. La casa quedaba al frente del Palacio Viejo. A propósito de Nicha y Chon voy a referir un chiste del Padre Reyes, viéndolas. Chon tenía los ojos torcidos: "Suspiros de Nicha bajo el pabellón (cortina de la cama), al ver extasiada los ojos de Chon." El último heredero que vivió en esa casa fue Urbano Ugarte, hijo de Manuela, hermana de Nicha y Chon. Al morir ésta la compró el Gobierno a sus herederos.

A los primitivos indios que vivían en el Barrio Abajo, desde el cerrito de La Moncada, al costado oriente del Puente Carías, hasta el hoy Parque de La Concordia, y que eran los criados de los españoles, los llamaban "Naboríos".

Mi abuela me decía que en 1837, que vino el Cólera Morbus, enterraron a los muertos en aquella región. Esa parte de la ciudad es hoy un gran barrio con fábricas, escuelas, etc. Al hacer las edificaciones con frecuencia encuentran restos humanos, deben ser de aquellos muertos.

El recordado Padre Trinidad Estrada fue cura de Tegucigalpa 43 años hasta morir. Era antiguamente uno de los dueños de la hoy Casa Arzobispal. Yo conocí allí a la niña Juana, Minga, Lencho, el padre Manuel y otros que no recuerdo los nombres.

Tranquilino de la Rosa, rico minero, fue el padre de León Rosa, éste padre legítimo de Isidora, y ésta madre natural de Ramón Rosa.

La casa donde es hoy el Teatro Clámer perteneció a doña Isidora Rosa, madre de Ramón Rosa que fue Ministro General en el Gobierno de Marco Aurelio Soto, y fue su brazo derecho. Murió el doctor Rosa en una dependencia del Banco de Honduras. El Gobierno ha puesto una placa al lado de la calle.

Siguiendo al occidente del Teatro Clámer hay una casa hoy de don Medardo Zúñiga, allí nació Augusto C. Coello, autor de la letra del Himno Nacional de Honduras. Fueron sus padres el licenciado don Adán Coello y doña Adela Esteves. Ambos buenas personas.

Al lado oriente del Cuartel San Francisco existía un gran solar como se puede ver hoy. En medio habían unas tapias derruidas, antiguas, posiblemente de la época colonial y las llamaban "La Casa de los Tontos", pues allí vivían tres que se llamaban Cérbulo, Tadeo y Diego. Aún quedaba uno, el llamado Cérbulo, lleno de ciertos bichos en los pies que llaman niguas y pican mucho. Era descalzo. Nunca se limpiaba la nariz. Todos le daban ropa. Había veces que andaba con leva. En el día se estaba en la casa de la señora Cano, frente a la casa de los Tribunales de Justicia y allí lo aseaban y lo alimentaban. Botaba la basura del barrio y no se daba cuenta. Dormía en la casa de una buena señora llamada Rafaela Lanza, en la terminada calle de "Los Horcones". Se decía que eran descendientes de una familia Garay de Olancho.

La casa de los herederos del doctor Trino Mendoza fue antiguamente de una señora Josefa Cocaña, hija de don José Cocaña, antiguo empleado de la Casa de Rescates, Casa de Moneda,y de su esposa doña Magdalena Fábrega.

Era muy rica y muy popular. Fué madrina del sexto hijo del matrimonio Ferrari-Agüero, llamado Trinidad, nacido el 22 de mayo de 1836.

Como era tan rica y cuando pasaban las procesiones religiosas por su casa, adornaba toda la calle con sus riquezas. Tenía gran caballeriza con muy buenas bestias y estaba en el terreno que queda al lado norte de la Catedral. · Su ejercicio lo hacía a caballo.

La casa más antigua de Tegucigalpa se cree que es la que está al oriente del Museo Nacional. Ya está deshabitada. Es de dos pisos y pertenece a los herederos de Trino Mendoza. Se decía que la habían hecho unos mineros ingleses dueños de las minas de Guasucarán, que son de las más viejas y más ricas de Honduras.

El inglés que la compró era de apellido Rastrik. Se casó con una señora Lazo. Esta tenía un hermano y lo mandaron a Inglaterra y sólo aprendió a barbero. Yo lo conocí ya viejito que iba a mi casa a arreglar a mi padre. Su barbería pública la tenía en la esquina baja de la casa.

Del matrimonio Rastrik-Lazo yo conocí tres señoras que se llamaban Abelina, Isabel y Rosinda. El señor Rastrik se fue y nada se volvió a saber de él. La otra parte de esa casa también fue de otro inglés llamado Jorge Collier, que se casó con otra señora Lazo. Este tuvo una numerosa familia y allí murió. Algunas de sus hijas se fueron a Guatemala y allá murieron.

LA CASA DE MARCO AURELIO SOTO

Marco Aurelio Soto nació en la humilde casa contigua al lado norte con la casa de los herederos de Francisca Reyes, y la llamaban la casa del "Coco", posiblemente porque hubo allí un árbol de coco.

Fue hijo natural del doctor don Máximo Soto, quien fue asimismo padre de Máximo Soto Hall, en Guatemala, y allá murió.

La madre era una señora humilde llamada Francisca Martínez; esa casa está reedificada y es de doña Elena de Carías.

Marco Aurelio Soto, siendo Presidente, vivió con su familia en la casa que se llamó Palacio Viejo y que ya no existe. Últimamente allí se reunía el Congreso Legislativo (1952).

Soto tenía varios hijos. Su esposa era de Guatemala y se llamaba Celestina Mijango. Él era muy encerrado. En la ciudad rara vez salía. Lo que le gustaba era hacer temporadas en el Valle de Ángeles. Él iba a caballo y lo acompañaban sus ayudantes y sus amigos.

Doña Celestina, niños y todo el servicio iban en otra forma. Le hicieron una forma de palanquines chinos. Eran 6. En uno iba ella con un niño. En los otros las sirvientas con otros niños. Y en el último la cocinera de confianza, esa era la más importante.

Esos palanquines tenían 4 palos como andas de santos y los cargadores eran los indios de La Cuesta. Iban otros para repuesto, pues entonces subir la cuesta de la "Mololoa" era algo serio. Esa cuesta es antes de llegar a Santa Lucía, donde dormían en casa de don Hermenegildo Díaz, amigo de su confianza. Para el regreso, las autoridades ordenaban el arreglo de las casas por donde iba a pasar, es decir, poner cortinas en las puertas y ventanas y tocaban las campanas en señal de júbilo.

En cierta ocasión, Doña Lupe de Ferrari, no tenía listas las cortinas y se le ocurrió poner unas matas de plátano arrimadas a la pared, y compradas en una huerta que había en la "Joya" (hoy la Hoya), perteneciente a una familia García Barrientos, de El Suntule.

Fue muy felicitada la señora por su idea, comenzando por el Presidente, con el que, desde niños, eran muy amigos.

Vamos a referir un incidente desagradable referente a esos viajes.

Una señora del pueblo, ya vieja, llamada Antonina Rico, estaba por casualidad en la calle al pasar las literas, y dijo en voz corriente y la oyeron: "En lo que han quedado los indios de La Cuesta, chiniando a la costurera de Guatemala". Se decía que ese había sido el modo de ganarse ella la vida en Guatemala. Pues alguien la oyó y fue con el chisme. La llevaron a la cárcel para que dijera que se arrepentía de haber ofendido a la Señora del Señor Presidente, y ella sólo decía: "Me arrepiento, Dios mío, de haberte ofendido". La maltrataron tanto que le causaron la muerte.

La casa que ocupó Soto y que después se llamó Palacio Viejo, ya no existe (1952). La hizo Juan Judas Salabarría en 1811. La compró después Pedro Mártir de Zelaya, hermano del famoso Padre José Simón. Después fue de un señor Pedro Molina, casado con una señora Arcadia Vijil; allí vivió un hermano de ésta con su familia y se llamaba Marcial Vijil. Al venir Soto, el Gobierno la compró a ella y a su hijo Manuel, que estaba en Guatemala estudiando Medicina, pues entonces para hacer esa clase de estudios había que ir a otras partes. Hoy no.

La capital era en Comayagua. Mediante un decreto de Soto, la trasladó a Tegucigalpa el 30 de noviembre de 1880.

En ese salón, siendo Presidente Soto, se efectuó el primer matrimonio civil en la República. Los contrayentes fueron Roque Jacinto Muñoz, de Santa Bárbara y Babtistina Aloges (francesa); ella era ama de llaves de Doña Celestina.

El acta matrimonial existe en el Archivo del Registro Civil de este Distrito Central, y dice así: "Roque Jacinto Muñoz y Babtistina Aloges, a los 25 días del mes de abril, ante mí, Secretario Municipal de esta ciudad, presentó Roque Jacinto Muñoz, copia del acta de matrimonio que contrajo con Babtistina ante el Gobernador Político de Tegucigalpa, el 20 del corriente. Aparece que el contrayente es del departamento de Santa Bárbara, y la contrayente de la República Francesa. Ambos de 22 años de edad. Fueron testigos del contrato Antonio R. Vallejo y Miguel A. Ugarte.-Carlos Membreño, Secretario".

El cura de la ciudad se sintió ofendido en la moral; intentaron expulsarlo, dejándolo en Comayagüela, pero después todo se arregló.

De ese matrimonio vinieron 3 hijos: América y Mulumulú, mujeres, y Guanacanarí, hombre.

Al morir su padre éste se llamó Roque.

Nosotros, es decir mi madre, visitaba con frecuencia a Soto, pues eran tan amigos que se trataban de tú. Ella siempre me llevaba, pues ellos tenían dos hijitas de mi misma edad.

Recuerdo que al entrar al corredor y poner los pies en el linóleo, yo sentía una sensación extraña, pues aquí entonces sólo se usaban ladrillos de tierra.

No olvido cuando Doña Celestina le dijo a mi madre: "A tiempo llega, niña Lupe, para que presencie el primer matrimonio civil". ¿Y quién se casa? —le preguntó mi madre. Y le contestó ella: "Aquella francesita que traje de New York".

A cada rato entraba un señor Santos Bardales, que está enterrado en la Iglesia de Amapala, y tiene una gran lápida puesta por la casa Rossner.

El señor Bardales a cada momento venía a darle cuenta cómo iban los arreglos de la novia (era de los que hoy llaman serviles).

En una de tantas le dijo, que ya le estaban arreglando la cola del vestido y que la tenían subida en una silla. Entonces le preguntó Doña Celestina, ¿y cómo sabe Ud. eso, don Santos? Y él contestó: "Lo vi por el agujero de la llave". Muy mal hecho, don Santos, esas son cosas íntimas.

Yo no perdía ni una palabra ni un gesto. Al rato ya venía él trayendo del brazo a la novia, la que se veía impresionada, pero la señora la tranquilizó y le dijo que iba a ser muy feliz.

Me impresionó la gran cola del vestido.

Ellos siguieron al salón donde habían muchos señores.

Mi madre y las señoras se colocaron en la puerta que daba al corredor y las tres chicas con ellas. Recuerdo la hermosa araña en medio, los grandes tremoles, los hermosos candelabros con prismas, pero lo que más me impresionaba eran las sillas doradas que yo creía de oro.

Recuerdo que llegó a tiempo de ver el acto doña Carmen Xatruch de Medrano.

¿Quién me hubiera dicho que yo estaba presenciando el primer matrimonio civil en la República y que el 9 de noviembre de 1896 se efectuaría el primer matrimonio mixto, en la Iglesia de San Francisco, es decir, un protestante y una católica, siendo la contrayente la que esto escribe y el contrayente don Carlos Hartling? ¡Cómo es la vida, verdad?

Contiguo a la Casa Presidencial, al lado norte, había un apartamento pequeño. Allí despachaba el Secretario de Soto, y se llamaba Mariano Soto, de Santa Lucía.

Siguiendo al norte de la casa que ocupaba Soto (ya no existe 1952), vivía con su familia un señor Miguel Ugarte, casado con una señora llamada Manuela Vega, hermana de Nicha y Chon Vega. Tal vez esos vecinos no le convenían a Soto, pues tenían tienda en la esquina, por consiguiente, vigilaban lo que pasaba en la Casa Presidencial. Hubo cierto disgusto y el Gobierno les compró la casa.

Los Ugarte emigraron de Tegucigalpa y no volvieron hasta febrero o marzo de 1894.

La casa que ocupó Soto la refaccionó el carpintero Hermenegildo Valle, de Comayagüela; entre otras cosas hizo la persiana lado sur, pues el corredor sólo tenía baranda. Esa persiana era confortable y como esos árboles que había en frente no existían, ni el edificio de la Planta Eléctrica, se contemplaba desde allí un horizonte amplio hasta el Cerro de Hule.

Soto sólo ocupó esa casa y de allí salió cuando dejó la Presidencia, pues le prestaba muchas comodidades.

En una ocasión se dio un gran baile en el edificio que ocupan las oficinas de la "Taca", era de disfraces, naturalmente la entrada fue muy vigilada. Pero lo que más gustó fue la ocurrencia del simpático don Julio Lozano, padre, que cambió tres disfraces y al ser reconocido, el último era de periódicos.

En otra ocasión, un 15 de septiembre, daban otro baile y él tenía que ir, se le ocurrió hacer juegos artificiales, desde donde es hoy el edificio de la Planta Eléctrica, hasta el otro lado del río, por donde es hoy la Asociación Bressani. Naturalmente lo que se llamaba juego de cañas era muy bonito verlo en el río. Por consiguiente, la gente estaba en el Puente Mallol y eso logró él para pasar la calle y llegar al baile.

En la administración del Doctor Soto se rehabilitó el ex-Cuño, y digo ex-Cuño porque ya no existe, ni los fierros de las máquinas; ahora las monedas las hacen en Estados Unidos.

Posiblemente la casa fue hecha y traídas las máquinas en tiempos de la Colonia, pues mi abuelo la manejó por muchos años.

En el año de 1832 salió la moneda de cobre y existió en el Estado 38 años. La moneda de níquel fue puesta en circulación el año 1870.

El 16 de marzo a los 9 meses y el 16 de diciembre lo quitaron y quedó la moneda de plata mezclada con cobre y le decían: "Coquimbo".

Como el Cuño estuvo abandonado muchos años, el Gobierno trajo un mecánico inglés que trabajaba minas en Guasucarán, llamado Juan Connor. Ese señor Connor se hospedó, con su familia, en la casa del General Juan López, padre del que fue Presidente don Rafael López G.

La familia de Connor consistía en su esposa María Kay de Connor, Elena y María Connor Kay. El hijo se quedó en Guasucarán manejando los trabajos. En la casa de López les obsequiaron un baile.

El señor Connor ocupó después la casa, hoy de la Imprenta Calderón, contigua a los Tribunales de Justicia.

Era buena gente. A él le gustaba bailar principalmente el 3 de mayo, día de la Cruz. Y lo que obsequiaba eran unos panitos con una cruz rayada encima. Como entre ellos y mi familia había mucha amistad, a mí me llevaban y recuerdo que en una ocasión había baile y unos señores me sentaron al piano a tocar unos mis valsesitos (tenía yo 7 años).

Al comenzar mi ejecución se parć don Juan a bailar con mi tía Pancha.

Dejé de tocar y les dije: "Si bailan no toco", y me dijeron todos: siga, no bailarán, y los caballeros se pusieron alrededor mío, seguro, para que no viera bailar a don Juan; al día siguiente me pusieron un elogio en el periódico "La Paz".

El trabajo del Cuño dilató como 6 meses, al fin se coronó la obra y salieron las monedas. Asistió Soto y su séquito entre los que figuraba el poeta cubano J. J. Palma, que vivía frente a nuestra casa.

Al pasar junto a mí, pues yo estaba en la puerta, en casa de mi abuela, vecina al Cuño, me dijo: "Tome Guadalupita", y me puso en las manos un puño de centavitos, que yo creí de oro por lo nuevos.

Creo que en la noche me los cogieron, pues no recuerdo haberlos gastado.

Las viejas monedas de cobre eran: una grande que pesaba 2 onzas, otra una onza, otra media onza y la última una cuarta de onza.

Los llamaban dos pesos, un peso, cuatro reales y un cumiche. Esas monedas las recogieron en todo el país y al hacer los centavos se multiplicaron. Ya entonces se dijo centavos.

Al irse Connor quedó manejando el Cuño un señor José Esteban Lazo, y al morir éste pusieron a un alemán de apellido Fritzgarner. Todavía en la administración de Sierra prestaba sus servicios, hasta que murió.

Vale la pena mencionar al empleado veterano Máximo Pineda y que por apodo le decían "Cotorro".

El primer Telégrafo se puso en la administración de Soto, en pequeña escala. Poco a poco se fue aumentando. Al repartidor de los mensajes lo bautizaron con el nombre de "El Partero", pues a las comunicaciones les decían partes. Ese apodo lo alcanzaron hasta sus nietos.

Como el antiguo Cementerio, que quedaba al norte de la Iglesia de "El Calvario2, hoy Capilla del Santo Sepulcro, estaba tan lleno, Soto dispuso el 2 de marzo de 1879, que se enajenara el terreno de la Chivera, para que los Tegucigalpas hicieran allí su Cementerio. A ese terreno le decían "La Chivera", porque había muchos cabros.

A mi compadre Vicente Valladares le decían "Vicente Chivera".

SANTA LUCÍA Y SAN JUANCITO

Trasladémonos a Santa Lucía y San Juancito.

Ya dijimos que don Hermenegildo Díaz, de Santa Lucía, era muy amigo del Presidente Soto.

Un día llegó a donde el señor Díaz un Güiris a mostrarle una piedra de mina encontrada en los cerros de San Juan. (Güiris se llama a los mineros de los cerros).

El señor Díaz, algo conocedor de minas, se vino a donde Soto con la piedra. Este por curiosidad mandó a examinarla y resultó una riqueza. Al Güiris le dieron 500 pesos y se sintió feliz. Acto continuo vino el denuncio.

En ese tiempo estaban aquí dos alemanes de apellido Walentine, Luis y Washington. Estaban muy pobres y su negocio era inflar unas bombas de hule con oxígeno y amarradas a una pita se elevaban.

Los buscaron para organizar los trabajos.

Inmediatamente pidieron las máquinas y las trajeron con gran trabajo por falta de carreteras, arrastradas con bueyes.

Duró la maniobra 3 meses, de San Lorenzo a San Juan, y pasó por nuestra casa que era céntrica.

Nosotros, es decir los Ferrari-Guardiola, todo el día en las ventanas viendo la partida de bueyes jalando unos grandes fierros.

Eran varios, aparte de la partida de bueyes, pues si se cansaba uno o se moría del cansancio, lo dejaban y ponían otro de la reserva. Un grupo de hombres preparándoles la comida y otros arreglando el camino por donde podían pasar.

El jefe de los trabajos fue Luis, casado con una señora de Guatemala llamada Concha Mathen.

Don Washington Walentine era viudo y tenía una hijita, y ésta y los hijos de don Luis, eran como una sola familia.

En la administración del General Bográn, se dieron unos bailes en la casa que ocupó Soto, allá por 1887 y 1888 y venía la señora de Walentine que la traían con gran ostentación, y hubo vez que dijeran que la habían conducido en litera como a Doña Celestina. Venían con ella unas señoras americanas como especie de camareras.

Los Walentine estuvieron en San Juan varios años. Don Luis allí murió y hasta se dijo que don Washington pensaba casarse con la viuda.

Esa mina ha dado muchos millones en oro y plata. Hoy se dice que está terminando, pero la Compañía ha comprado las principales minas del país y esas son: Santa Lucía, Yuscarán, Yojoa, Sabana Grande, etc. La familia Soto ha sido siempre la principal accionista. El trabajo adentro todo funciona por electricidad.

En la administración de Soto fue cuando trajeron como director de la Banda a un alemán llamado Gustavo Stam, y tocaba con Nela Ugarte. Ella piano y él violín.

Al irse de aquí vivió en New York, dirigiendo una gran Banda y murió en septiembre de 1896.

En la administración de Soto se hicieron los parques: Morazán, Cabañas, Valle y Reyes. Las barandas eran unos cuadros de madera con enrejado de alambre.

En la administración de Bográn se terminaron.

CORTE SUPREMA DE JUSTICIA

En el segundo piso de la casa, hoy Bazar Colón, se organizó la primera Corte Suprema de Justicia, y fueron los magistrados: don Crescencio Gómez, don Trino Ferrari, don Vicente Ariza P. y don Francisco Botelo.

Soto abrió la calle que se llamó de "El Jazmín", que llega hasta donde es hoy la Escuela María Francisca Reyes, es decir, de oriente a poniente. Donde está la escuela había una casita en terreno de don Miguel Dávila y allí vivía una señora Felipa Funes, que hoy ha alcanzado la edad de 110 años. Allí existían los cimientos de los hornos donde beneficiaban las brozas los españoles.

Al abrir la calle de "El Jazmín", parte de esos terrenos eran de una familia Márquez, parientes de don Alberto Membreño, que fue Presidente. En esa parte es hoy el Instituto Moderno. La otra parte era de una señora Juana Chiminico, hoy de la familia Canales. Al final de esa calle aún existe una casa de una señora que llamaban la colombiana y que murió de Viruela Negra.

Tegucigalpa es zona minera. En idioma indio "Teguzgalpa", quiere decir "Cerro de Plata".

Al abrirse la calle, don Jerónimo Zelaya compró a la Municipalidad el terreno donde fue la mina. Hizo una casa y allí vivió con su familia. La casa tenía unas piezas hacia la calle de "El Jazmín" y eran puestos de venta de carne.

La casa era hermosa y grande. Después se pasó con su familia a una casa de su yerno Leonardo Nuila, donde es hoy "El Maxim" y poco a poco compró las otras. Allí murió.

La casa primitiva la alquiló para un Hotel llamado Picalili. Después a un señor Sebastián Raudales y a la Legación Mexicana. También hubo otras oficinas.

A los pocos años compró la casa el Gobierno que presidía el Doctor Francisco Bertrand y allí vivió con su familia terminando el período del General Manuel Bonilla, que había muerto.

El Doctor Alberto Membreño, que era el Vicepresidente para la reelección de Bertrand, vivió en el Palacio Viejo.

El Palacio Viejo también lo ocuparon Sierra y Dávila.

Bertrand nunca salió de la casa comprada a don Jerónimo. Al ser reelecto vino un arquitecto de apellido Bressani, para hacer la casa que hoy existe. Él se pasó con su familia a los altos del Banco de Honduras. No terminó la casa en su período presidencial.

Al venir López Gutiérrez, sin terminarla, se pasó con su familia.

Poco a poco la han ido terminando.

El Instituto Nacional de Varones lo organizó don Tomás Estrada Palma. Lo mismo que el primer correo que funcionó en la casa, hoy Fasquelle.

Su Secretario fue Joaquín Escobar, de Cedros. Don Tomás vivió allí cerca, en la casa hoy de la señorita Victoria González.

Él estaba casado con Genoveva Guardiola y allí nació su primer hijo Manuel José.

Vamos a La Leona, que no existía ni como barrio.

En la parte media del camino había una casa de un señor Pánfilo López. A ese lugar le llamaban la Chachaguata, y allí íbamos los chicos a volar papalote, y como no existía el Parque Valle, con sus grandes árboles, bien nos veían de la casa.

Algunas veces nos llevaban más arriba y traíamos frutas silvestres que llamábamos petatillos y sanjuanillos.

De repente apareció en aquel lugar inculto y lejano un mausoleo y nos decían: "allí está enterrado Carús, que se mató". En ese tiempo los suicidas los enterraban en el monte. Después yo supe que ese Carús se había enamorado de una señorita Lastenia Bonilla. Él, por temor de llegar a la casa, dispuso entenderse con ella por medio de una sirvienta.

Cuando las cosas ya estaban en buen punto, se presentó en la casa para arreglar el matrimonio y al convencerse del engaño se suicidó. Él era español y los paisanos lo enterraron. Con el entierro subieron por un caminito angosto. Allí estuvo muchos años y lo quitaron hasta que hicieron el Parque de La Leona.

La casa de Pánfilo López fue después de una familia Romero, que les decían por apodo "Las Culecas". De allí traíamos ramas de pino.

Había una costumbre muy bonita que consistía en pedir "el gallo" el día de San Juan, el 24 de junio, y el 29 del mismo mes, día de San Pedro. Para la pedida del gallo se juntaban de 20 a 25 muchachos alegres y llegaban a las puertas de las casas donde había Pedros y Juanes. Hacían tal bulla que para que se fueran les tiraban monedas de cobre o frutas.

También en los barrios había celebración que consistía en poner dos palos altos y un fuerte lazo amarrado de un lado al otro. En medio y bien amarrado de las patas un gallo, con la cabeza colgando. Los que tenían buen caballo lo usaban y si no lo pedían prestado. Se venían corriendo y al pasar por donde estaba el gallo hacían el impulso de cogerlo de la cabeza y arrancársela. El que erraba repetía la carrera y seguían otros. Esa era la diversión. A eso se llamaba "corrida de gallos" y era el 24 de junio. A veces ponían patos, pues decían que tenían la cabeza más dura.

En la administración de Soto organizaron un Colegio regenteado por unas americanas, una de ellas se llamaba Miss Ham, funcionó en la casa de don Rubén Barrientos, frente a Fasquelle, pero duró poco y se fueron. En seguida fundaron el Colegio "El Progreso", en la casa contigua a la Presidencial, que fue de don Félix Bonilla, y hoy de la familia Canales.

Ese Colegio lo dirigió Francisca Reyes, allí estuvo algún tiempo. Después la Francisca y hermanas vendieron su casa que está frente a la Imprenta "La Democracia". Se las compró el Gobierno, y ellas compraron la que hoy es de la familia González Rosa.

Las Reyes compraron esa casa a un señor Antonio Inestroza, a quien llamaban el "zarco Antonio". Este tenía varias hijas. Se trasladaron al Ocotal (Nicaragua). Una de ellas se casó allá y en cierta ocasión vino el esposo y aquí escribió una historieta, y refería que un muchacho se había subido a un árbol y se llamaba Pedro y la madre muy afligida le gritaba: "Pedro apiate". Pues después él era conocido aquí por Pedro apiate.

Esa casa queda en los altos de La Hoya, cerca de la familia Casco.

Tiene un ancho corredor a la calle y así se evitaba que el sol de la tarde le diera al frente. En medio de dos cuartos amplios un hermoso salón como de 10 varas de largo por 6 de ancho. Allí se reunían las niñas fuera del corredor al interior. Un amplio patio y varias piezas interiores. Al lado norte del salón un cómodo cuarto para las clases de los profesores. El cuarto al lado sur era el dormitorio de la niña Chica. Nadie le decía Francisca, sólo niña Chica. Era alta, esbelta, sonrosada, boca un poco ancha, labios carnosos, ojos despiertos de reveladora inquietud, sedosas cejas y pestañas tupidas. La fiel efigie del busto de su tío en el Parque La Merced. Por último, cuando ya no tenía Escuela, la llamaban Manchita y a su hermana Raquel, Chene.

En el corredor interior era donde colocaban los aparatos para los trabajos de mano. La casa era tan grande que tenía cuartos interiores para alquilar.

La niña Chica más que Profesora era gran organizadora. Los trabajos de mano estaban a cargo de ella. En el cuarto de clases sólo había un mapa, una pizarra grande, unas bancas para las niñas y una silla para el profesor.

Yo conocí entonces a Rómulo E. Durón y a Ramón Reyes.

La maestra Raquel, sentada en la puerta en su cómodo butaco, servía de portera y tomaba la lección a las niñas que tenían clases con los profesores. Todas hincadas al frente de ella al estilo japonés.

Eran tan listas las niñas, que le jugaban la vuelta, viendo el libro y ella no se daba cuenta. Había dos grados con el profesor.

Se estudiaba Gramática, Aritmética, Historia y "Gorafía" como decía la maestra Raquel, pero las niñas no se reían de ella.

El primer Hospital se hizo en el local donde funcionan hoy los Ministerios. Allí había restos de tapias de uno que antiguamente se estaba haciendo a iniciativa de don José Ferrari.

Después, a iniciativa de don Tomás Estrada Palma, el Presidente Soto hizo una parte, luego la ampliaron otros Gobiernos, y se inauguró un 15 de septiembre con un gran baile, y mi tía Guillermina fue con su cuñado Estrada Palma. Eran sólo dos salones, uno para hombres y otro para mujeres con sus respectivas dependencias. A mí me llevaron en el día a conocer, pues en la noche se daba el baile.

Doy estos detalles porque me constan. En otras administraciones ya ampliado el Hospital, hubo revueltas políticas resultando heridos que llevaron a ese Hospital. Nos juntamos un grupo de jóvenes capitaneadas por la señorita Mercedes Matute y nos ofrecimos para ayudar a cuidarlos. Nos aceptaron. La que dirigía el Hospital era una señorita vieja que se llamaba Sabas. Los doctores eran Alberto Zúñiga y Salvador Córdova. Recuerdo que un día Zúñiga arrancó la venda a un herido y se le vio el dolor. Yo le tuve lástima y le dije: "¿Le duele?". Entonces la Sabas me dijo, salga, váyase al corredor, yo obedecí pues ella mandaba. Al poco se me presentó y me dijo: "A los enfermos como estos no se les pregunta si les duele, al contrario se les dice, no le duele".

Yo obediente volví a mi trabajo.

En otras ocasiones he prestado también mis servicios en ese Hospital.

Al irse Soto llegó una profesora alemana llamada Elisa Hamelius. Esta había trabajado en Guatemala en el Colegio de Belén. Abrió su escuela en la casa hoy Imprenta Calderón. Después se trasladó a la casa hoy Fasquelle y de allí se fue.

LA ISLA Y EL GUANACASTE

En la administración Bográn llegaron las estatuas en agosto de 1883. Las condujo Máximo Canales, en 20 carretas, ganando 800 pesos, de Pespire hasta aquí, en 17 días.

Ya estando arreglados los parques se daban conciertos, supo la maestra y nos dijo a Victoria Alvarado, a una interna que tenía y a mí: "Vamos al parque." Nos fuimos y al llegar al parque con sus perfumadas limonarias, nos fijamos que sólo hombres entraban y las mujeres en las aceras vecinas y no se atrevían a entrar. Entonces la profesora dijo: "Los parques son para todos" y entramos. Al terminar nuestra segunda vuelta ya todas habían entrado.

El Colegio duró poco y la señora se fue.

Lo que hoy se llama La Isla, y que tiene un gran puente de mampostería, era propiedad de una señora llamada Pura, y tenía una gran huerta de frutas. Hoy aún quedan unos árboles de mango. Esa señora Pura era comadre de mi madre doña Lupe de Ferrari. Cuando algunas tardes iba allí de paseo y me llevaba, esa era felicidad pues traíamos muchas frutas.

Como no había puente, pasaba el río en brazos de un hijo de la Pura y después ayudaba tomándola de la mano a mi madre que de antemano se quitaba los zapatos.

Era el único modo de pasar.

Después ese terreno fue comprado en la administración del General Bográn, y hasta dieron principio a la construcción de un teatro. En ese tiempo le hicieron el malecón y así se evitó que en invierno el río entrara por el lado sur. Antes de hacer ese malecón la propiedad de la Pura en invierno quedaba convertida en isla, pero como el río llegaba manso no les daba miedo.

A eso se le debe el nombre de "La Isla".

Al ser propiedad del Gobierno hicieron un pequeño puente. En la administración de Manuel Bonilla, en la subida del plan hizo una casa un alemán llamado Federico Werling, y la llamó "Mi Amiga". Conservo las fotografías. A las fiestas que allí se daban asistía lo más selecto de la sociedad capitalina. Era don Federico gran amigo del Presidente, lo mismo que la colonia alemana. Hoy esos terrenos son de mucha importancia. A parte del puente, el Estadio, Casa de Escuela, el Monumento de la Paz y el Comedor Infantil. A ese cerro se le llama Juana Laínez. En el año de 1894 cuando vinieron los nicaragüenses, junto con los liberales de Honduras, querían tomar ese cerro y no podían, decían: "Ese no es Juana Laínez, sino Juana Bainas", querían decir, parece fácil pero nones.

El Barrio del Guanacaste. Una gran obra de Bográn.

Ese barrio donde aún luce parte del gran árbol, era un terreno inculto, lo único que hacían era sembrar en el llano una gran milpa y por eso le llamaban "La Milpa Grande". El terreno era de una familia Díaz Borjas. Había un caminito angosto continuación del cerrito, hoy Parque Finlay, y por allí pasaban a las haciendas lo mismo que para el Chimbo, Santa Lucía, Valle de Ángeles, etc.

Como no había puente en el río, los descalzos sólo se levantaban un poco la ropa y adentro. Los calzados igual, sólo que se quitaban los zapatos. Los chicos en brazos. Eso era en invierno. En verano hacían puente con piedras. Al comprar el terreno el Gobierno se abrió la calle y se procedió a la lotificación y se hizo el lindo paseo con asientos de cemento en toda la calle y alrededor del árbol. En ese paseo hace poco que colocaron un busto del Presidente Marco A. Soto. Hicieron el primer puente y lo llamaron el Puente del Palo. Se han hecho varios pero este último es sólido. El día de la inauguración de ese paseo llevaron la Banda Nacional para dar un concierto. Colocaron la Banda al pie del árbol. Y créalo, lector, nadie se imaginaba que el árbol era un nido de culebras y esos reptiles que allí vivían o se asustaron o les gusta la música, es el caso que salían del árbol saltando en todas direcciones.

Unas las mataron, otras se escaparon. Hay quien crea que a las culebras les gusta la música. Arriba de ese puente, al lado noreste, había una plantación de caña y era una venta loca pues por la tarde hasta las señoritas que iban de paseo compraban. En la casa del dueño de la caña y frente a la calle se veía desde lejos un horno encendido y era que hacían rosquetes de maíz, todos esperaban que saliera la horneada y se vendían ligero. El dueño se llamaba Dionisio y le decían Nicho Rosquete.

Siguiendo al Este, arriba del puente, a varios kilómetros, solo había una casa de un señor Martín Díaz. Por allí se pasaba para ir a las haciendas de los Ferrari, Midence y Castro.

Con el tiempo un señor Basilio Midence compró un lote adelante de Martín Díaz, y hoy es de su nieta la señora de Alvarado.

Más al oriente, y ya para bajar al río, había otra propiedad de un señor Liscano. Hoy es del Gobierno. Allí es el Crematorio Nacional.

Pasando el río se llega a una propiedad, hoy del Gobierno, llamada "La Casita". Dicen que allí harán la Ciudad Universitaria. Ojalá que así sea.

En el paseo de "El Guanacaste" daba gusto ver todas las tardes cómo iba la gente, pues era el paseo favorito, y el domingo daban conciertos bajo el árbol, pero ya no había culebras.

En el año 1894 al triunfar el partido liberal con barra botaron los asientos.

Al venir Sierra al poder lo volvió a arreglar pero los ánimos ya estaban decaídos. Este Gobierno también hizo parte de unas tapias para una Iglesia y hacer allí la vela del Patrón San Miguel el 27 de septiembre, pues el 28 por la tarde lo traían en procesión a la Catedral. Con esas tapias hicieron después la hoy Escuela José Cecilio del Valle.

En ese paseo, donde es hoy la venta "Esso", había un árbol de ceiba y decían: Allá en la "Ceibita". Existía otro árbol de pacón y decían: allá por el pacón. Eso ya no existe.

El terreno donde está el edificio de la Penitenciaría Central, era una propiedad de una familia Alcántara. La llamaban "El Molino". Decían que en la Montaña de Azacualpa, había siembras de trigo y que de allá lo traían, y lo molían y lo vendían aquí. Yo conocí la casa vieja y los dueños hasta las tejas vendían.

En el Gobierno de Bográn compraron esa propiedad e hicieron la primera parte del edificio, y al terminar la construcción, pasaron los reos. Ellos se sintieron felices, pero esa felicidad no les duró mucho. Eso fue en 1886. Dios nos mandó una epidemia de Viruela Negra. No encontrando un lugar apropiado para el Lazareto, dispusieron regresar a los reos a su antigua morada temporalmente. Se organizaron turnos para vigilar el orden en el Lazareto. El turno primero, 8 días: el Presidente; el segundo don Washington Walentine y otros. El médico interno fue don Trino Mendoza. Al desaparecer la epidemia, desinfectaron el edificio y los reos felices regresaron a su amplia morada.

El edificio, hoy Distrito Central, antes Cabildo Municipal, frente al Parque Morazán, parecía continuación del edificio del Hotel Honduras, 1953. El corredor con pilares al grado que en una ocasión hubo un baile y los comunicaron en la parte de arriba.

Arriba eran las dependencias del Cabildo, y abajo los reos, de allí los llevaron. En el corredor de arriba había una campana con sus toques muy conocidos: llamada a municipales, invitación a los fuegos y por último toque de alarma.

Como en el Cabildo estaban los reos, se decía la cárcel. Cuando había algo político el centinela tenía orden de decir a los que pasaban: ¡alto!, ¿quién vive? y contestaban los transeúntes: Patria Libre, ¿qué gente?, paisanos avancen esos paisanos, tal vez solo era uno; pero a veces decía el centinela: avancen uno por uno; cuando había más peligro decían: ¡atrás! y sonaban el gato del rifle, y naturalmente se regresaban a tomar otra calle. Así decían: "no pasemos porque están dando el quien vive". Ahora no hay quien vive.

La Primera Escuela de Artes y Oficios fue hecha en esa administración; allí está un busto del General Bográn. En el edificio de la Universidad tienen en el patio un escenario como para hacer actos. Hace poco estuve allí y recordé un acto público que tuvimos allí dedicado al Presidente Bográn. Estaba el edificio lleno de arriba hasta abajo. Yo tocaba el piano. El Profesor dirigente era un señor llamado Vicente Sáenz, emigrado político de Guatemala. Era yo su discípula predilecta. Recuerdo este pasaje. Tocaba yo una fantasía, "El Miserere del Trovador", por Gottschalk. Con anticipación le había dicho yo: "Don Vicente voy a tocar de memoria"; y él me dijo: "No Lupe"; y yo le dije: "Sí." Se llegó el momento. El piano estaba muy a la orilla del escenario y abajo había una linda orquesta con un flautista español y recuerdo que tocaron un obligado a flauta "Pizzicato", polka de Johann Strauss, músico vienés. Llegó mi turno, y yo al salir le dije al maestro: "De memoria." Él temblaba pues el público era numeroso.

Por supuesto al salir me aplaudieron con locura y el maestro aprovechando ese momento, salió muy tímido y puso el papel abierto en el atril del piano y se fue. Al sentarme yo y ver el papel, lo cogí y lo puse encima del piano; otros aplausos. Di principio, bien, al ir por la mitad pensé: tanta gente; me cogió un temblor que no podía manejar el pedal, y ¡zas! se me fue la música, ¿qué toqué? no sé, pero sí, al rato pensé: ya cogí la pieza, y terminé muy bien; y, adentro encuentro al maestro loco, con los brazos abiertos dándome un gran abrazo, y yo solo le dije: "Me equivoqué, ¿verdad?" "Sí, sí, Lupe, pero improvisaste; solo quien conozca la fantasía lo puede haber notado." Todo lo hacíamos con gusto pues el General Bográn era querido. Cuando se le hacían esas demostraciones de cariño, siempre correspondía en alguna forma.

Bográn tuvo un Comandante y Gobernador, el General Longino Sánchez. Era muy activo, hizo varias cosas buenas en la ciudad. Era de baja estatura, algo gordo y siempre andaba lleno de galones y con espada. En el Gobierno había dos altos empleados que le hacían sus burlitas y él lo comprendió y buscaba oportunidad de vengarse. Los enemigos eran, Simeón Martínez, casado con Mercedes Romero y padre del Ingeniero del mismo nombre; y Rafael Alvarado Guerrero. Él meditaba su venganza hasta que un día arregló el Cuartel de San Francisco, con todo el cuerpo de Banda y tropa de allí. Naturalmente ellos ignorantes le obedecían. Al tener todo listo, pues allí estaban todos los elementos de guerra, se dirigió a la Casa Presidencial, llamó a los dos señores sus enemigos y ellos, ignorantes, acudieron al llamado. La Presidencial era la casa que ocupó la Lotería Nacional frente al parque La Merced.

Al llegar, los mandó a la Penitenciaría Central. El Presidente estaba en una casa vecina, pues era temprano de la noche. Al llegar, un ayudante de él que logró salirse fue a comunicarle lo que pasaba. Bográn saltó una tapia y se fue a Comayagüela. (Entre paréntesis, voy a referir algo que pasaba conmigo). A él (Sánchez) se le había ocurrido casarme con su hijo que se llamaba don Carlos; yo le tenía miedo, y es el caso que la última vez que lo vi, en casa de las señoritas Matute, de las que era grande amigo, me dijo: "Yo tengo que hacer un viaje a San Francisco y usted tiene que ir conmigo." Yo me reí y naturalmente le dije que sí. Hay que imaginarse mi susto al saber que él ya estaba en San Francisco.

A Simeón Martínez lo mandó a fusilar en la Penitenciaría, y el rescate de Rafael Alvarado Guerrero eran $10,000. Ese día, daba lástima ver a la madre y familiares pidiendo lo que tuvieran, y fue el caso tan impresionante que le prestaban por lista sin documento, y así completaron la suma, naturalmente al normalizarse todo, pagaron la deuda. Sánchez repartió ese dinero entre los que tenía en el Cuartel y así ellos estaban contentos.

Bográn empleaba un americano como Director de Correos y Telégrafos llamado Bertie Cecil. Al saber éste lo que pasaba, cogió un aparato telegráfico y lo arregló como un bulto y se lo echó al hombro; se disfiguró algo y se dirigió a Comayagüela.

Cuando pasaba el puente encontró una escolta y le preguntaron por Bográn y les contestó: "Yo no conocer ese bandido". Llegó muy a tiempo pues en Comayagüela no había oficina telegráfica. Inmediatamente avisaron a toda la República para que vinieran con las armas que tuvieran. La maniobra duró 8 días.

Para atacarlo ocuparon las casas vecinas. Dijeron que le iban a dar fuego a la pólvora del Cuartel y toda la gente, hasta con sus enfermos, se fueron a Comayagüela. Comunicaron las casas de don José Ferrari Espinoza, la de don Trinidad, la Corte Suprema, la hoy Imprenta de Calderón y la que ocupaba la familia Villar, hoy de Isidoro Soto. Hicieron comunicaciones del tamaño de una puerta y en la parte frente al Cuartel hicieron agujeros para tirar. La parte hoy de don Donato Díaz Medina, como era la que resistía el cañoneo, quedó por caerse, hubo que arreglarla ligero. Al fin de los 8 días y ya tan enfermo que estaba Sánchez, dispuso fugarse y con su gente rompió línea. Fue gran tiroteo. En la carrera, y como el dinero pesa, hubo gran riega. Las mujeres del pueblo atrevidas recogieron mucho.

Sánchez pasó por donde Celedonio Durón, camino de Suyapa, a media noche, y éste estaba enfermo, pero le exigió que se levantara y lo acompañara como guía. Llegaron hasta el Jicarito, jurisdicción de San Antonio de Oriente, allí se suicidó, y las tropas que lo perseguían lo trajeron ya muerto y atravesado en una bestia, y los miles de gente reunida en la ciudad, lo pasearon por las calles.

Así terminó la sublevación de Sánchez. Este como Gobernador hizo cosas buenas: ordenó el arreglo de las aceras de las casas; trazó el barrio de La Concordia donde hay actualmente buenas casas, calles adoquinadas, la Fábrica de Velas y Jabón, el Colegio de Niñas "Las Salesianas", la Estación HRN, la Logia Masónica con su elegante edificio, el lindo Parque Bográn, que al cambiar y venir otro partido, le quitaron el Bográn y le pusieron La Concordia. Ese parque se puede decir que es una imitación de las bellas ruinas de Copán.

Todo ese barrio, como antes lo dije, desde el cerro de La Moncada hasta dicho parque, era de los indios Naboríos.

Donde está el Hotel Marichal era una casa pequeña de un señor de Yoro llamado Fermín Andrade. Era extenso terreno. La esquina al lado Sur se la vendió al General Longino Sánchez y él edificó esa parte. Al morir Sánchez compró la casa el General Ricardo Streber, lo mismo que la esquina Norte y Occidental. Hizo una gran casa y allí vivió con su familia. Estaba casado con doña Ana Uclés, hermana del doctor en Leyes Carlos A. Uclés y primos de Marco Aurelio Soto. En la esquina Norte tuvo grandes negocios de comercio.

Al lado noroeste y a la salida de la ciudad hay un terreno que fue de un señor Fritzgarner, hoy de la familia Guilbert, y a la orilla del río Choluteca hay una piedra que le llamaban "La Piedra Grande". Allí hacía todos los años un señor que le decían Juan Frío, un rezo el 3 de mayo. Era una alegre fiesta celebrando la Cruz que la ponía en la parte alta de la piedra. Existe la piedra, pero Juan Frío se fue...

Otro recuerdo de la Administración Bográn en el edificio de la Universidad. El doctor Fontecha, alto empleado en esa Administración, no sé qué arreglo hizo con la Academia Española (él era español), pues cada mes se incorporaba un hondureño. El incorporado leía su discurso y le contestaba otro. Al doctor Trinidad Ferrari le contestó don Antonio López G. Hay un pasaje algo chistoso. Cuando le tocó su turno al doctor Alberto Uclés, fue un discurso eterno, a pesar de que él era tan instruido, el público ya estaba aburrido. Él había escrito su discurso en cuartillas de papel, en eso se le cae una y él se agachó a juntarla; el público aplaudió con locura porque había terminado, cuando se para, y dice muy sonriente: "Todavía falta", entonces la concurrencia pensó: paciencia.

Iba la Banda y obsequiaban cerveza. La última representación que dimos en ese salón fue una velada lírico-literaria.

Voy a referir lo de esa velada, no por mí, sino porque se trata de un amigo: Rafael Heliodoro Valle. Esa noche recitó él por primera vez sus "Jazmines del Cabo". Él estaba joven y galán; ahora hacen esas lecturas en plataforma; entonces era lo que llamaban "tribuna" y tenía gradas para subir. La novia era entonces una hija de don César Bonilla, y estaba sentada al pie de la tribuna. A medida que él recitaba, el auditorio sugestionado con sus palabras, veía los pétalos de los jazmines cayéndole a la novia. Yo ejecuté al piano la "Rapsodie Hongroise2 de F. Liszt No. 1, y puedo decir con orgullo que hasta esa fecha nadie la había tocado aquí, causó sensación al grado que el doctor Alejo S. Lara se puso en pie y dijo: "Quiero ver a Lupe tocando esa pieza que nadie ha tocado aquí." Qué tiempos ¿verdad?; todos esos recuerdos me vinieron la noche del 20 de diciembre de 1951 que estuve en ese salón.

El edificio del Correo Nacional fue hecho por una "Sociedad Católica de Señoras". Esa Sociedad se fundó a iniciativa del Cura Párroco de la ciudad, llamado José Leonardo Vijil, que está sepultado en la Catedral. Ese edificio se hizo para huérfanos. La Presidenta fue doña Vicenta Fiallos.

Tenían hasta Botica y la despachaba la señorita Micaela Villar. Esa Sociedad era numerosa, al grado que pudieron hacer su propio edificio. Al terminar, la Sociedad tomó dicha construcción el Gobierno pero siempre dejando una parte para la "Casa del Niño". Hoy el Gobierno del doctor Gálvez ha tomado y reedificado toda la casa, pero ha hecho en Comayagüela una elegante y cómoda edificación donde pueden alojar gran cantidad de huérfanos. Ese es el edificio del Correo Nacional.

EL SALÓN DE RETRATOS

Entre los años de 1888 a 89 se construyó el Salón de Retratos, llamado así porque allí lucía una elegante colección de todos los Presidentes, desde Dionisio de Herrera hasta Marco Aurelio Soto. El trabajo de los retratos fue encomendado a un fotógrafo cubano llamado Juan Aguirre, casado con una señora de Yucatán. Muy buena gente. Aquí vivieron muchos años. Era una pareja muy agradable.

El trabajo del Salón lo dirigió el doctor Fontecha; esos elegantes retratos con el tiempo fueron cambiados por unos inferiores. Cuando yo supe, investigué el paradero de ellos, pues deseaba obtener el del General Guardiola, recuperador para Honduras de las "Islas de la Bahía" y la Mosquitia, y hoy luce en la Sala Consistorial de Roatán. El caballero Mister Cooper, diputado por aquel Departamento, se encargó de llevarlo y obsequiarlo en mi nombre.

El Salón se construyó de dos pisos en los apartamentos en donde despachaba el Secretario Particular de Marco Aurelio Soto, que se llamaba Mariano Soto.

En esa parte y hacia el Norte hasta llegar al portón de la casa que ocupó la Lotería.

Allí se daban veladas, generalmente el 28 de septiembre, celebrando la llegada de los Pliegos de la Independencia.

Cuando se reunía el Congreso, el Gobierno obsequiaba un baile a los diputados. Algunas veces ellos correspondían por cultura.

En ese Salón también lucían elegantes espejos, artísticas sillas en el sitial, pues allí se daban las recepciones diplomáticas, bailes y memorables veladas lírico-literarias.

Había una estudiantina de señoritas dirigida por el filarmónico Felipe Pineda, que era muy bueno y tenía mucha paciencia. El estudio era en la casa Ariza-Agüero (hoy casa Argueta, 1952). No siempre tocaban todas en las veladas y eran: Salvadora Ferrari, María Ariza, Lupe Ferrari, Lola Inestroza, Camila Bustamante, Delfina, Luisa y Filomena Lagos, Isolina Lozano, Mercedes Agurcia e Isabel Midence. Aún conservo programas. Después de las veladas se terminaba con un baile. En aquellas fiestas se veía la gente culta, la gente decente y extranjeros asimismo.

Daba gusto oír a aquellos oradores como Juan Ramón Molina, José Antonio Domínguez, Rómulo E. Durón, Augusto C. Coello, don Pepe Gutiérrez Zamora, Froilán Turcios y otros.

En esos elegantes bailes gustaba ver bailar los valses de Straus. Había parejas que cuando bailaban, todos se paraban alrededor del Salón para que bailaran con libertad y se lucieran. También se bailaban: mazurkas, polkas y las lindas danzas cubanas con las cadenas que a veces eran en todo el local. Entonces nadie se imaginaba el mambo, etcétera.

Había bailes después de las veladas con su respectivo carnet.

En la administración del General Bográn el doctor Fontecha se entendía en todo lo relativo a esos bailes. Él manejaba todo y salía bien. El Salón era espacioso, además había sala de cena y de orquesta; para cantina, para abrigos de hombres y mujeres, y a cada uno le daban su respectiva contraseña. Tocador para las señoras y hasta con perfumes.

Se bailaba primero las cuadrillas españolas. Se formaban cuadros varios.

El Presidente de la República escogía su compañera y hasta que él se colocaba, hacía una pública inclinación de cabeza a la concurrencia como invitándola; se levantaban todos y se colocaban donde querían y formaban Tantos cuadros como cabían.

Al terminar la cuadrilla se seguía el baile con libertad y sin ningún desorden.

En el carnet había: primera parte y segunda parte. Conservo uno de la Administración Sierra con autógrafo. Entre las 12 y 1 a. m. era la gran cena en mesas; cada caballero escogía su compañera y se colocaban donde querían, menos en la cabecera de la mesa principal que era para el señor Presidente.

El complemento de la cena era: un vaso de cerveza o de buen vino. Había cantina libre y si a alguno se le pasaba la mano lo sacaban con discreción. Cuando se veía que la cena estaba terminada, la orquesta tocaba el principio de los Lanceros y ya el baile seguía sin etiqueta.

Hay que advertir, que mientras la concurrencia cenaba, también los músicos tenían su cuarto especial y eran bien atendidos.

INVITACIÓN Y PROGRAMA PARA UNA VELADA

Señor:

La Juventud Hondureña tiene el honor de invitar a usted para la velada Lírico-Literaria y baile con que celebrará el 28 del corriente mes, en el Salón de Retratos el LXXV aniversario de nuestra Independencia Nacional.

De usted atentos y seguros servidores.

Rómulo E Durón: Presidente
G. Bustillo G.: Secretario
Eduardo Guillén A. Segundo Secretario

Tegucigalpa, 23 de septiembre de 1896

Hora: a las 8 de la noche.

VELADA LÍRICO-LITERARIA

PROGRAMA

PRIMERA PARTE

1°. —Obertura. Por la Banda Marcial.
2°.—Discurso inaugural por el Presidente de la Sociedad, Rómulo E. Durón.
3°—.La Castañera.

Señoritas:
Isabel Midence: Mandolina
Delfina Lagos: Bandurria
Mercedes Agurcia: Bandurria
Salvadora Ferrari: Violín
Isolina Lozano: Violín
Filomena Lagos: Guitarra
Luisa Lagos: Guitarra
Enriqueta Ordóñez: Guitarra

Guadalupe Ferrari: Violoncelo
Camila Bustamante: Piano
Señor Felipe Pineda: Violín

4°.—"Mon âme à Dieu, mon cœur à toi", improvisación de concierto, ejecución en piano por la señorita Camila Bustamante.

5°. —Concierto No. 23, por Viatli, ejecutado en violín por el señor Carlos Hartling.

6°.—"Fausto", ejecución en piano y violín por la señorita Guadalupe Ferrari y el señor Felipe Pineda.

SEGUNDA PARTE

1°—.Poesía, por el doctor J. Antonio Domínguez.

2°.—Romanza "Non te scordare di me", canto por la señorita Isabel Lardizábal, con acompañamiento de piano, por la señorita Guadalupe Ferrari.

3°.—"Los Hugonotes", ejecución en piano por la señorita Rosinda Fiallos.

4°.—Sonata No. 9, por Beethoven, ejecución en piano y violín por la señorita Guadalupe Ferrari y el señor Carlos Hartling.

5°. —"Fanfare Militar", en forma de Marcha, ejecución en el piano, a cuatro manos, por las señoritas Guadalupe Ferrari y Camila Bustamante.

COMISIÓN DE RECIBO

Señora Matilde de Bonilla	Doctor Rómulo E. Durón
Señora Josefa de Ugarte	Don Eduardo Guillén
Señorita Concha Fortín	Doctor Antonio M. Callejas
Señorita Prisca Ugarte	Doctor Manuel S. López
Señorita Francisca Irías	Doctor Samuel Gómez E.

Publico esta información para que vean qué atrayentes eran el Salón de Retratos y sus fiestas.

Antes de que la ciudad tuviera agua potable, vivía aquí un hombre de apellido Montoya, originario de Yuscarán y había sido de buena gente, pues en su bautismo hubo hasta carrera de bombas y en sus estudios llegó a Bachiller. Descendió a jalador de agua, montado en un caballo y adelante un burro con unas botas, a 12 centavos la carga de agua.

El primer contrato para traer el agua se firmó el 31 de mayo de 1889 con los señores Jorge Gibson y uno de apellido Cole. Ambos americanos. El acueducto fue recibido e inaugurado el 10 de julio de 1891 en la administración del General Bográn. El agua, como hoy, viene del río Jutiapa en la montaña del camino de San Juan. Al ser inaugurado solo pusieron grandes llaves en las calles, en las esquinas de las casas. Allí iban todos a coger su agua. Con los meses vino la tubería para las casas.

Poco a poco se ha ido perfeccionando ese servicio; antes traían el agua en cántaros, los que las mujeres se ponían en la cabeza; no sabían como ahora que el agua no debe tener olor, color ni sabor. La traían del río Choluteca, y como la población era pequeña, no era sucia. Para tomar la traían de Guacerique o del Chorro, unos pozos al pie del Picacho. Decían que era muy buena, muy zarquita. Esos pozos aún existen en una propiedad que fue de un señor Crisanto Gómez, que era conocido por "Mi Yanto". Hizo una bonita casa a la que llamó La Esperanza, hoy de doña Carlota V. de Valladares, y ella ha hecho una hermosa casa con linda vista. Los pozos aún existen pero no son tomados en cuenta.

El mismo Gobierno de Bográn mandó al doctor Antonio Ramírez Fontecha a España a traer un cuerpo de profesores para fundar una Escuela Normal de Señoritas. Vinieron notables personas, Directora: una madrileña llamada Juana Lamas Bassó, Profesora de flores y bordado; Antonia Carbó que trajo un cuadro bordado a lausí representando la "Cena de Jesucristo con sus Apóstoles", habiendo ganado premio en la Exposición de Barcelona; un señor de apellido Montorio (hermoso hombre) murió en Costa Rica); un abogado Martos de la Fuente (murió en Comayagua); Italo Ghizoni, italiano, fundador de la Litografía Nacional; un ebanista de apellido Garcillán que hizo un lindo juego de sillas que lucían en el Salón de Retratos; Elisa García, Inspectora; Robustiano Rodríguez; y un señor Cañizares.

Se abrió la Escuela en la casa hoy frente a la Imprenta La Democracia que pertenecía al Licenciado Rafael Alvarado Manzano.

Por circunstancias especiales pasaron el Colegio a la casa frente al puente Mallol y que ya no existe por haberse incendiado.

Allí vivió el Padre Márquez que fue el primer propietario de las minas de Agalteca y su socio don José Francisco Zelaya.

En ese local estuvo el Colegio como dos años y hasta trajeron alumnas de los departamentos. A ese Colegio lo llamaban de las españolas. Allí no fui alumna yo, sino Profesora de piano.

Como antes ya hablé de haber presenciado el primer matrimonio civil en la República, también creo que dije que de ese matrimonio vinieron 3 hijos: América, Mulumulú y Guanacaní. Pues América aunque chica estaba en ese Colegio, de repente aparece dando gritos y tapándose los ojos y decía: ¡ay! mataron a mi papá, ¡mi papá está todo lleno de sangre!, y seguía tapándose los ojos como para no ver. Entonces la Directora la creyó nerviosa, enferma, y la mandó a su casa. Vivían en Comayagüela; admírese lector, un caso de telepatía. En la tarde vino la noticia, lo habían asesinado en Trujillo, a donde había ido en una misión del Gobierno. Aún existen testigos: Lastenia Callejas v. de López, Ramona v. de Pascua, de Santa Bárbara, Lupe v. de Hartling y otras.

Llegó al poder Domingo Vásquez, pero era tiempo de grandes revueltas en el país. Este ayudaba al Colegio y decía que si el país se normalizaba iba a organizar muy bien la Escuela. Desgraciadamente dejó el poder pues triunfó el partido contrario y no solo no les ayudaron sino que se fueron con muchas dificultades hasta llegar a España.

La Profesora de flores volvió costeada por sus alumnas. Estuvo un tiempo y regresó a su país por enfermedad. Al terminarse el Colegio vivió con su familia en esa casa Juan Pablo Torres. Después pusieron oficinas. Esa casa fue hecha por don Dionisio de Herrera en 1813, primer Presidente de Honduras.

Yo la conocí siendo de don Ramón Midence, que por bajito le decían Don Ramoncito y así lo conocían todos. Era casado con una señora llamada Vicenta Fiallos. Después fue del Gobierno. Hoy ya desapareció pues estaba abandonada porque amenazaba ruina.

AQUELLOS DÍAS DE REVUELTAS

Para la nueva generación que ha vivido en paz, la guerra es un fantasma lejano. No podré decir lo mismo yo, ni los de las anteriores generaciones a la presente, que sufrieron en toda su brutalidad, aquellas guerras fecundas solo en males para la República.

En aquellas revueltas que siguieron el año de 1891 hasta mucho después, el Gobierno trajo tropas del interior para sofocar una facción. Como el Cuartel de San Francisco estaba lleno de gente, dispusieron alojar la gente en la Iglesia. Todas las imágenes fueron sacadas del Templo y guardadas en las residencias de doña Francisca Cano, que era compañera inseparable de mi tía María del Carmen, en la casa de la Familia Guardiola y también en la de la familia Ferrari.

Era impresionante y doloroso ver a los soldados durmiendo en la mesa de los altares donde se celebra la Santa Misa. Esto es verídico y necesario decirlo para espanto de la juventud. Ya se puede imaginar cualquiera qué raro quedaría el Templo después de desalojado por la tropa. Al terminar la revuelta mi tía María mandó a hacer un repello general, pero no con fondos recaudados como se usa ahora, sino con su propio dinero.

Al repellar cerca del altar del Carmen, que por cierto es muy valioso, tropezaron los trabajadores con un cuerpo extraño. Excavaron algo más adentro y cual sería su asombro y el de todo el vecindario que acudió presuroso al descubrir el esqueleto de una criatura muerta por asfixia pues se le veía una semilla como de coyol en la laringe. Ese niño al ser enterrado allí debe haber pertenecido a una familia pudiente.

Al terminar ese trabajo vino la bendición del Templo y después la procesión de todas las imágenes reintegradas a su propia casa que les fue donada en 1589.

En diciembre de 1951 fui al edificio de la Universidad a presenciar la entrega de una mención honorífica en efectivo que el Gobierno daba a los señores José María Sandoval (Q. E. P. D.), Carlos

Zúñiga Figueroa y Luis Andrés Zúñiga. Este se lució con su brillante discurso dando las gracias en su nombre y en el de sus compañeros.

Al estar en ese edificio vinieron a mí mente muchos recuerdos. Teniendo yo 16 años y 6 meses, fue representada una Pastorela del Padre Reyes, dedicada al Presidente Bográn. La representación se verificó en el patio del edificio, en un escenario como el que tienen hoy los estudiantes para sus fiestas.

Eran las pastoras: María Lardizábal, Eugenia Bonilla, Lupe Ferrari, Matilde Lardizábal, María Galindo e Isabel Lardizábal.

Los batos: Manuel A. Bonilla y Rafael Ugarte Figueroa. Para los ofrecimientos al Niño Dios, fue la Virgen, Lola Bonilla, y San José Maximiliano Ferrari, ambos jovencitos. La Pastorela se llamaba Rubenia; el edificio no estaba lleno sino relleno. A todos los ovacionaron en el primer acto. En el segundo acto hubo algo atrayente y de lo que el público no se impuso. Lupe, que se llamaba Dalmira, al levantarse el telón, ella salió cantando y acompañándose con guitarra; no sabía tocar guitarra pero hacía el aparato lo mismo que de cantar. Atrás del telón estaba un señor viejo llamado Felipe Ugarte, que por cariño lo llamaban "Pipe". Ese tocaba la guitarra y cantaba como mujer, además cantaban doña Hortensia de Zelaya y una señorita vieja, Mercedes Retes. Ya pueden imaginarse ese trío oculto, pero la cosa gustó. Yo estaba emocionada y más que me tiraron palomas con versos amarrados en las patas, y hojas sueltas para todo el público. ¡Tiempos que no volverán!

Las casas del costado norte, calle de por medio del Teatro Palace, con una del señor Urbano Quezada, otra de los herederos de Marcos Carías Reyes, de dos pisos, y la tercera también de dos pisos, de don Federico Travieso, todo eso fue propiedad de una señora llamada Gervasia Gómez de Reyes. Los terrenos de la propiedad de esa señora llegaban hasta hoy La Leona, y fue muy trabajadora.

Desde donde hoy tiene la casa Travieso, comenzaba la gran pulpería. Tenía cinco hijos: dos hombres y tres mujeres. Los hombres se llamaban Carlos y Ramón. Este murió en una revuelta intestina y ambos fueron abogados. Las hijas se llamaban: Ana, Rosa y Lupe. Estas dos últimas estaban en el Colegio "El Progreso", y cuando se iban a dicho Colegio ya dejaban hecho a la madre el trabajo de la pulpería, como dulces y algo para el almuerzo del día. El esposo hacía lo demás, pues entendía mucho de cocina.

Ana hacía lo que se necesitaba al momento y arreglaba la casa.

Lupe era buena mujer y muy inteligente. Se casó con el doctor Marcos Carías A. Tuvo Colegio y dio buenos resultados. Rosa también se casó.

La Gervasia era de una parte del cerro, al Norte de La Leona, al que llamaban Sapusuca, y como ella no era de la categoría de las "Doñas" la nombraban "Na Gervasia Sapusuca", y al esposo "Pilupe". Ella fue enterrada con honores militares, ordenados por su yerno que tenía buena posición en el Gobierno.

Repito, los años 1892-93-94 fueron años tristes. Eterna zozobra. Fueron Presidentes en esos años: Ponciano Leiva, Rosendo Agüero y Domingo Vásquez. Esta humilde reminiscencia no solo contiene recuerdos de antaño, sino también recuerdos tristes.

En el año 1894 cuando en la hermana República del sur gobernaba el General Santos Zelaya, los nicaragüenses entraron a mano armada en nuestro suelo, apoyando una guerra civil entre hondureños.

Trajeron un fuerte ejército, equipado con toda clase de elementos bélicos para poner en el poder de Honduras a Policarpo Bonilla y a su partido.

Sitiaron a Tegucigalpa el 1° de febrero de 1894. El sitio propiamente dicho duró 22 días y los resistió tenazmente con sus valientes soldados, el General Domingo Vásquez.

Los sitiadores para mayor eficacia de su fuego, pusieron piezas de artillería en todas las alturas circundantes de la ciudad y desde allí sometieron a la capital a un verdadero diluvio de granadas.

Nosotros vivíamos al lado Sur del Cuartel de San Francisco y por ello abandonábamos la casa cuando sucedía esta clase de acontecimientos sangrientos. Estas revueltas de ingrata recordación, fueron tres los años, como antes dije: 1892, 93 y 94. Al mismo tiempo invadieron por la Costa Norte, donde resistieron los soldados valientes Francisco Cruz Cáceres y mi hermano Alfonso Ferrari (Q.E.P.D.). Desgraciadamente este fue herido en una pierna de la que afortunadamente solo perdió una parte. Los otros huyeron al interior, pues el número de los invasores era mayor.

En las dos revueltas anteriores solo entraron por la frontera de Nicaragua columnas de hondureños que eran vencidas, aunque no sin luchas severas por las tropas del Gobierno y regresaban derrotadas a su centro de abastecimiento y organización; pero en 1894, como antes indiqué, con los hondureños venía un fuerte contingente de invasión perteneciente al ejército de Nicaragua.

En esta última campaña mi hermano Maximiliano que, por su desarrollo físico parecía un hombre completo, apenas contaba con dieciséis años y era ayudante de honor del Presidente Vásquez, después de haber peleado con brillantez en Choluteca y otras localidades, a mediados del sitio, en una encarnizada acción librada en el cerro La Crucita o Sipile, fue gravemente herido. Cabe advertir que al principio del sitio estábamos con el resto de la familia Ferrari en la casa que, por muchos años, llamaron "Casa Quemada" por haberse incendiado totalmente en el año 1900.

Por ciertos inconvenientes dejamos esa casa y nos trasladamos a la de mi abuela Ana de Guardiola ya entonces fallecida. En esas tristes circunstancias trasladamos dos heridos: a Max y a Constantino. Nos arreglamos en un aposento que no tenía vista para la calle. Nos pareció que en ese sitio, Max que era el herido de más cuidado, allí estaría más seguro. Don Julio Villars estaba en el entonces Cuño Nacional componiendo cañones, tan buenos que se torcían a los primeros disparos.

Como los sitiadores se dieran cuenta de este último detalle, un día llovieron las granadas, posiblemente a la búsqueda del Cuño que quedaba en la vecindad, tratando de dominar ese centro productor de armamento. Por ese día mi hermano Max estaba sumamente grave y tenía una pierna horriblemente inflamada y le había sobrevenido la terrible gangrena negra. Claramente se apercibió en medio del estrépito del bombardeo que una granada había caído sin estallar, mi hermano me dijo, esa granada cayó en esta pared, precisamente al par del sitio de su cabeza y no estalló, "tráeme el revólver pues antes de perder la otra pierna prefiero suicidarme". Cogí entonces su cabeza entre mis manos, la junté con la mía, lo abracé estrechamente y le contesté: "Aquí está el revólver, muramos juntos".

Afortunadamente el fuego se contuvo, mientras yo permanecía como siempre al lado del enfermo como su solícita enfermera.

Buscamos entonces casa de dos pisos, muy escasas en esa época, como muy abundantes ahora que las hay hasta de cinco, y nos trasladamos al edificio donde hoy es el Museo Nacional, ocupando la esquina frente al Ahorro Hondureño y que entonces tenía puertas a la calle.

Esa casa pertenecía a los herederos de Pío Uclés y antiguamente había sido la Iglesia de La Concepción. Allí pasamos la famosa noche del 22 de febrero. Había una linda luna en el cielo claro y transparente. Como a las 10 p.m. oímos golpes de puertas en las tiendas del Parque Morazán lo que era indicio seguro de que los soldados se querían dedicar al robo. La situación nuestra por los vínculos de parentesco con elementos destacados del ejército Vasquista era horriblemente comprometida, pero en medio del bullicio amenazante se oyó una voz varonil del General Manuel Bonilla, ordenando a las tropas su inmediata concentración. En esos precisos momentos de angustia supe que habían llegado en demanda de refugio los Generales Julián López García y Mondragón.

Yo por ese tiempo, no conocía a esos valientes soldados, corriendo subí al segundo piso y los invité a que bajaran para que corrieran la misma suerte con nosotros. Ellos inmediatamente atendieron mi solicitud y me siguieron. Aunque sin conocerlos, en cuanto mi padre y Max los vieron, se sintieron reanimados y animosos frente a las circunstancias.

El General López García (Q.E.P.D.) fue mi grande amigo y aún recuerdo que me enviaba ricos duraznos de La Esperanza.

A los días pasados del desangre, regresamos a nuestra casa, y un día que arreglaban el tejado de la casa de mi abuela, se encontró el proyectil de que antes hice mención y que no estalló debido a la resistencia de la tapia de tierra. Conservé por muchos años ese regalito de los sitiadores de ese tiempo. Hoy está en el Museo Nacional.

Como mi hermano siguiera mal, tuvieron que amputarle el pie y parte de la pierna, habiendo hecho la operación el doctor Diego Robles y el doctor Salvador Córdova. Yo ayudé a los doctores y nunca olvidaré el ruido macabro del serrucho cortando los miembros que cayeron en mis manos. Llegó a ser después un valiente y leal General, que ocupó buenos puestos y que fue calificado cariñosamente con el nombre de "El Cuto Ferrari". Murió en San Pedro Sula el 18 de agosto de 1918, en la plenitud de su vida, y fue calificado como espada, franqueza, lealtad y corazón.

Conlindando por el Occidente con la casa de la familia Zúñiga Vega, había una casita de bahareque de un talabartero y que por viejo y gordo era conocido por el apodo de "Lino Poncho". La casita de Lino y una gran cuartería del señor Eusebio Fiallos, daba hasta donde es hoy la Policía Nacional, fue comprada en la Administración del General Bográn, y allí es hoy el elegante edificio de Telégrafos y Teléfonos (Administración Carías).

El alumbrado eléctrico para Tegucigalpa y Comayagüela, corresponde a los Gobiernos del General Manuel Bonilla y Miguel R. Dávila y fue inaugurado el 15 de septiembre de 1907. La sustitución de la vieja maquinaria de la Planta Eléctrica de 1907, fue hecha de 1927 a 1929 por los Gobiernos del doctor Miguel Paz Barahona y el doctor Vicente Mejía Colindres.

La elegante mansión del Abogado José María Casco era una humilde casita de un carpintero llamado Rafael Chapaleta. A este le hicieron un verso y en una parte decía: "Yo soy Juez de Paz, yo soy Juez de Letras, yo soy Chapaleta que le revienta la jeta.", él gozaba con su verso.

El edificio, hoy Las Américas, era de una familia Soto, Bruno, Cruz y Concepción. Límites: Al Norte propiedad del señor Urbano Quezada y al Oriente propiedad que fue de don Ponciano Planas. Vino un litigio de familia entre Cruz y Concepción, por ciertas intrigas ganó Cruz; le vendió el terreno a don Francisco Planas. Este hizo una parte de la casa de un piso y la alquiló a don Francisco Imboden y allí vivió con su familia; también vivió con ellos don Jorge Gibson uno de los contratistas para traer el agua a la ciudad. Después vivió con su familia hasta morir una hija de don Francisco, llamada Jesús Planas de Medina. Era esposa del General José Antonio Medina, y como era bajo de estatura le decían Medinita. Esta señora tenía una hija graduada en el Colegio de Belén, en Guatemala, Jesusita, como todos la llamaban, tuvo allí un Colegio particular. Sus discípulas la recuerdan con cariño. Al morir doña Jesús, sus herederos hicieron el edificio "Las Américas" y lo vendieron a un señor Divanna.

El hoy edificio Lázarus era un terreno donde antes nadie había construido casa.

El Sacerdote José Leonardo Vijil, Cura de Tegucigalpa, compró ese terreno e hizo una pequeña casa para él y sus dos hermanas y una anciana que lo había criado desde niño. El padre era pobre. Allí murió él y su hermana Lupe.

Su hermana Manuela la vendió al Obispo Martínez. En cierta ocasión estuvo como huésped un sacerdote ortodoxo de apellido Eutichides. Entendía mucho de medicina, hizo varias curaciones.

Después alquilaban apartamentos. Allí se suicidó don José Rossner, uno de los alemanes que le dieron vida al puerto de Amapala.

Con el tiempo se ha hecho el elegante edificio Lázarus.

La hoy Casa Uhler, hace muchos años que fue de una familia Tablas. Las hijas del señor Tablas eran: Florencia, Chon y Catalina. Al desaparecer ellas, la compró un General Ramón Zelaya Vijil. Él se ausentó y la casa fue ocupada varios años por familias que alquilaban. Hubo un Hotel, y en ese tiempo vino una compañía de jóvenes casi todos hermanos. Era de Zarzuela llamada "Unda". Mi esposo y yo hicimos la parte musical. Las funciones se daban en el patio. Ya antes habíamos hecho el mismo trabajo en el patio de la Universidad acompañando a una compañía "Caro" también de zarzuela.

TEGUCIGALPA OCUPABA UN TEATRO

Era verdaderamente una necesidad tener Teatro. Entonces el General Bonilla dispuso hacerlo.

El terreno donde hoy está era de don Miguel R. Dávila, que lo vendió, era monte lo mismo que el parque Herrera. Tampoco había Teatros para cine. Esos vinieron después.

El contratista fue el Ingeniero Cristóbal Prats (p.). Ese Teatro se terminó en la Administración Bertrand.

Para el estreno vino una compañía Uguetti-Severini y fue un éxito. Allí se han dado bailes elegantes, veladas y otros actos sociales.

En el frente tenía una lápida que decía: "Comenzado Administración Bonilla. Terminado Administración Bertrand".

Al desaparecer esos gobiernos y triunfar una revolución del partido contrario, la bajaron y la machacaron hasta deshacerla, no se veía ni una letra. Qué incultura, ¿verdad? Ese es el Teatro Nacional.

El doctor Gustavo Adolfo Walter fue el que comenzó a darle vida al barrio "La Leona", y a iniciativa de él se quitó el mausoleo de Carús y se hizo el parque.

En la casa frente al parque "La Merced", que ya no existe y que fue de don Miguel Ugarte, y allí vivió con su familia, como también el Padre Márquez, y que últimamente estuvo La Lotería Nacional, allí vivieron los Presidentes Bográn, Leiva, Agüero, Vásquez, Policarpo Bonilla y Manuel Bonilla, allí murió al amanecer del Miércoles Santo. Yo lo visité el lunes. Ya lo vi mal. Muy cariñoso me saludó, y entre plática y plática le dije: "Ya estamos haciendo la colecta para celebrarle el cumpleaños en La Leona, donde el doctor Walter, allí se celebraban siempre." Eso no era cierto; era por animarlo, pues estaba decaído, y muy triste me contestó: "No Lupe, ya me quiero morir, ya quiero llegar a la presencia de Dios, para que si he hecho algo bueno y merece premio, que me premie, y si he hecho algo malo que me castigue". (Palabras textuales.)

Su gravedad estaba muy secreta y su muerte se divulgó varias horas después. Los pabellones se izaron hasta las 6 a.m.

Su cadáver fue velado por dos días, a pedimento del pueblo, en el Salón del que se llamó "Palacio Viejo". A la vela asistió el pueblo en masa.Fue sepultado en la Catedral. El entierro fue el Viernes Santo y la procesión fúnebre sustituyó a la religiosa que fue suspendida. Se pusieron cortinas negras en las casas por donde pasó. Fue duelo general.

El Director de la Banda del Gobierno, don Carlos Hartling, compuso una marcha titulada "Paz Eterna", la que fue estrenada en el momento de inhumar el cadáver. La Cruz luminosa que está en la Catedral fue colocada entonces. La estatua que existe en el parque de La Leona fue costeada por contribución de sus amigos.

En el Palacio Viejo vivieron: Soto, Dávila y Alberto Membreño en su Presidencia interina.

El edificio de la Policía Central se hizo cuando Fernando Quintanilla fue Director de ese Centro. Los recluidos trabajaban para hacerlo.

Vamos a referir un chiste de ese tiempo, Administración Bertrand.

Como el aguardiente era más barato que hoy, y el pueblo se daba su gusto, tal vez en la calle caía un enfermito y era difícil llevarlo a la Central. El Director dispuso que se hiciera una carreta en forma de cajón cerrado y con agujeros para que el enfermo no se asfixiara. En la carreta los metían y nadie sabía a quién llevaban.

Ese vehículo era jalado por dos policías, y como las calles no eran adoquinadas como hoy, sino empedradas, hacía gran ruido. Al principio salían todos los curiosos, riéndose, y preguntaban ¿a quién llevan?, entonces los policías les exigían ayudar a jalar la carreta. Al imponerse de eso los curiosos, nadie salía. Frente a ese edificio, en esa línea de casas vivió el General Santos Guardiola. Él era del barrio.

Al terminar la antigua calle de los Horcones, hoy avenida Barahona, siguiendo hacia el Sur, y al llegar al río, había una casita con una linda huerta que la llamaban la huerta de "Tío Pedro". También siguiendo al Este y viendo al Norte, aún existe parte de un cerrito, y al Sur había un gran amate a la orilla del río, y decían: "el pie del Amate". Hoy todo edificado y el árbol y la piedra desaparecieron.

Colocándose al Sur del puente de la Hoya, y doblando al Oriente, hay un camino que conduce al barrio de La Lepe, todo aquello entonces inculto. Al llegar a un lugar llamaban los Tres Caminos: uno conducía a la Hacienda "Hato de En medio"; otro al "Agua Salada" y el tercero a la Hacienda "El Trapiche", camino de Suyapa. En esos caminos había una Cruz y cada uno que pasaba tenía por ley tirar una piedra. Antiguamente cuando mataban a alguien en un camino, tiraban la piedra y rezaban, hoy todo ha desaparecido.

Voy a referir una ocurrencia de Julito Lozano, como lo conocimos en el barrio, pues era hijo de don Julio del mismo apellido.

Una mañana fría, pues había llovido torrencialmente toda la noche, dispuso doña Munda de Zúñiga ir al "Trapiche", propiedad de ella, en donde estaba el resto de su familia. Pasó por mi casa a invitarme, y seguimos por la casa de don Julio; Julito estaba en la puerta, paradito, sin sombrero, tal vez ni café había tomado; es el caso que doña Munda, en medio de su carácter serio, hacía sus bromas. Con voz suave llamó al chico, se lo llevó en calidad de robo, para que Fita, como le decían a doña Josefita, su madre, lo buscara y no lo encontrara. Seguimos por el camino ya indicado y como por allí pasaban muchas carretas el lodazal era horrible. Saltábamos buscando lo mejor del camino. En esa fatiga, el chico pensó mejor que nosotras y, subidito en lugar alto y no encontrando cómo bajarse, dijo: "Niña Munda, echémonos al lodo, en no muriéndonos"; nos reímos y dijo Munda: "Tienes razón mijito y... abajo". Natural que llegamos llenas de lodo desde los pies, pero como allá estaba la familia, todo se arregló, y Julito pasó un día feliz. Hoy es don Julio, Señor Ministro, pero para mí, con el recuerdo de sus padres, es Julito.

PASEMOS A LA AVENIDA LA PAZ

Al pasar el puente comienza la Avenida. El que tuvo su casa antes de abrirla fue un señor Colindres, aún está, y otra casa pequeña donde hoy es la de Clare Vega, al lado norte.

Esa avenida comienza al lado sur, terrenos de Palmira, hoy propiedad de don Rafael Callejas; él ha vendido lotes y es un lindo barrio. Eso antiguamente no se llamaba Palmira, sino terrenos "Fernán Martínez". Sigue el terreno de don Carlos Zúñiga (Q. E. P. D.) y se llamaba el cerrito del Triunfo (alguna vez se dio allí algún triunfo), y era una pasada al lado norte por un caminito, casi al barranco, y al romper la calle encontraron fósiles de animales antediluvianos, que estuvieron a la vista de todos. Hoy están en el Museo Nacional. Los paseantes, antes de eso, en su mayor parte señoritas, compraban cañas en el cañal de Nicho Rosquete y se iban a ese cerrito a chupar y a veces llevaban a su casa. Yo, de niña, recuerdo a las señoritas Fernández, cada una con su caña, y pasaban por mi casa.

Esa avenida tiene mansiones elegantes. Allí viven sus dueños.

Don José Ferrari fue el precursor del Hospital General de Honduras. Por iniciativa suya se fundó una Sociedad encargada de arbitrar fondos para dicha obra de Beneficencia.

Y, al efecto, se comenzaron a levantar las paredes hacia el occidente del Teatro Nacional, las que ya estaban un poco elevadas y no se siguieron por causa de la vieja historia: reivindicación de los sagrados fueros del derecho de parte de los que venían contra los que habían llegado el día anterior. Soto construyó el primer hospital en el mismo lugar donde están los Ministerios.

Vamos a San Felipe. Esos terrenos valían muy poco, se dijo, y que una señora llamada Felipa, que le decían "Lipa Comayagua", posiblemente era de allá.

Fue una señora humilde y su negocio era vender ponches de leche, todas las noches, en el atrio de la antes Parroquia.

Desde temprano hacía el cocimiento en su casa y ya en la tarde arreglaba en su canasto un jarro de los que hacen en Ojojona, lleno de ponche cocido. El jarro lo ponía en un torzal de hojas secas de plátano y amarrado alrededor de modo que quedara redondo (a eso se llamaba yagual). El ponche lo hacía muy sabroso. El jarro en ese yagual no se movía y todo en el canasto. Llevaba pedacitos de madera de ocote para poner el jarro en tres piedras adecuadas y las dejaba en un puesto que no molestaban en el día. Encendía el ocote y ponía el jarro con su respectivo molinillo para estar batiendo el ponche que ya iba cocido y lo calentaba allí sin gran trabajo. También llevaba tazas y un trasto con agua y lavaba todas las tazas en la misma agua. Aparte, en una bolsa, una pachita con aguardiente y a cada taza de ponche le ponía un poquito. Como antes, en ese lugar no había puestos de venta, como hoy, Lipa vendía ligero sus ponches. A las 9 p. m. ya estaba en su casa. Así estuvo muchos años.

Como los terrenos antes valían poco, se decía que ella había comprado una buena parte y se la había heredado a don Trino Rivera, persona de su confianza y su cariño. También dejó otras dádivas y en cuenta un cortinaje para la Iglesia de El Calvario, el que me fue entregado. En la Semana Santa del año 1920 yo me entendía en el arreglo de la Iglesia para esa festividad y estaba en suma pobreza. Alguien me dijo lo de las cortinas y fui a él y me dijo, es cierto, y me dio 6 piezas de hermoso punto.

Don Trino Rivera obsequió la primera porción de terreno para el "Asilo de Indigentes", hoy Hospital "San Felipe".

Así conozco yo ese terreno.

La primera ampliación para el hospital se hizo cuando fue alcalde municipal don Juan Galindo H. y se pasó el hospital en la administración del doctor Miguel Paz Barahona, posiblemente comprando el terreno. En la administración Carías se construyó el hospital en debida forma, hasta con edificios para tuberculosos e indigentes, y el barrio cuenta con muy buena iglesia, cómodas edificaciones y aumenta cada día.

El sábado 21 de enero de 1905 se dio una velada. Aquí el programa:

PROGRAMA

Señor:

El sábado 21 del corriente, a las 8 p. m., tendrá lugar una velada lírico-literaria, en el Salón de la Universidad, a beneficio del "Asilo de Indigentes" establecido en esta capital. Conocidos como son sus elevados sentimientos de filantropía, no dudamos que usted se servirá honrarnos con su presencia, prestando así su concurso al alivio de los menesterosos, para lo cual tenemos la honra de invitarle en nombre de las Juntas de Beneficencia de Señoritas y Caballeros.

Mercedes Agurcia: Presidenta
Hortensia Díaz Z.:Secretaria
Alejo S. Lara: Presidente
Augusto C. Coello: Secretario

Nota: el valor se recibirá en la entrada a $ 1.00 por persona.

PROGRAMA
Primera parte

Obertura por la Orquesta
Discurso inaugural por el señor don Augusto C. Coello
La Sonámbula (Bellini), pieza para piano ejecutada a cuatro manos por las señoritas Isabel Agurcia y Juanita Díaz Z.
Desde mi ventana (versos de Luis G. Urbina), recitación de la señorita Ernestina Gallardo, con acompañamiento de piano y violín por la señorita Agurcia y don Carlos Hartling.

Segunda parte

Concierto obligado a violín, de C. de Bériot, ejecutado con acompañamiento de piano por el señor y la señora de Hartling.
El anillo de hierro, canto por la señorita Adriana Ariza.
Arabesco Sur un Thème Allemand (música de H. G. Andrée), ejecutada al piano por la señorita Camila Bustamante.

A Víctor Hugo (versos de Díaz Mirón), recitación por la señorita Adriana Ariza.

La Caridad. Monólogo dramático recitado por su autor don José Manuel G. Zamora, Cónsul de México.

Conocí a un señor llamado Manuel Sevilla, pero solo le decían "Mano Sevilla". Supongo que en aquel tiempo él pertenecía al partido liberal, pues siempre su corbata era una vara de cinta angosta, roja, la que llamaban cinta de a medio, hoy seis centavos, y solo le hacía una ligera vuelta de modo que quedaban largas las puntas. Él publicaba un periódico llamado "Los Pasos de un Libre", el número de pasos lo ponía en números romanos, que ya eran bastantes. Los amigos le daban contribución para la impresión y al salir les correspondía dándoles un número. Su ortografía no tenía regla, escribía como le salía: por ejemplo, gosar, bender, allar, etc. Tenía un remiendo en la frente, y decían que al hacerle esa herida, le habían maltratado los sesos y se los habían suplido con sesos de gato. Era poeta a su modo. Cuando tuvimos la estudiantina varias señoritas, de la que ya he hablado, él llegaba a visitarnos cuando repasábamos, y se le veía el gusto y nos publicó un verso que lo tituló: "Las diosas del Parnaso". Referían que en cierta ocasión se enamoró de doña Arcadia Vijil, después de Molina, y le llevaba serenatas cantando con su guitarra que la tocaba al estilo español, y montado en un buey, al que le amarraba una candela de cebo en cada cacho.

En su periódico, después del título, ponía un pensamiento, recuerdo dos: "Solo el genio comprende al genio". Otro: "Amor y muerte, únicas verdades". Después, el periódico perdió su mérito, pues cierto personaje lo tomó como instrumento político, aunque conservaba su primitiva ortografía.

SEMANA SANTA

La Semana Santa se celebraba con mucha religiosidad. Toda la gente de las aldeas venía y traía sus alimentos en abundancia para los Días Grandes. Las procesiones eran muy concurridas. La primera era el Domingo de Ramos, que salía de la Iglesia "El Calvario", el Señor montado en una burra y el burrito hijito detrás haciendo compañía. El Señor en una lujosa montura. En la última esquina, para llegar al hoy Parque, cerraban la calle con una gran cortina. Después de cierta ceremonia, se abría la cortina y ya pasaba el Señor. Decían: la entrada a Jerusalén, y toda la gente llevando palmas llegaba a la Parroquia. Allí era la gran Misa y la bendición de las palmas para librarnos de los rayos cuando había tormentas. La segunda procesión era el Martes Santo, que salía de la Iglesia "La Merced" y era la de San Benito, el Santo Negro que aún existe allí.

Esa procesión era la de los muchachos, pues todos asistían con sus velas encendidas. Los tiernos con sus madres y ellas llevaban las velas. El Miércoles había que ir a misa para ver una paloma volando que en cierto pasaje de la misa soltaban, y la llamaban la misa de la paloma.

El Jueves era impresionante, pues cada Iglesia arreglaba su monumento. Parecía que apostaban a quien lo hacía mejor. Este lo hacían al frente para que todos lo vieran. Hoy, en algunas Iglesias, ya lo hacen en la Sacristía y eso ha perdido mucho la fe. Era de ver la abundancia de flores y velas encendidas. En la Parroquia era de ley que la llave del Sagrario la sacara el Presidente de la República.

En la Iglesia de "San Francisco" se juntaban los jovencitos del vecindario para pedir limosna a los que llegaban a la visita del monumento. Esa limosna la pedían en un plato golpeándolo con una moneda, y decían: para San Francisco, para Jesús a gatas y para el Santo Monumento; y había uno que decía para el "Santo Gulumento". Esa limosna era para ayudar a los gastos que ocasionaban las ceremonias.

El Viernes Santo era la gran Procesión del Santo Entierro. Por las calles que pasaba, todos ponían cortinas. Los muchachos sufrían mucho ese día, pues hasta reír era pecado. No había ángeles de madera, como los hay hoy; eran jovencitos lindos arreglados. Después de la Procesión era ley ir a la Parroquia a rezar los 33 Credos en Cruz y arriba del Comulgatorio ponían una gran Cruz. Desde el Jueves Santo no sonaban las campanas, hasta el Sábado que en la Misa cantaban Gloria anunciando la Resurrección. Al comenzar el repique, todos en sus casas se ponían de rodillas y en cruz rezando tantas Salves cuantas duraba el repique, y decían que eran para cuando había alguna alma en pena, y la iban sacando. El Domingo eran las carreritas de San Juan y la Magdalena, anunciando a la Virgen que ya venía su Hijo.

FIESTA DE SAN MIGUEL

Otra gran fiesta era la de San Miguel, Patrón de la ciudad. No había vela en el Mercado ni en el Guanacaste, pues no existía ni el barrio. La Procesión del 28 venía de Comayagüela.

Recuerdo que cuando yo tenía de 4 a 5 años salí en un atributo (hoy se dice carroza). Con anticipación mi madre se iba a los barrios y me llevaba, no recuerdo dónde eran. Ella buscaba plumas blancas de jolote de las de la pechuga, unas vaporosas. Al regresar a la casa las teñía en colores, naturalmente al ponerlas al sol se esponjaban. Con esas plumas me arregló un vestidito y ella decía que representaba "La América". Para la cabeza me arregló algo que enseguida explicaré.

El atributo era una enorme caja tirada no sé si por bueyes o por hombres; pero sí recuerdo que adentro del gran cajón iban hombres y sonaban cadenas. San Miguel iba muy arriba. Junto con esos hombres iba mi tío Gonzalo que me llevaba sujeta con una banda para que no me cayera. Cuando pasaba el puente Mallol, iba muy despacio, pues era peligroso. Al pasar por la calle del Comercio, vino una ligera lluvia y en la esquina del hoy Hotel Honduras, antes casa de doña Pura Lazo, le pusieron a San Miguel un paraguas bien amarrado, para que no se mojara, pues es muy lindo. Solo oí decir, pues nosotras no podíamos ver. Recuerdo que mi compañera de al lado era una muchacha blanca, hermosa y de ojos azules. Después supe que se llamaba Trina Martínez, y que con el tiempo, en Guatemala, fue casada con el entonces acaudalado Rafael Samayoa. Hace pocos años murió en un accidente automovilístico allá.

Mi vestido fue muy trabajado. El turbante lo arregló mi madre de un último resto del plumero del caceket-hat, complemento de un uniforme de General que la reina Victoria de Inglaterra envió a mi abuelo Santos Guardiola, al ser firmado el Tratado de Anexión a Honduras de las Islas de la Bahía y la Mosquitia, el 22 de abril de 1861. El uniforme consistía en el sombrero caceket hat, que es de adelante para atrás con su respectivo plumero. El sombrero, estilo contrario, es el usado por Napoleón.

Hago esta aclaración, porque al Museo Nacional han obsequiado uno en esa forma y dice: "Sombrero de Guardiola". No hay tal. El complemento del regalo fue el vestido que lo tenía en Comayagua, y al ser asesinado, su asesino, que como quedó dueño de la plaza por varios días, lo usó. El caceket-hat se salvó porque estaba en Tegucigalpa, lo mismo que la espada. La espada era linda, con su preciosa caja, la vaina muy grabada, y en la hoja tenía esta inscripción: "Al Benemérito General Presidente de Honduras Santos Guardiola. Victoria."

Mi esposo hasta se retrató con ella. Por varios años la usó San Miguel para la función. Al morir mi abuela, la heredó un familiar. Al presente, no sé en poder de quién está.

ALGUNOS APODOS DE LA VIEJA TEGUZ

A: Acerola, Aceite de Linaza, Arado, Andandito, Atrevido Garzón, Avioncito, Alacrán de agua, Alcolichero, Alma Divina, Alma Pura, Almacén, Alzacuan, Alzadito.

B: Baqueta miada, Las Bambitas, La Bambarina, Julián Barandía, Barbero Soledad, Barrigón, Barroco, Bejuquillo, Berengena, El Bicho, El Bichín, Las Blandinas, Juan Bodongas, Bola de Nieve, La Bola de Oro, Bolero, Boliche, Juan Bombo, Bombillo, Borbollón, Boxeadora 13, Bristol Caraballo, Las Brujas, El Brujo, Las Budines, Buenas Noches, Burrapanda, Burro Tierno, Burrochinga, Burrinchin, Budín.

C: Los Caceritos, Caballo Galán, Caballa, Cabos Negros, Cabra, Cabra Brava, Cabro Prieto, Cabeza de Chancho, Cabulla Nantonia, Cacahuate, Cacalote, Caga Fuego, Caguamo, Cajón de Muerto, Caimán, Caja Prieta, Cala, Calambres Jesús, Calores Las, Calores del Diablo, Calzonuda, Camello, Campanario, Cananas, Canchías, Canela, Los Canechos, Canfunfia Ña, Cañafístula, Cañías, Cañón, Las Canjuras, Canónigo, Cansado, Canta Licio, Las Cantalicias, Capa de Lluvia, Capelio, Capirote Nor Pedro, Cara de Hacha, Cara de Humo, Cara de Muerto Triste, Cara de Nalgas.

Cara Sucia, Caraballo, Caracolito, Caranga Blanca, Caramelo, Carne Asada, Carranchinche, Carrizo, Carpeta, Carpeta Prieta, Carga de Agua, Carga de Leña, Carreta de Muerto, Carro Fúnebre, Cascabel, Casimiro, La Cataca, Catatona, Católico, Catorce, Cauce Seco, Cazador, Cemento Armado, Cemitón, Centavito, Centavito Pirujo, Cereza, Juan Ceresita, Las Chachas, Las Chachas Negras, Chachaguate, Chachalaca, Chachos Los, Chafa, Chafaina, Chaflán, Chaguate, Las Chajas Las, Chalupa, Chamela, Chamuscado El, Chancho Bravo, Chanchabrava, Chancha Lavada, Chancha Rocía, Chanchos Los, Chanchona, Chanclas Las, Chandoso, Changarrito, Chapaleta, Chaparrito, Chaparro, Chapín El, Chapita, Chapulín

Saltón, Chapulín de Tierra, Chara, Charamusca, Charrasca, Chato El, Chavitas Las, Cheche, Cheje El, Chele, Chele Loco, Chepona, Cheto El, Chevito, Chevo, Chicharra, Chicharrita, Chicharrón, Chichero, Chico Loco, Chico Triste, Chico Tullido, Chico Velorio, Chico Viejo, Chifles, Chiflón, Chifrijol, Chigüiro, Chigo, Chilillo, Chilillo Frito, Chimarrita, Chimina, Chiminico, Chinas Las, Chinche Juan, Chinche Picuda, Chinchiví Rosa, Chinita, Chinita de Oro, Chino, Chipilín, Chipirindanga, Chiquero.

Chiquirín, Chirrín, Chirrisco, Chispa, Chisme, Chismoso, Chiste Viejo, Chivito, Chivolita, Chivoloso, Chivona, Choco, Chocoyanas Las, Cholo, Chon 30, Chon Cachitos, Chon Joyas, Chon Pataste, Chon y Chona, Chon Mica, Choncito, Choncoy, Chonina, Chonita, Chonta, Chontaleño, Chonchina, Chorchas Las, Chorchina La, Chorro de Humo, Chotano, Choyita, Chubasco, Chucha, Chucharra, Chuchita, Chucho, Chucho de Agua, Chucho Mojado, Chueco, Chuequito, Chula, Chulaste, Chulo, Chululumo, Chumacas, Chumbimba, Chumpipas Las, Chunchaca, Chunches, Chupacabras, Chupón Manuel, Churro, Churumbela, Chururú.

D: Dientes de Sable, Divieso, Dodo, Doña Pancha, Don Chepe, Don Cheyo, Don Pancho, Don Rito, Don Tronco, Don Vicente, Donita, Doquillo, Doradita, Drácula, Duende, El Duque..

E: El Crudo, El Diablo, El Gato, El Indio, El Loco, El Mosco, El Viejo, Emperador, Enano, Enjabonado.

F: Fajado, Farolero, Farolito, Feto, Firuliche, Físico El, Flaco, Flaquito, Flan, Fleco, Fósforo, Fósforo Quemado, Fregador, Frijol.

G: Gabacha, Galán, Galanita, Gallo de Lata, Gallo Ronco, Gallito, Garabato, Garachín, Garafía, Garambulla, Garanza, Garbancito, Garcillán, Garfio, Garocho, Garrote El, Garrucha, Gavilán Prieto, Gavilanas Las, Gavioncillo, Gavilán el Grande, Gato El, Gato Sonto, Gato Tísico, Gavilán, Gavilán Grande, Gavilán Viejo, Gavión, Gaviota, Gaviota Blanca, Gorgojo, Gorila, Granadita, Granada Podrina, Gringo, Guacho, Guachinangos Los, Guajo, Guano, Guapote, Guapo, Guaro, Guasa, Guasamayo, Guasalos Los,

Guatusa, Guatusita, Guava, Guayabón, Guayacán, Guayaco, Guayana, Guayito, Guazalo, Guazo, Guita, Guitarro, Guitarrías Las, Guizo, Gusano, Gusarapín, Gurrumina, Guruperas.

H: Hormiga Loca, Huesito, Huevón, Huevo Duro, Huésped, Hule.

I: Indio Esteban, Indio Medina, Indio Viejo, Inés Mica.

J: Jáquima, Jazmín, Jesús Calambres, Jesús Migajita, Jicote, Jilguero, Jícaro, Jícaro Prieto, Jícaro Verde, Jilguero de Oro, Juan Bodangas, Juan Caballito, Juan Cantarranas, Juan Cumbo, Juan de Yina, Juan Frío, Juan Miado, Juan Para Atrás, Juan Patacón, Juan Pencas, Juan Platanillo, Juan Pura, Juan Ramón El Tuerto, Juan Repco, Juan Teresica, Juan Tamales, Juan Tamareño, Juan Velorio, Juanita.

L: La Olanchana, La Tigra, Las Chorchinas, Las Crudas, Las Cuticas, Las Gangas, Las Inglesas, Las Loritas, Las Lucías, Las Luchas, Las Medias Botellas, Las Picardías, Las Pirujas, Las Repollas, Las Vaquías, Leña Verde, Leperi Pedro, Lora, Lorita, Lora Pelona, Los Lagartos, Los Mancos, Los Mistelas, Los Mudos, Los Mulos, Los Musinga, Los Nicoyas, Los Panes, Los Pelones, Los Pochotes, Los Puritos.

M: Machuca Chiles, Machuca Peje, Macheta Moncha, Machetío, Machetón, Machos Pelados, Maco, Madama, Madrina, Maestro Limpio, Maíz Quemado, Majón, Malagueta, Malanoche, Malaria, Maleta, Malinche, Malpaso, Mamadedo, Mamón El Trino, Mandarina, Mandilón, Mandolina, Mangachas Las, Manga Verde, Manchita, Mandón, Manegua, Manfor, Mano Joyo, Mano Patón, Mano Sevilla, Manoneta, Manonuca, Manonucha, Manopla, Manos de Tiza, Mansito, Mantas, Manzarita, Mañanitas Las, Maraca, Maradona, Marateca, Marcial, Marce. Marcelino Galán, Marchanta, Maricón, Marín, Marión, Mariscada, Marita, Mariquita, Marola, Maroma, Maruca, Marulanda, Marzano, Mascafierro, Mascota, Maseta, Masín, Matasano, Matate, Matasiete, Matasuegras.

Mata Pollos Mercedes, Mateo, Matón, Matute, Mayonesa, Mayorquinas Las, Me Voy de Filo, Melcochita, Melenuda, Melón, Membrillo, Menor, Mercachifles, Merengue, Mercedes, Mesero, Mesías, Meza, Mi Yanto, Milagros Los, Mimi, Mina, Minina, Minino, Miñón, Mirlo, Misa, Misa Negra, Misón, Mister, Mistela, Mixto, Mocho, Mochuelo, Mocoso, Moda, Modisto, Mofle, Mofongo, Mojarra, Mojón, Moja Orejas, Molina Cejas, Molina Viejo, Momia, Momo, Monaguillo, Monarca, Moncho, Moncho Prieto, Monga, Mongolito, Mónica, Mono, Mono Frito, Mono Lisa, Mono Loco, Mono Sabio, Monsuga, Montañés, Montecristo, Montón, Monzón, Morado, Morenito, Moreno, Morir Soñando, Morolica, Mosa, Mosco El, Mosco Viejo, Mosqueteros Los 3, Mota, Moto, Mototaxi, Moy, Muco, Muda, Mulas, Mulas Las, Mulito, Mulule, Mundo, Muni, Musa, Musaraña, Musinga, Muto, Muyayo.

N: Nacastapas, Nacatamal, Nabonga, Naceta, Naceta Roja, Nabucodonosor, Naricitas, Naranja, Naranjita, Narizón, Narizón de Carreta, Nason, Nato, Naturo, Navas, Negrito, Nene, Neptuno, Nervo, Neto, Nicanor, Nicho Rosquete, Nicasio, Nico, Nicoya, Nido, Niebla, Nieve, Nigua, Nigua Negra, Niño Lindo, Niño Viejo, Nito, Noble El, No Me Mires, Nostalgia, Novato, Novillo, Nube, Nudo, Nuez, Nulito, Número Ocho, Nutria.

P: Paciencia, Pacha, Pachanga, Pachicho, Pacho, Pacho Viejo, Paco, Pacto, Padrote, Pagador, Pajaro Verde, Pajarito, Pajarón El, Palabra, Palaguasas Las, Palanca, Palandria, Palito, Palma, Palmera La, Palomo, Palomón, Palomita, Pamba, Pambito, Pambón, Pampán, Pan Blanco, Pancho, Pancho Pellejo, Pando El, Paniagua, Pantera, Pantufla, Pantuflada, Panzón, Papa Beto, Papa El, Papa Lencho, Papalote, Papayo, Papeleta, Papera, Papi, Papito, Papucho, Paraíso, Pared, Pareja, Pargo, Pariguayo, Parra, Parroquiano, Parte, Pasa, Pasita, Pastelito, Patachón, Pata de Buey, Pata de Caballo, Pata de Chucho, Pata de Cuche, Pata de Lora, Pata de Mecha, Pata de Pollo, Pata de Yuca, Pata Fina, Patache, Patacón, Patalora, Patas de Bronce, Patas de Gallina, Patas Largas, Patatero, Patilla, Pato El, Pato Loco, Patón El, Pauchico, Paucho, Paura, Pava, Pavo, Pavorreal, Payaso, Payasito, Pedrito, Pedrito el Flaco, Pedrito el Negro, Pegón,

Pejelagarto, Peje Viejo, Pelado, Pelambre, Pelícano, Pelilargo, Pelón, Pelón Nicho, Peloncito, Peluquero, Pena, Penco, Pencaligüe, Penca, Pencón, Pepa, Pepino, Pepita, Pepito, Peque, Pequeño, Pepo, Perico, Periquito, Perrita, Perrón, Perro Fino, Perro Loco, Perro Negro, Perro Prieto, Perro Sarnoso, Persiana, Pesadilla, Pescado, Pesebre, Peso Completo, Peso Muerto, Peste, Petaca, Petate, Petete, Peyo, Pichi, Pichicho, Picho, Pichón, Pico Blanco, Pico de Botella, Pico de Burro, Pico de Gallo, Pico de Puro, Picoloro, Picoroco, Picote, Picuda Rosa, Picudas Las, Picudo.

Piedra, Piel de Tigre, Pierna Larga, Pierna de Pollo, Pies Largos, Pifia, Pifo, Pigmeo, Pijama, Pila, Pilita, Pillo, Pimpollo, Pimienta, Pimpín, Pinapina, Pinche, Pinchito, Pindonga, Pingo, Pinguino, Pinolillo, Pino, Pinolero, Pinta, Pintado, Pintor, Pinzón, Piña, Piñata, Piñita, Piñón, Pipita, Pipitas Las, Pipon, Piporro, Piragua, Piraña, Pirigallo, Pirinola, Piripi, Pirulín, Pisado, Pisco, Pispireta, Pista, Pistilo, Pistón, Pita, Piteado, Pitillo, Pito, Pitón, Pituca, Pitusa, Pituto, Pituza, Pizarra, Pizarrín, Pizca, Pizco, Pizpireta, Pizpon, Pizote, Pizotas Las, Pizza, Plaga, Planchado, Planchita, Planta, Platanillo, Plátano Nicho, Platero, Platillo, Platina, Plata, Plenitud, Pletórico, Pocholo, Pocho, Pochote, Podrido, Poesía.

Pogón, Polaco, Polilla, Polin, Polito, Pollo, Pollo de Leche, Polvo, Polvorón, Pomada, Pomadita, Pomo, Pompilio, Pompón, Poncho, Poni, Ponqué, Pons, Ponta, Ponzón, Popoluca, Poroto, Porfirio, Porra, Porrón, Portillo, Portón, Posada, Postre, Potente, Potrillo, Pozole, Prego, Precio, Predicador, Prefecto, Pregón, Premio, Príncipe, Prieto, Primo, Príncipe Azul, Prieta, Primavera, Primitivo, Primo Juan, Prita, Prisión, Privilegio, Prócer, Profe, Profesor, Programa, Promesa, Propina, Provecho, Pucha, Puchero, Puchín, Pucho, Puco, Puerco, Puerta, Puesta, Puga, Pulga, Pulguero, Pulido, Pulo, Pulpito, Pulpo, Pulquero, Pulsera, Pultio, Pulula, Pulvinito, Pum, Puna, Punción, Pundonor, Puñal, Puñalito, Puñetazo, Punzón, Pupitre, Pupusa, Purificación, Puro, Purón, Purrón, Purulento, Pusa, Pusanga, Pusca, Puso, Putas, Puto, Puyón.

Q: Queja, Queques, Quenque, Quesada, Quesitos Las, Quijada, Quijote, Quilate, Químico, Quina, Quindío, Quingue, Quino,

Quinsapote, Quintal, Quintín, Quinto, Quiquirimau, Quisiera, Quisqueya, Quitapesares, Quinto Piso.

R: Rabia Santos, Rabito, Rabo de Gato, Rabo de Puerco, Rabo Largo, Rabón, Racan, Racho, Ración, Rada, Radeón, Rafael, Rafi, Ráfaga, Ragalón, Rama Seca, Ramal, Rámila, Ramón, Rana, Rancho, Ranero, Ranita, Rapado, Rapazón, Rápido, Raposo, Raspón, Rastrojo, Ratón Ahogado, Ratón Blanco, Ratón Prieto, Ratero, Ratero Viejo, Ratón Pérez, Rayito, Rayo, Rayón, Rayuela, Razón, Rebajado, Rebelde, Reboso, Recado, Receta, Recio, Recogido, Recreo, Rector, Recuento, Redondo, Refajo, Refino, Reflejo, Refrán, Regalado, Regalo, Regazo, Regia, Regidor, Regimiento, Regio, Regla, Regocijo, Reja, Relámpago, Relato, Relleno, Relicario, Religión, Reluciente.

Remacho, Remanso, Remedio, Remero, Remiendo, Remigio, Remolino, Rempujón, Renacuajo, Renacimiento, Rencor, Rendido, Renegado, Reo, Reparador, Repique, Reposo, Represa, Represalia, Repuesto, Resabio, Rescate, Reseco, Resina, Resma, Resorte, Respeto, Resplandor, Respiro, Respuesta, Resquicio, Resta, Restituto, Restos, Resumen, Retazo, Retazo Viejo, Retén, Retiro, Retroceso, Retuerce, Reuma, Reunión, Revista, Rey, Reyecito, Reyerta, Rezador, Rezo, Rial, Riata, Rifa, Riel, Rifa Vieja, Rigor, Rin, Rincón, Rincón Viejo, Rincón de los Ríos, Rincón del Diablo, Rincón de los Mártires, Rincón de la Virgen, Rincón del Sol, Rincón del Fuego, Rincón del Infierno, Rincón del Gato.

Rincón del Lobo, Rincón de la Muerte, Rincón de las Almas, Rincón de las Tinieblas, Rincón de la Esperanza, Rincón del Olvido, Rincón de la Caridad, Rincón de la Redención, Rincón de la Paz, Rincón de la Gloria, Rincón de la Misericordia, Rincón del Amor, Rincón de la Fe, Rincón del Perdón, Rincón de la Gracia, Rincón de la Luz, Rincón del Alba, Rincón del Crepúsculo, Rincón del Día, Rincón de la Noche, Rincón de las Estrellas.

Rincón del Viento, Rincón del Mar, Rincón del Río, Rincón de la Montaña, Rincón del Valle, Rincón de la Selva, Rincón del Desierto, Rincón del Jardín, Rincón de las Flores, Rincón del Árbol, Rincón del Fruto, Rincón de la Semilla, Rincón del Campo, Rincón del Huerto, Rincón del Bosque, Rincón del Prado, Rincón del Pasto,

Rincón del Trigal, Rincón del Maizal, Rincón de la Cosecha, Rincón de la Tierra, Rincón del Mundo, Rincón del Universo, Rincón del Horizonte, Rincón del Camino, Rincón del Sendero, Rincón del Puente, Rincón del Cruce, Rincón de la Encrucijada, Rincón del Recodo, Rincón de la Curva, Rincón de la Cuesta, Rincón del Llano, Rincón del Cerro, Rincón de la Cima, Rincón del Valle, Rincón del Pozo, Rincón de la Fuente, Rincón del Manantial, Rincón del Arroyo, Rincón del Lago.

Rincón de la Laguna, Rincón del Pantano, Rincón del Estanque, Rincón del Riachuelo, Rincón del Océano, Rincón de la Bahía, Rincón del Puerto, Rincón del Embarcadero, Rincón del Muelle, Rincón de la Playa, Rincón de la Arena, Rincón del Coral, Rincón de la Ola, Rincón de la Marea, Rincón del Faro, Rincón del Navegante, Rincón del Marinero, Rincón del Capitán, Rincón del Pescador, Rincón del Barco, Rincón de la Nave, Rincón de la Vela, Rincón del Timón, Rincón de la Brújula, Rincón del Rumbo, Rincón del Viaje, Rincón de la Travesía, Rincón del Retorno, Rincón del Puerto Seguro, Rincón de la Aventura, Rincón del Descubrimiento, Rincón del Horizonte.

POEMAS A TEGUZ

TEGUCIGALPA DESDE EL CERRO DE HULE

I

Bella, indolente, garrida,
Tegucigalpa allí asoma
Como un nido de paloma
En una rama florida.
Hoy aparece vestida
Con traje primaveral,
Como una dama oriental;
Porque viene en son de gala
Una flor de Guatemala*
A prenderse en su cendal.

¡Cuál brilla entre verdes hojas!
De un sol a los reflejos
Parece, vista de lejos,
Ave blanca de alas rojas.
Notas de dulces congojas
Le da el agreste ciprés,
De ondas de luz a través

Ostenta altiva, esplendente,
Diadema azul en su frente,
Sandalia blanca a sus pies.
Entre gasas de colores
Muellemente recostada,
Semeja una desposada
En su tálamo de flores.
Pabellón de albos vapores
Tejen los vientos livianos
Que aduladores y urbanos
Le besan la frente lustrosa,

Mientras ostenta orgullosa
El verde orbe de sus truanos.

Yo, de abatida desventura,
Yo, de humillado silencio ejemplar,
En silencio la contemplo,
Y en silencio la saludo,
Cubierto con el escudo
De triste y noble aspiración,
Palpitante de emoción,
De tiernas lágrimas vengo
A ofrecerle lo que tengo,
Mi lira y un corazón.

II
En Tegucigalpa

Tus balcones y tus patios
Tus aires me dan albricias;
He encontrado en tu pueblo alegre,
Generoso, hidalgo, franco,
Traigo el pensamiento puro
De sueños color de rosa,
De armonías muchas,
Limpio, modesto y sencillo.
No hay adornos ni andamia
A mis himnos y a mi canto.

Yo no uso de extraños modos
De allá de moradas lejanas,
Contento estoy de tus campos,
De tu cielo y tus mañanas.
Yo contaré a tus hermosas
En mis sencillas canciones,
Consejas y tradiciones
De edades más venturosas:
Mil leyendas vaporosas

De cautivas y señores,
Romances de trovadores;
Y les contaré baladas
De princesas encantadas
Por duros encantadores.

Yo les diré cómo riela
La suave luz de la luna
En la escondida laguna
Que el sauce llorando vela:
Yo les diré cómo vuela
El viento en el bosque umbrío,
Cómo titila el rocío
Del alba a la lumbre escasa;
Cómo bulle y cómo pasa
Peinando lirios el río.

Yo soy un ave viajera
De otros mares, de otros climas,
Que vengo a regar mis rimas
En la hondureña ribera.
Me sirve de compañera
Mi modesta inspiración;
No traigo altiva invención
De otros pueblos, de otros lares,
Pero traigo en mis cantares
Algo dulce al corazón.

Me dijo un Ministro* así,
Cediendo a una voz secreta:
—¿No tienes patria, poeta?
Tengo patria para ti...
Hoy vivo feliz aquí
En este vergel risueño:
Aquí siento, y aquí sueño
Con amor tan soberano,
¡Que si no fuera cubano,

Quisiera ser hondureño!

Me trajo aquí la amistad:
Yo vengo de amor provisto
A predicar como Cristo
¡Concordia y fraternidad!
Que rompa la deslealtad
Sus fratricidas puñales,
Que los aprestos marciales
Al olvido se condenen,
Y sólo en tu seno suenen
Los martillos industriales.

Dos jóvenes de alto ardor*
Desciñen con mano amiga
Tus harapos de mendiga
Y te visten de esplendor.
Ellos te dan paz y honor,
Rasgan tus nubes oscuras,
Son tus esperanzas puras...
¡Cubrid sus huellas de palmas,
Porque palpita en sus almas
El alma entera de Honduras!

¡Oh dichosa población!
Ya que el mal de ti se aleja,
Dios te salve y te proteja
¡Y te dé su bendición...!
¿Lo ves? Trabajo y unión
Ya transformándote van.
¡Que unión! dicen con afán
A las hondureñas greyes:
La sombra del Padre Reyes,
Las manos de Morazán.

JOSÉ JOAQUÍN PALMA

TEGUCIGALPA

Perdida en la amplitud de mi recuerdo
o fija en el azul de mi poesía,
si en el boscaje de tu amor me pierdo
cultiva rosas para el alma mía.

Quiero sentir el aura de tus montes
—a la luz de mi cálida ilusión—
y decir a tus claros horizontes
que aún tengo para ti mi corazón.

Porque eres la ciudad extraordinaria
cuya heroica vida legendaria
merece cantos de hermosura ideal;

Y porque si las águilas han sido
las que en tu seno fabricaron nido,
jamás en ti se perpetúa el mal.

ADÁN CANALES

TEGUCIGALPA

Madre ciudad de cuyo augusto trazo
fue el heroísmo su primer diseño;
madre ciudad en cuyo fiel regazo
se abrió como una flor mi primer sueño.

Calvario de fecundas redenciones,
siempre inmortal y siempre noble y bella;
ciudad que para nuestros corazones
era la sola y peregrina estrella.

A la sombra viril de tus picachos,
del heroísmo y del honor penachos,
sedeño y blanco se colgó mi nido;

y es mi más hondo afán reconcentrado
dormir eternamente calentado
al fuego de tu sol siempre encendido.

AUGUSTO C. COELLO

LA CASA DE LAS AMATISTAS

Madre Tegucigalpa: a ti regreso
diariamente en nostalgia que me quema,
mi corazón engarzo en tu diadema,
beso tus ojos y tus sienes beso.

¡Qué azul el de tus ojos! ¡Qué embeleso
ver el airoso arcángel de tu emblema!
Tu campana mayor es una gema
y en su ámbito de nácar estoy preso.

¡Tu catedral es una equilibrista
paloma que se fuga hacia el morado
cíngulo de tus cerros de amatista!

Ciudad de amor azul y de alma mía:
soy el novio más fiel que te ha besado
y te besa en el pan de cada día.

RAFAEL HELIODORO VALLE

MADRE COMAYAGÜELA

¡Oh, Villa de Concepción!,
mi natal Comayagüela,
india de huipil bordado
y enagua con lentejuelas.

Cuando pienso en el terruño
mi memoria te recuerda

como un carmen cuyo aroma
se desborda hasta La Cuesta:
olor de flores y frutas,
de claveles y gardenias,
de perotes y membrillos
y guayabas peruleras...

Cuando los peces plateados
se esconden entre la arena,
como ancianos dormilones
tus ríos echan la siesta,
y también duermen de noche
mientras que tus puentes velan.

Con su traje dominguero
amaneció peripuesta
la Villa de Concepción,
porque ha empezado la Feria.
Se ha puesto su pañolón
y sus mocasinas nuevas,
sus peinetas de carey
y su soguilla de cuentas.

¡Nunca se ha visto mejor
dogal que el de sus dos trenzas
o imán más irresistible
que el de su boca bermeja!

La Feria de Concepción
es la feria de las ferias,
con misas y procesiones
y jolgorios y verbenas.
Los fuegos artificiales
son surtidores de estrellas,
y el Parque es un mar humano
en las noches de retreta.
Se baila con la marimba
bajo rústicas glorietas,
mientras los nacatamales
tentadoramente humean.

Los jugadores de siempre
se apiñan en las ruletas,
los hombres monosilábicos
y parlanchinas las hembras;
todos esperan ganar
y pierden al fin de cuentas.
Cansados y displicentes
por fin a casa regresan,
cuando se apagan las luces
y se encienden las luciérnagas...

Di a la Virgen de Suyapa
que por qué te hizo morena.
Me imagino que sería
para que fueses más hembra.

Siento que la sangre tuya
es la que grita en mis venas,

porque te llevo en el alma
como un tiempo de oropéndolas,
porque me sigo sintiendo,
amada Comayagüela,
tuyo, como la casita
donde vi la luz primera.

GUILLERMO BUSTILLO REINA

DIARIO DE TEGUCIGALPA

1

Aquí, en Tegucigalpa, vivo en lo alto,
en La Leona, así, ahí,
al alcance no más de mi mano
se ha quedado enredado en la teja
una estrella.
¿Son las mismas estrellas?
Son más grandes, diría, más cordiales.
En un segundo pienso: si no estarán bajando
como gatos de angora
a lamernos las manos.

2

Esta gente sencilla no me habla,
canta al hablar,
—diástole y sístole sus diapasones—
tal ritmo, tal cariño,
que sueño que esta gente, al hablar,
une en vez de palabras, corazones.

3

Callejas desiguales,
ocres las tejas de menudas casas.
Un cerco de montañas jugando con sus pinos
y un aire libre y franco que azota las ventanas
y nos pinta en los ojos verdes elementales.

4

Comayagüela,
cómo suena a romance.
A niña que va al río a sonar piedrecillas
huyendo con sus manos por el agua

del dolor de la escuela.
Una dulce nostalgia nació en Comayagüela,
y luego hablar de estrellas y tunas disecadas.
Así de esta manera principiar la novela.
Muchacha: tu ternura debió nacer aquí,
aquí en Comayagüela.

5

Te digo mi cariño.
Unas horas de ti, pueblo sencillo,
y ya en tu ingenuidad presiento
que me estoy madurando otra vez niño.
Esto de hacerse niño, como Jesús quería,
no es cosa fácil,
porque hay que amar las cosas con nombres nuevos
y deletrear la luz, los pájaros, las nubes
y salir al camino a dar los buenos días.

6

Buenos días, te digo, hermano campesino.
Tú también, como el mío, el indio de mi tierra,
tienes la soledad lustrosa de heroísmo.
Él es un cactus grave, tú un pino que camina
pero los dos ostentan, encendidos,
la imagen de Lempira.

7

Estoy en La Concordia.
Pongo miga de pan en la banca,
las manos y la ropa
para que lleguen volando,
más íntimas y blancas,
a comer las palomas.

Árbol de nudos viejos, hoy debo parecerte,
así con las palomas, como un árbol de cuentos.

8

Patoja,
patojita,
blanca tu estrellita,
mi estrellita roja.
Brinca tu estrellita,
bríncale otra vez
antes que la sombra
se enrede en tus pies,
que yo sin brincarla
ya me fatigué.

9

Estoy leyendo versos, los que leí de joven.
Separo sus palabras y las pongo en la mesa
donde escribo las viejas y las nuevas palabras
y no sé si es antigua o es nueva su tristeza.

Esta verdad me asedia, mas honda aquí en Honduras,
donde el pino camina sin pisar asperezas;
el hombre sufre y sueña
sin alcanzar su angustia del sueño la estatura.

10

Llegó carta de México.
En el timbre asomaba un poco de paisaje,
una miga de luz y una brizna de aire.
Estaban, ¡ay!, mis lunas con su sombra,
sus trocitos de angustia elástica y café,
cuando sufríamos cosas tan vagas y azarosas
con Attolini, Ramos, Segura o no sé quién.
Cuando iba sombra adelante
por barrios donde hay árboles
y un surtido de voces y ese trémulo instante
en que se mira el hombre casi sentimental
y hay caminos, caminos, en las noches huidas
y aparece en el tiempo un espacio fugaz.

Todo esto que me llega encanecido
en el timbre postal.

11

Es cosa triste interrumpir la voz
que familiar le era al aire de los hombres.
Mas cuando el hombre dice cantando su presencia
y el aire, por su voz, es como flor abierta,
entonces, qué dolor el del aire sin conciencia,
qué viudez la del agua sin su mano,
qué orfandad la del pájaro
si rizándole fue barcos de sueño
y aprendieron con él a deletrear su nombre.
Tegucigalpa: ha muerto tu poeta.
Es de Turcios la noche, ha entrado a su silencio.
Él, que consigo trajo su parcela de cielo,
de tu cielo que sabe caminar por montañas
y jugar entre pinos sin aruñar su anhelo.
Ha muerto tu poeta
y principia su noche con luceros.

12

Tegucigalpa, no tienes resplandor.
Duermes, como duermen las plantas,
las hierbas y el silencio sin flor.
Un coro de luciérnagas te vela.
Casi un presentimiento
de lucecitas,
velitas de colores que encienden las abuelas
en la noche cordial del Nacimiento.

13

Circundada te ves con sombras carpinteras
que acepillan tu ruido,
uno que otro ladrido,
el chafar de la luz en las estrellas
o un pino que se rueda

suicida ya su verde renegrido.
Todo lo que te acerca a tu silencio exacto,
al minuto que en ti se ha detenido.

14

Me despiertan las manos largas de las campanas.
Se salen de la torre a jugar sus palomas
y caen en el silencio sus aromas
de sueños que en las nubes se deshojan.
Brincan desde la iglesia las campanas,
se quedan a reír entre los árboles
y a crecer en las tejas de las casas
con las flores hermanas.
Así Tegucigalpa despereza.
Mientras le llega el sol corriendo por los cerros
y principia la vida, su risa y su tristeza.

15

Hay crepúsculos de ululante destino,
de agónicos colores y estaturas.
Andador de silencios, éste de Honduras
viene sobre los zancos de sus pinos
más alto, más ágil, más seguro,
como hombre que se sabe sus caminos
y trae la dignidad del peregrino.
Hace una luna justa que lo miro:
llega por la montaña y por ahí se va
cada vez más solemne, más indio,
como flecha de un arco de colores,
roto en lágrimas de oro su destino.

16

Estoy contigo en una lucha extraña,
buscándote y buscándote en tu entraña
por asirte y hacerte a ti a mi vida.
Creciendo como niño a tu medida
me unto a tus piedras como sombra huraña.

Si suenan en el aire, volando, las palomas,
su resonancia blanca es de burro flautista,
en los labriegos pinos
y la luz, con sus manos de soñador bautista,
dibujando los montes, el río, los caminos,
por mí deja en la casa a crecer sus palomas.

17

Inicia el sol su vuelo con palomas
y van y vienen riendo
travesuras de nube
ensortijan al aire con sus juegos.
—¿Tiene usted candelia?
—No señora —se dicen—, más por ahí jumea.
y vuela la paloma
quebrándose en ausencias
su campana viajera.
18
La Navidad me dice:
—¿Cómo iba a sentirme a gusto
en las grandes ciudades?
No has visto una emoción que sea muy ancha
y si el placer se estira ya es disgusto.
Aquí estaré muy bien, aquí en Tegucigalpa,
bajaré por los cerros con mi carga de pinos,
entraré a la ciudad diminuta y caliente como establo,
colgaré como estrella a los caminos...
Por entonces, tú y yo,
diremos villancicos.

19

Esta noche ardillita
que va de un lado a otro
como si no quisiera
faltar a alguna cita.
Aquí está en la ruleta,
la locuela,

con su último lempira.
Aquí estoy yo también,
Comayagüela,
aquí estoy lleno
de sencilla emoción,
jugándote en un "pleno"
esta última canción.

20

Cuántas de estas mañanas
con paloma,
guarda ya mi alcancía.
Tegucigalpa, si atesoro
el oro volador de tus campanas
y guarda mi avaricia tu armonía
con azarosa mano,
es que sueño que un día,
cuando me sienta anciano,
romperé esta alcancía.

21

¿En qué tiempo, qué edad
es que fui campesino
de esta tierra de Honduras?
Mi paso es familiar
al aire y a la tierra del camino
y está a sus anchas
aquí mi soledad.
¿Que no sembré yo mismo las estrellas
que al alcance de mí están maduras?

22

Ya me sé de memoria tus ruiditos,
picoteando en tu río
quietecito.
Jugando a la momita ciega con el frío
y tus casas vendadas con neblina.

Cuando escondes tu cielo
a nuestros ojos
con escándalo limpio de chicuelo
y no sabemos ya si son tus casas las que vuelan
o si tus casas, con palomas,
sentados en los bancos de una escuela.

23
Mañanita llegada a luz
en un clima feliz de mariposas
y exigencias de espuma,
en que las cosas
principian a crecer y a ser
por vez primera luminosas.
Mañanitas de enero,
—con la tibia vigilia de las rosas—
llega Tegucigalpa a ti,
goteando todavía su lucero.

JOSÉ MUÑOZ COTA

A LA CIUDAD DE TEGUCIGALPA

Suspenso bajo el ocre ponentino
te ofreces en el cuenco de la mano
de Dios, que te sostiene en repentino,
angélico equilibrio de agua y llano.

Todos tus pinos son un solo pino
gigantesco, en el bosque casi humano,
herido por el sol al decembrino
oro crepuscular de su verano.

Frontera del abismo y de la estrella,
lección de espacio, cálculo de huella,
oficio de la luz, troquel divino.

Clara ciudad, inmaterial comarca:
el ojo tiene que tu forma abarca
temblor de luz y soledad de pino.

VÍCTOR MALLARINO

FANTASMA

Blanca ciudad con ajedrez de teja,
quiero soñar para curar la herida.
Ardió mi corazón color de abeja
en miel sencilla, pura, impresentida.

La estampa igual y la leyenda vieja,
aquí el amor que presidió mi vida:
una noche, un almendro y una reja...
¡Y la ilusión, que naufragó enseguida!

Visión fugaz, aérea, transparente,
¡qué nos pasó...? Te fuiste de repente
y hoy entre zarzas de inquietud me pierdo.

Y lejos, con chirrido de agonía,
muele el silencio de la calle umbría
¡la carreta sin bueyes del recuerdo!

ELISEO PÉREZ CADALSO

SONETO A TEGUCIGALPA

Me haces falta, ciudad, ya que tu aroma
debe haber impregnado mis sentidos.
En el recuerdo tu estandarte asoma
y en mi pecho se escuchan tus latidos.

Tus pobladores con el mismo idioma
te dieron lo amoroso de sus cuidos
y del ambiente tu habitante toma
el aire limpio de los robles idos.

Eres hecha de piedra y de sonidos,
de repetidos vuelos de paloma,
de jardines con ángeles dormidos.

En tu huerto creció la mejor poma
y por tener los climas confundidos
con la lluvia tu cielo se desploma.

ÓSCAR ACOSTA

ENCUENTRO DE AMOR

Yo te llevaba en los ojos
desde remotas auroras,
presentida en apacibles
sueños, como una novia.

Así, como tus mujeres
—pupilas cordiales y hondas—
cálidas, manes, la voz
que en ternuras se desborda.

Señorialmente discreta,
tu alba sencillez enjoyas
con el cerco de esmeraldas
que luces en tu corona.

Cíngulo de plata, el río
que recios puentes abrochan
en torno de tu cintura,
suena a caricia y congoja.

Caricia de madrigal
y ruego de amor que ahonda
sus ansias en el murmullo
de un requiebro que solloza.

¡Cómo se extienden los jardines
de tu alazán, gran señora,
entre murallas de cerros
que verdes torres coronan!

En raudo batir del viento
cruzan bandas de palomas

—de cerro a cerro— abanicos
que el sol occiduo colora.

Vuelan al nidal. Diríase
que en sus laderas La Leona
concentra los palomares
entre el verdor de su comba.

Enciende sus luminarias
la noche, contra las sombras;
las duplican las ventanas
que en la cumbre se escalonan,
y fúndense monte y cielo
en visión maravillosa.

¿Son estrellas o ventanas,
o son ojos de las novias?

Allí trepaste en anhelos
de altura, estática. Ahora
saltas, laderas abajo,
dulcemente voluptuosa,
y te tiendes en el valle
con los ojos a la aurora,
y en un nuevo anhelo de altura
edificas. Te remozas.

Hay un impulso de savias
ancestrales que se agolpan
y hacen trepar la ciudad
sobre el pretil de las lomas.

Allí aguardas el futuro;
allá tu pasado evocas.

Ciudad de romance antiguo,
ciudad de rezos y coplas:

¡qué atracción la de tus calles
viejas, quebradas y angostas!,
la superstición de aleros
entre idílicos aromas,
las ventanas florecidas
de claveles y de rosas.

MANUEL JOSÉ ARCE Y VALLADARES

A TEGUCIGALPA

Bella flor que te meces tiernamente,
acariciada por el cierzo suave,
polícroma, mostrando sutilmente
ese plumaje tornasol del ave.

Un tinte de alegría febriciente
brindas a quien te mira ante la nave,
deslumbrando, cual sol en el oriente
y brindando tus notas y tu clave.

Celestial paraíso que ha encendido
el terciopelo azul de mis amores
ante el flameante lábaro extendido.

Madre de aquellos héroes que los mares
cantaron sus responsos, y el olvido
los devolvió de nuevo a los altares.

ABRAHAM GUILLÉN ALVARADO

AMANECER EN TEGUCIGALPA

Como un alegre muchacho
que canta por la floresta,
ha amanecido El Picacho
todo vestido de fiesta.

Arriba quedan las huellas,
pedrería tornasol,
que dejaron las estrellas
en la antesala del sol.

Con su traje de rocío
y su candor de chicuela,
arrullada por su río
despierta Comayagüela.

El sol asoma sonriente
y tardías colegialas
cruzan veloces el puente,
como si tuviesen alas...

Con su cara placentera,
trayendo leche y borona,
llegan por la carretera
las inditas de Ojojona.

Cual pesados moscardones
ronronean los aviones...
Los buses color naranja
siguen su ruta habitual:
Del Hospital a la Granja,
de La Granja al Hospital...

De improviso, se conmueve
la confiada capital,
porque ha ya dado las nueve
el reloj de Catedral.

GUILLERMO BUSTILLO REINA

LA VIRGEN DE SUYAPA

Desde que sentó su planta
Colón en Punta Caxinas,
los naturales de Hibueras
combatieron la conquista,
poniendo sobre las armas
más de treinta mil indígenas
que lucharon con denuedo,
con sus flechas primitivas
en los picachos en donde
talló su estatua Lempira.

Hoy los nietos del Cacique
mantienen su rebeldía
y rinden culto a su tierra
en lo que la simboliza:
los pinares, las montañas,
la enseña cerúlea y nívea,
y la Virgen de Suyapa,
la trigueña Virgencita,
que para los hondureños
es bandera, espada y lira.

Es la patrona de todos,
por sobre de las divisas,
la de los dandis del club
y la de las campesinas
que muy confidencialmente
 van a contarle sus cuitas;
y si diera su licencia
Su Señoría Ilustrísima,
también fuera la patrona
de la francmasonería...

Una loca cierta vez
se robó la Virgencita,
y la República entera,
cuando supo la noticia,
se quedó petrificada
de tribulación e ira.

Cuando la divina imagen
apareció a los tres días,
el júbilo popular
estalló sin cortapisas;
los vecinos se abrazaban
sollozando en las esquinas;
las campanas repicaron
veinticuatro horas seguidas,
y hasta el agua de los ríos
corrió de abajo hacia arriba.

Cuando volvió a su santuario
en procesión eucarística,
las casas de la Metrópoli
todas quedaron vacías.
El camino que conduce
de la ciudad a la ermita
semejaba una Vía Láctea
de diez mil velas votivas,
y a manos llenas el cielo
prodigaba sus albricias.

Como en nuestros corazones,
la Patrona se entroniza
en una urna de cristal,
tan preciosa como mínima,
como casa de muñeca
que hospeda su personita.
con su túnica de nardos

y su aureola de amatistas,
y con su carne trigueña
de níspero y clavellina.

GUILLERMO BUSTILLO REINA

LOAS DE LOS TRES ARRIEROS A LA VIRGEN DE SUYAPA

Por noche sin luna
de oscuro pinar.
Tres arrieros vienen.
Tres arrieros van.
Camino de Honduras
que lleva a la mar.

Al borde del sueño
los mozos están.
Y a vega de río
detienen su andar.
La Virgen los mira
detrás del pinar.
Ya los tres arrieros
duermen sin afán
al tímido arrullo
del agua que va.

La luna de Honduras
comienza a alumbrar.
De pronto, un arriero
se sienta a rezar.
La Virgen lo mira.
Y se echa a cantar:

—Virgencita del campo hondureño,
albahaca y sueño,
morenita al sol:
te siento en mi pecho,
torcaz encerrada,
aquí acurrucada

en el corazón.
Despiertan los mozos
oyendo el cantar.
Y a buen punto, el otro
respóndele ya:

—Virgen de los montes,
silbar de sinsontes,
rosa tornasol:
lluevan por los prados
tus ojos mojados
que dan buen olor.
La brisa con luna
se sienta a rezar.
La Virgen lo mira.
Y se echa a cantar:

—Virgencita del campo hondureño,
albahaca y sueño,
morenita al sol:
te siento en mi pecho,
torcaz encerrada,
aquí acurrucada
en el corazón.
Despiertan los mozos
oyendo el cantar.
Y a buen punto, el otro
respóndele ya:

—Virgen de los montes,
silbar de sinsontes,
rosa tornasol:
lluevan por los prados
tus nardos mojados
que dan buen olor.
La brisa con luna
recreándose está.

Los azules ecos
se oyen resonar.
Y luego, el tercero,
dice su cantar:

—Yo dije: Te quiero.
Y el pinar entero
hacia ti me guió.
Virgen de Suyapa:
¡Qué linda, qué guapa,
qué pura que sos!
Camino de Honduras
vimos tu hermosura
de luna y de flor.
Por nuestros pinares,
cantando a los mares
nos lleva tu amor.

ALBERTO ORDÓÑEZ ARGUELLO

AL RELOJ DE LA CATEDRAL

Hoy, tu esfera de luz fosforescente
es pupila de cíclope aterida
que ha mirado serena en el poniente
cómo se hunden los soles de la vida.

Tu garganta de bronce —indiferente
al placer y al dolor— jamás se oxida
y desgrana sus notas lentamente,
dejándonos el alma conmovida.

Y en la hora poblada de vestiglos,
tu pupila —Clepsidra de los siglos—
atalaya en su torre de granito.

Y resuenen tus doce campanadas
semejando en la noche las pisadas
del tiempo que se marcha al infinito.

SANTOS JUÁREZ FIALLOS

PASEO DE NOCHE

Por un puentecito
voy, y una estrella sube y baja
como si fuera una niña
que está jugando en su casa.

Por un puentecito voy,
y el agua que corre abajo
agita manos de espuma
para aprisionar al astro.

Que nadie atraviese el puente,
porque es éste mi camino,
y si me encuentro con alguien
oirá mi desafío.

Qué gozo verme en mi sombra
como en su fuente Narciso,
y oír el diálogo eterno
del silencio con el grillo.

Al César lo que es del César,
y al niño su regocijo,
y a mí, mi puente y mi noche,
y mi estrellita y mi río.

ENRIQUE PEÑA BARRENECHEA

EL CERRO DE HULE

Una bóveda enorme, una iglesia sombría,
como aquéllas que al culto consagró el mahometano,
semejas, oh doliente, triste viejo ya anciano,
en la línea rugosa de los montes que un día

dejarán su solemne, fatal melancolía.
De tu cúspide he visto el dorso del océano;
y deseos tuviera de llamarme tu hermano
si en tu seno encontrara, como mi alma quería,

otro mundo, otros hombres, otra vida, otra suerte,
que, despreciando el mismo sarcasmo de la muerte,
fuéranse tras la lumbre de los vastos ideales

para llegar en una apoteosis de gloria
al palacio de mármol de la trágica historia,
coronados de mirtos y de rosas triunfales.

ADÁN CANALES

PARQUE DE LA CONCORDIA

Con el ingrato sello de un olvido penoso,
seduce tu belleza y atrae tu poesía:
si Rusiñol te viera, su pincel milagroso
copiara en ti el alcázar de la melancolía.

Desierto, abandonado, en soledad que espanta,
se retuercen tus calles en actitud de hastío;
y yo no sé si el río para alegrarte canta
o si, al verte tan triste, pasa llorando el río.

Cuántas veces, mirándote, concentrado en mí mismo,
el mal has reavivado de mi romanticismo,
y en tus frondas tupidas y en tu estanque desierto

encontrar he creído, de un Versalles distante,
un rincón que sugiere que el gentil Rey galante,
aunque muerto parezca, todavía no ha muerto.

JOSÉ LEIVA

EL PICACHO

Pareces un curioso que a la ciudad se inclina
con el atrevimiento de contemplar su vida,
sin que se escape nunca de tu tenaz retina,
ni cuando está despierta ni cuando está dormida.

Mas no. Eres altivo y enorme centinela,
inconmovible y rudo como un antepasado
que ha vencido a la muerte y eternamente vela
porque su pueblo sea de todos respetado.

Te admiro, guardián firme. Acaso algún día,
digas, por uno de esos milagros de hechicería,
cuanto viste en los siglos que ante ti desfilaron,

cuenta que fui un viajero con un tanto de asceta,
con mucho de mundano, con algo de poeta
y amante de tu tierra como pocos la amaron.

JOSÉ LEIVA

EL OBELISCO

Te erguiste de una idea en la memoria
sin contar con los golpes del acaso,
y en vez de ser jalón de nuestra gloria
eres triste recuerdo de un fracaso.

Firme, como raíz de una creencia,
ante la muerte del soñado anhelo
no sé si al cielo pides indulgencia
o si señalas, con horror, al cielo.

Como la idea, inmaculada y pura,
se destaca el airón de tu blancura
con el adorno de los cinco nombres,

de estos pueblos por siempre condenados
a vivir en jirones desgarrados
por la eterna impostura de los hombres.

JOSÉ LEIVA

LA CUESTA

Por la loma moldeada con rudeza
cruza el sendero en raro desatino,
como rastro de boa en la maleza,
como zigzag de rayo hecho camino.

Se ven huertos y ranchos esparcidos
que dan la sensación de estar desiertos:
sin un leve rumor, casi dormidos,
sin un soplo de vida, casi muertos.

Mas cuando el sol apaga su linterna,
sale el indio a buscar una caverna
o el amparo de peñas y barrancos,

para matar con saña y felonía,
porque su raza alienta todavía
odio ancestral contra los hombres blancos.

JOSÉ LEIVA

EL ÁRBOL DE TEGUCIGALPA

Anciano, siempre firme y siempre hermoso,
te yergues en la rústica pradera,
brindando tu follaje rumoroso
al pájaro su eterna primavera.

El viejo manantial donde, orgulloso,
retratas la soberbia cabellera,
repite el ritornelo doloroso
que cantas, gemebundo, en la ribera.

—He visto —dice el árbol agobiado—
un siglo, de inquietud atormentado,
de luchas entre mis generaciones.

—Mi vida —triste exclama—, toda encierra
la historia desgraciada de mi tierra,
tan pródiga y tan bella en las naciones.

VISITACIÓN PADILLA

EL PICACHO

¡Oh, Picacho impotente! Me imagino un anciano
de cabellos azules y de ceño fruncido;
eres la imagen viva de aquel tiempo ya ido
en que cada hondureño era un bravo Trajano.

La tradición te cubre con su manto profano:
que eres de agua —me dicen— y que estará perdido
Tegucigalpa el día que desgarres el nido
que has venido ocultando tras tu gesto inhumano.

Enorme ser de hierro, que llevas en la frente
los sellos imborrables de un pueblo independiente,
y en tus entrañas de agua los fuegos de la zona.

Jamás he transitado tu cumbre de granito,
por no ver a tus plantas este mundo maldito
ni besar esas nubes que forman tu corona.

JACOBO CÁRCAMO

USTED QUE VISITÓ TEGUCIGALPA

Usted que visitó Tegucigalpa
y dijo al ver las casas de La Leona:
"Son como una bandada de palomas",
y en Juana Laínes escuchó mis versos.

Usted, amiga mía, que en sus ojos,
verdes como las lomas de El Picacho,
me enseñó a deletrear las esperanzas,
no supo nunca lo que en mí dejaba:
una infinita sed de lejanías
y una constante pena por la ruta
que va a desembocar a Toncontín.

Usted, amiga mía, en La Concordia
vió palomas y patos, uno a uno,
llegar hasta los lirios de sus manos
para comer las migas y los granos.

¿Recuerda aquella tarde? El Zamorano:
cuando entre una misa de jilgueros
y el dormido silencio de los pinos
vió caer como un globo derribado
un soñoliento sol tras la montaña.

Creo que estará triste por las flores
que no quiso llevar de estos jardines...
Dígame: ¿guarda aquella jicarita
en que bebimos leche en la alquería?

¿Aún saben mirar como aquel día,
cuando rezó en Suyapa, sus ojazos?

¿Por qué no hace la Virgen el milagro
de traerla otra vez a nuestra tierra?
Aquí la está esperando mi alegría
¡y el azul de este cielo que es ya suyo!

¿Que por qué la recuerdo de este modo?,
porque he visto sus letras iniciales,
más grandes cada día como en mi alma
¡grabadas en un árbol de El Picacho!

JUSTINIANO VÁSQUEZ

PLAZA DE EL OBELISCO

Digo tu nombre y me convierto
en un niño vestido de blanco
en el mes de septiembre. Un cielo náutico
me roza los cabellos
y el sol brilla en mis ojos
con una luz purísima. Me acuerdo
de ese tambor infante
que se quedó tan lejos
con los desfiles escolares
y los exámenes primarios.

Me acuerdo de mí mismo,
tan pequeño
pero ya enamorado;
(mi amor
tenía el rostro de mi madre).
Eran los días tiernos
como la hierba y el durazno.

Plaza de El Obelisco,
hoy que recorro tus rutas especiales
es como si caminara por los años
con mis zapatos nuevos y mis alas
perdidas, ¡aquellas alas
hechas de sueño y nardo!

Sobre tu corazón
han muerto muchas tardes,
pero el recuerdo vive y soy un niño
de pie o corriendo feliz bajo los árboles.
¡Feliz!, porque no quiero fugarme en la tristeza.
Es bueno que tú sepas que yo amo el tiempo altivo,

que busco la alegría como un loco
para irla repartiendo por las calles.

No quiero venir con mis dolores
a contarte que sufro y que estoy solo;
no te quiero decir que me han herido,
que sigo siendo pobre y que ha muerto mi madre.
Más pobre está mi patria y más herida
y más llena de muerte.
¿Cómo quieres entonces que yo venga
a aumentar su dolor con mis pesares?

Plaza de El Obelisco,
plaza sola,
verde como el aroma de los pinos.
Cuando digo tu nombre soy un niño,
un niño solamente
de pie o corriendo feliz bajo los árboles.

POMPEYO DEL VALLE

TEGUCIGALPA

Los señores, desde el Parque Central,
ven derrumbarse la tarde
mientras lúgubres pájaros
forman ruidosas mareas negras
en el despacioso verano.

Serenísimas muchachas maquilladas
pasan frente a la Iglesia Catedral,
en cuyo atrio los vendedores
ambulantes ofrecen al transeúnte
variadas frutas, billetes de lotería,
feísimas muñecas de plástico,
apagados periódicos.

Al lado de la estatua de Morazán
pasan apresurados
nerviosos funcionarios públicos,
diputados locuaces,
poetas inconformes
y abogados.

En El Picacho las parejas
de enamorados
escriben con cuchillo sus iniciales
en la corteza de los anchos pinos.

Los amantes foráneos
se reúnen en La Concordia,
buscando luego las cercanías de la ciudad
en donde el aire es limpio
y cortado por montañas azules.

En la plaza de El Obelisco
los jóvenes levantan los brazos

en olímpico gesto,
mientras las gentes
aplauden perezosamente.

Frente a la iglesia de La Merced,
enlutadas mujeres se persignan,
rogando que cambie el mal tiempo
y rezan por el alma del difunto.

Aquí no hay secretos para nadie
y todos son confesores
de sus respectivos vecinos.

Pero baste nacer en Las Delicias,
en La Hoya, en La Ronda, en La Plazuela,
en el Barrio Abajo o en La Leona,
para que las piedras de las callejas
estén ásperamente vivas
y que las orquídeas se ciñan a lo verde
en la atmósfera limpia.

Tegucigalpa, nuestra ciudad natal,
sin escombros ni sombras,
perpetúa la dicha.

ÓSCAR ACOSTA

PLAZA DE LOS DOLORES

Como espumas redondeadas por rosas
de ámbar, cirros pulidos por la brisa
sobre los bordes desconchados, en el muro
escudo del agua pestilente, allí donde
los vendedores gritan sus minucias, cuelgan
las flores blancas.
Penden mezcladas al coro nupcial,
al ir y venir de prisas vespertinas,
haciendo la piedra horizontal,
cuando aún no es hora de ver
lo terrible, cuando la Plaza
es todavía fuente de encuentros,
prisma de año.

JOSÉ ADÁN CASTELAR

EL PICACHO

Todavía el miedo nos pertenece.
La joya de la altura no lucirá
en nuestras manos.
Visitantes
y árboles ascienden. Las piedras
pesan nuestra levedad.
En las viejas raíces reside
la flor que no vemos.

Allá está la ciudad en su vaina
de huesos, en su lecho
de sequedad habitual.

Sobre el abismo pasan
las bandadas:
como ellas, también
tus ojos
me abandonan.

JOSÉ ADÁN CASTELAR

TARDE EN EL PARQUE CENTRAL

Ya la luz es mancha sobre el piso
donde yacen tantas vidas; pobres mujeres
apenas vestidas por la llovizna. Ruidosos
vendedores de baratijas. Perros y locos
husmeando
en las basuras. Fuentes secas. Voces
enredadas en el miedo. Obertura
de árboles crepusculares. En las bancas,
policías y desempleados. Viento del diésel
y el grito del último muerto.
Luz final color adoquín,
playa del parque. Desembocadura
de pasos. Hojas, hojas
de pasado otoñal
y guirnaldas de humo
rodeando a las estatuas.

JOSÉ ADÁN CASTELAR

NAVIDAD EN TEGUCIGALPA

Semana Santa en León,
Corpus Christi en Guatemala,
y para pascuas alegres
¡no hay como Tegucigalpa!

Aquí son los nacimientos
una institución vernácula,
y el árbol de Navidad
en nuestro hogar nunca falta.

Las casitas de cartón,
ágiles como las cabras,
se suben por las laderas
a las colinas más altas.

Los montes son de aserrín
y de cristal es el agua,
los soldados son de plomo
y la iglesia de hojalata.

Hay un cortejo nupcial
que va cruzando la plaza:
el novio de frac severo,
la novia de cola larga;
sigue el acompañamiento
y luego una abigarrada
muchedumbre que al pasar
la boda se abre en dos alas.

Todo el mundo quiere echar
la casa por la ventana,
y el mercado hace su agosto

vendiendo por toneladas
alegorías de barro
que son una filigrana:
charros que hacen el amor
a las chinitas poblanas;
artesanos de camisa
bailando con las mengalas,
viejos bebiendo cususa,
viejas pelando la pava;
bolos que la policía
quiere echar a la zaranda...

Vemos a los Reyes Magos
en solemne caravana,
dirigiéndose a Belén
tras una estrella de plata;
allá los espera el Niño
sobre su cuna de paja,
llorando a más no poder
porque no encuentra las sábanas.

La noche de Navidad
todos cenamos en casa
los ricos nacatamales
de gallina y alcaparras,
y las sabrosas torrejas
que nos hacen la boca agua.

Luego entre sones de pitos,
hay un cortejo nupcial
y estrépito de matracas.
Vamos a la Catedral,
a nuestra Catedral Blanca,
a oír la Misa de Gallo,
tan típica y legendaria,
tan pronto como en la torre
suenan doce campanadas.

Las muchachas casaderas
van en alegres paseadas
a visitar nacimientos
todas las noches de Pascua;
mas no crean que van solas,
sino bien acompañadas,
pues no faltan los galanes
ni tampoco las guitarras,
y se baila en los salones
y a veces hasta en las plazas.

Rincón risueño del trópico,
lírica Tegucigalpa,
intermezzo de marimba
en noche de serenata;
clavel de Santa Lucía
y calleja sevillana;
ciudad que sigue subiendo
hasta las crestas más altas,
que para tocar el cielo
pocos peldaños le faltan;
niña de azul crinolina
que por su fiesta onomástica
con seguridad escoge,
para quebrar la piñata,
al Arcángel San Miguel
o a la Virgen de Suyapa.

GUILLERMO BUSTILLO REINA

RÍO GRANDE

A Esteban Guardiola
Juan Ramón Molina

Sacude, amado río, tu clara cabellera,
eternamente arrulla mi nativa ribera,
ve a confundir tu risa con el rumor del mar.
Eres mi amigo. Bajo tus susurrantes frondas,
pasó mi alegre infancia, mecida por tus ondas,
tostada por tus soles, mirándote rodar...

Presa fui del ensueño. Tus guijarros brillantes
me parecían gruesos y fúlgidos diamantes
de un Visapur incógnito de rara esplendidez;
y —en tu sonoro límpido cristal de luna llena—
el espejo de plata de una falaz sirena
de torso femenino y apéndice de pez.

¡Oh infancia! ¡Quién te hubiera parado en tu camino!
Dueño era de la lámpara de iris de Aladino,
de su mágico anillo, de su feliz candor;
como él tuve pirámides de gemas fabulosas,
un alcázar magnífico, mil esclavas hermosas,
y fue mi amada la hija de un gran emperador.

Mas, todo fue más frágil y breve que tu espuma,
más efímero y vago que la temprana bruma,
que sube de tus aguas hacia el celeste azur;
arenas confundidas en tu glacial corriente,
pájaros errabundos que buscan lentamente
las vírgenes florestas que bañas en el Sur.

Lejos de estas montañas, en un lugar distante,
soñaba con tu fresca corriente murmurante,
como en la voz armónica de una amada mujer;
con tus ceibas y amates y tus yerbas acuáticas,
con tus morenas garzas, inmóviles y hieráticas,
que duermen en tus márgenes al tibio atardecer.

Cuando volví a mirarte, el opio del hastío
me envenenaba; pero tu grato murmurío
tornó a dar a mi espíritu una sedante paz;
lavas con tus olas sus agrias levaduras,
mi corazón llenaste de cándidas ternuras,
y una nueva sonrisa iluminó mi faz.

Amo tus grandes pozas de tonos verdioscuros,
tus grises arenales y los peñascos duros,
con los que a veces trabas una furiosa lid;
y tus abrevaderos, que cubren enramadas,
donde su sed apagan las tímidas vacadas,
como en las fuentes bíblicas el ciervo de David.

Las flores de tus ásperos y espesos matorrales,
tus islotes cubiertos de espinos y chilcales,
y los musgosos árboles que en tu margen se ven,
el gránulo de oro que en tus arenas brilla,
la raíz que como sierpe se sumerge en tu orilla,
la rama que te besa con rítmico vaivén.

Tus aguas salutíferas me dieron nueva vida.
Infatigable buzo, perseguí en su guarida
a la ligera nutria debajo del peñón:
crucé con fuerte brazo tus remolinos todos,
conocí los peligros que ocultan tus recodos
y me dejé arrastrar de tu canturria al son.

A veces, en las tardes, con perezoso paso,
he seguido tus márgenes, que el sol, desde el ocaso,

dora con los destellos de su postrera luz,
presa de una profunda, tenaz melancolía,
tejiendo soñaciones de vaga poesía,
que mi Tabor ha sido, ¡pero también mi cruz!

¿Qué dicen los polífonos murmullos de tus linfas?
¿Son risas de tus náyades? ¿Son quejas de tus ninfas?
¿Pan tañe en la espesura su flauta de cristal?
Oigo suspiros suaves... gimen ocultas violas...
alguien dice mi nombre desde las claras olas,
oculto en los repliegues del líquido raudal.

¡En vano estoy inquieto, clavado en tu ribera!
No he de mirar, oh náyade, tu verde cabellera,
ni el jaspe de tus hombros, ni el nácar de tu tez;
sólo percibo, bajo la superficie fría —
joyel de una cambiante y ardiente pedrería—
cual súbito relámpago, un fugitivo pez.

De noche —en esas noches solemnemente bellas—
una por una bajan del cielo las estrellas
medrosas, en tu tálamo de aljófar a dormir;
y cuando se despierta la virginal mañana,
vestida con su túnica magnífica de grana,
huyen a sus palacios de plata y de zafir.

En los postreros meses del tórrido verano,
semejas un medroso y claudicante anciano,
de empobrecidas venas y de cascada voz;
tus árboles parecen raquíticos enfermos,
tus eras se transforman en miserables yermos,
segadas por el filo de una candente hoz.

Por todos lados hallan los encendidos ojos
lajas resplandecientes, misérrimos rastrojos
y pedregales agrios donde te encharcas tú;
duermen las lagartijas su siesta en los barrancos

y la torcaz —del monte en los escuetos flancos—
se queja bajo un cielo de vívido tisú.

Mas ya las nubes abren sus lóbregas entrañas:
un diluvio benéfico desciende a las montañas,
cien arroyos hirvientes hasta su cauce van;
arrastras en tu cólera los más robustos troncos,
y —sacudiendo peñas y dando gritos roncos—
pareces el hermano del hórrido huracán.

Pláceme así mirarte cuando a tu orilla acudo,
cuando me precipito —enérgico y desnudo—
en tus revueltas aguas que reventar se ven;
y aspiro de tus bosques el capitoso efluvio,
y pienso que eres una corriente del diluvio
que fragorosa bate mi palpitante sien.

Porque amo todo aquello que es grande o que es sublime:
el águila tonante, no el pájaro que gime,
el himno victorioso, no el verso femenil;
las mudas, y solemnes, y vastas soledades,
los lúgubres abismos, las fieras tempestades,
todo lo que es soberbio, grandioso o varonil.

Te amo por eso cuando con vigorosas alas,
te cruza —mientras turbio y aterrador resbalas—
lanzando gritos ásperos el martín-pescador;
y, columpiando agrestes parajes nemorosos,
vas a asustar los viejos caimanes escamosos,
tendidos en la costa con plácido sopor.

Sigue rodando, oh río, por tus eternos cauces,
ve a endulzar del enorme Pacífico las fauces,
sé un manantial perenne de vida y de salud;
muy pronto iré a tu orilla, con ánimo cobarde,
bajo la paz augusta de una tranquila tarde,
a recordar mi loca y ardiente juventud.

Mañana —cuando me haga sus misteriosas señas
la muerte—, bajo un lote de cardos y de breñas,
en una humilde fosa tendré que reposar;
sin que ninguno inscriba —pues de verdad nadie ama—
sobre una piedra mísera y tosca un epigrama
piadoso, que a las gentes convide a meditar.

Pero mi oscuro nombre las aguas del olvido
no arrastrarán del todo; porque un desconocido
poeta, a mi memoria permaneciendo fiel,
recordará mis versos con noble simpatía;
mi fugitivo paso por la tierra sombría,
mi yo, compuesto extraño de azúcar, sal y hiel.

Envuelto en un solemne crepúsculo inefable,
dirá tal vez, pensando en nuestro ser variable:
—"Cual nuestro patrio río su espíritu fue así:
soberbio y apacible, terrífico o sereno,
resplandeciente de astros o túrbido de cieno,
con rápidos, y honduras, y vórtices... Tal fui."

Tal fui porque fui hombre, oh soñador ignoto,
pálido hermano mío, que en porvenir remoto
recorrerás los márgenes que mi tristeza holló.
¡Que el aire vespertino refresque tu cabeza,
la música del agua disipe tu tristeza
y yazga eternamente, bajo tierra, yo!

AL RÍO GRANDE

Hoy que no eres un viejo claudicante
de plácida y silente cabellera,
hoy, que de una ribera a otra ribera
eres brazo de mar, eres Atlante.

Permite que con mi estro, la flotante
ondulación del dorso que te diera
la tempestad de la celeste esfera,
te salude, a la vez, y que te cante.

Gústame verte así. Rompe el cristal
que el lodo opaca entre la roca dura:
haz que vibre, convulso, el florestal;

y que un vasto diluvio de amapolas,
coronando tu mágica ventura,
se deslice, sonriendo, por tus olas.

ADÁN CANALES

AL GUACERIQUE

A llorar mis pesares yo vengo,
al rumor de tus ondas, ¡oh, río!
Mi destino es incierto y sombrío,
y lo cumplo a merced del azar.
Tú caminas por álveo seguro
hasta el mar que te sirve de lecho;
mi camino es oscuro y estrecho:
sólo abrojos me brinda al pasar.

Limoneros inclinan la frente
y contemplan tus ondas dichosos;
y los pájaros cantan gozosos
cuando miran tus aguas correr.
Tu cristal transparente retrata
el bellísimo azul de los cielos;
a las ninfas tus gracias dan celos;
tienes todo: belleza y poder.

Delicioso es estar a tu orilla
una noche de luna esplendente,
y tu tibio balsámico ambiente
con placer insaciable aspirar.
Verte ufano ir corriendo, corriendo,
sin que nada detenga tu paso,
a dormir en el dulce regazo
de tu madre que te ama: la mar.

Mientras yo, sin consuelo, angustiado,
voy marchando en el mundo, sin calma,
con la huella que deja en el alma
la esperanza perdida: el dolor.
Sólo abrojos encuentro en la vida,

mi camino es tortuoso sendero,
nada encuentro de grato o sincero,
ni amistad, ni cariño, ni amor.

Yo quisiera seguir tu corriente,
en tus ondas morir yo quisiera,
que de tumba la mar me sirviera
para siempre allí en paz descansar;
y no ver los engaños del mundo,
las vilezas, infamias, traiciones,
ya del hombre no ver las acciones
y calumnias no oír murmurar.

Adiós, río... ¡Adelante! ¡Adelante!
Nada turbe tu rauda carrera...
Del que triste lloró en tu ribera,
haz recuerdo una vez, por piedad.
Vuelvo al mundo a llorar afligido,
vuelvo al mundo cargado de penas,
a él me ligan terribles cadenas
que no puede romper la ansiedad.

MIGUEL A. FORTÍN

PINARES LÍRICOS

¡Oh voluptuosos reposos andinos!
¡Sueños risueños de bosques de pinos,
postes nudosos o mástiles finos,
en que mensajes de alados destinos
hallarán breves los largos caminos
o sentirán exaltados los linos,
infatuaciones de vientos marinos...!

Bosques de pinos, diez mil peregrinos
ensimismados en goces divinos:
tienen acceso de olor repentinos
y se adormecen borrachos de trinos.
¡Oh voluptuosos reposos andinos!
¡Sueños risueños de bosques de pinos!

Arpas robustas de tensos cordajes,
en que las brisas, cansadas de viajes,
sinfonizando revuelos de trajes
y de abanicos —¡oh sedas y encajes!—
mienten arrullos, inventan lenguajes,
dictan canciones que son oleajes,
y en un nervioso temblor de ramajes,
hacen huir a lejanos paisajes
frondas que ruedan en danzas salvajes.

Cuando las brisas se van... ¡qué tristeza!
Melancolía monástica asume
el pinar lírico y grave que reza
y en conventual placidez se consume;
luego, se embriaga de trinos... y empieza
a adormilarse soñando perfume.
¡Oh voluptuosos reposos andinos!
¡Sueños risueños de bosques de pinos!

JOSÉ SANTOS CHOCANO

TEGUCIGALPA

Tegucigalpa, mi nido de águilas.
— Ramón Rosa

Cerro de Plata, ¡mi ciudad querida!
Eres altiva y a la vez piadosa.
Si de entusiasmo arder te hace una cosa,
un instante después tu alma la olvida.

Eres, al par, creyente y descreída,
firme y voluble, seria y caprichosa;
adoras el laurel y amas la rosa,
y es ser libre el secreto de tu vida.

Que en tu espíritu noble están fundidos
la austeridad de Valle, los latidos
del corazón de Herrera y de sus greyes,

de Morazán el ideal grandioso,
de Cabañas hidalgo el gesto airoso
y la risa y bondad del Padre Reyes.

RÓMULO E. DURÓN

PREGONES DE TEGUCIGALPA

I

Un bostezo de niebla se extiende lentamente
de El Picacho y se alarga por toda la ciudad.
Un estruendo de carros, un bullicio de gente
y humildes vendedoras que vienen y que van.

De la Catedral se oyen las cinco campanadas.
Aún hace frío. El viento tiene un leve sabor
a cosa limpia, a modo de sábana lavada,
de fritura, de tierra o de jabón de olor.

El Barrio Abajo entreabre sus portales de pino.
Despierta El Guanacaste su fiebre comercial.
De Las Crucitas bajan cargados campesinos,
mientras las molenderas caminan al molino
con el bendito grano del rubio nixtamal.

En las plazas hay gritos de viejas verduleras.
De El Manchén hasta el Country comienza a circular
una avalancha humana que inunda las aceras...
Las sirenas retuercen su grito matinal.

II

Comayagüela inicia su jubileo diario
con las bocinas roncas del carro que se va
cruzando con estrépito por todo el vecindario...

Los lecheros comienzan su pregón a gritar:
¡La leche!... ¡Va la leche!...
Una señora prieta de enagua y ancho escote
sale desesperada cuando ha oído gritar:
¡La leña!... ¡Leña seca! ¡Va de roble y de ocote!...

Un muchacho descalzo la comienza a contar.

El sol es una fiesta. El vaivén cotidiano
se inicia con escándalo por toda la ciudad.

La voz hueca del radio se oye desde el vecino
que busca el "Matutino" para la información.
Desfilan costureras de las camiserías.
Se siente olor a frutas desde las pulperías,
mientras en las esquinas se oye el pregón del bus:
¡Belén-Cantón! ¡Manchén-Colonia!
¡San Felipe-Las Lomas! ¡Guadalupe-Morazán!
¡Belén-Country! ¡Villadela! ¡Villadela! ¡Villadela!
¿Se va, doña? ¿Se va?... ¿Se va...?

III

Un grupo de bohemios sucios y trasnochados
por la juerga nocturna, tira alientos de alcohol.
El himno del trabajo se eleva de las fábricas,
en las vitrinas tiembla la bendición del sol.

Pasa un negro risueño que grita con escándalo:
¡Vitaminas!... ¡Vitaminas!...
Y se cala el sombrero con un gesto burgués.
Otro desheredado va repitiendo a gritos:
¡Componer zapatos!...
mientras le cosquillea la arena entre los pies.
Un muchacho descalzo con un bulto en el hombro
dice con voz sonora: ¡Trastos de componer!

Una vieja delgada con voz fina repite:
¡Va la verdura, doña!...
Dos cipotes trigueños, juguetones y léperos,
en la acera del teatro ya no dejan pasar:
¡Chicles!... ¡Chicles y cacahuates!...
¿Cigarrillos, don?
Un flamante político se dispone a parquear

y unos muchachos gritan rodeándole su carro:
¿Se lo cuido? ¿Se lo cuido? ¿Se lo cuido, don?

IV

En el parque una nube de chigüines se acerca
a un viejo enclenque y pálido que quiere descansar:
¿Un chaine? ¿Un chaine, maistro?
Y el viejo, por desgracia, se acaba de lustrar.

Ya por todas las calles se escucha este estribillo:
¡Va la chica y la grande! ¡Llévese un numerito!
¡No desprecie su suerte! ¡Aquí está el huerfanito!
¡Es el Gordo! ¿No mira? ¡Este está muy bonito!

Mientras el vigilante, usando su silbato,
anota, apresurado, la primera infracción.

Han salido los diarios:
¡"El Día" y "El Cronista"!
Cientos de canillitas comienzan a correr...
"El Día", ¡con las últimas! ¡"El Día"! ¡"El Día"!
¡Fue capturado un prófugo!...
¡Un borracho se mata!...
¡Se lanza desde el puente una pobre mujer!...
¡La Revista "Sucesos"!...
¡"El Pueblo"! y ¡"El Semáforo"!
¡El Ministro de Hacienda hace declaraciones!
¡En la costa se temen grandes inundaciones!
¡El "Correo del Norte" trae mucho que leer!

V

Y los busitos pasan y la gente se agrupa
bajo los corredores o en el Parque Central.
Interrumpen el tráfico unas ventas de frutas.
Las cinco de la tarde comienzan a sonar...

Vuelve el trajín horario de los oficinistas
que se empujan a gritos para tomar el bus.
Los treinteros se llenan. Los busitos no paran
y otra vez los pregones inundan la ciudad:
¡Belén-Country! ¡Manchén-Colonia!
¡Villadela! ¡Villadela! ¡Villadela!

Luego se van quedando las calles desoladas.
Se han cerrado las tiendas. Se va ocultando el sol.
Tegucigalpa extiende sus arterias cansadas
y un grupo de estudiantes charla bajo un farol.

VI

Luego a las nueve en punto se adormece el poblado.
A las diez nada se oye más que la sensación
del viento de El Picacho que baja desvelado
con su bufanda blanca de niebla y de algodón.

Tegucigalpa duerme... Se siente entre la noche
el eco melancólico del pregón que pasó.
La calma murmurante del Río Choluteca
que hace gárgaras de oro bajo el Puente Mallol.
¡Las canteras dormidas! La esmeralda quebrada
de El Berrinche... del Juana Laínez,
como dos centinelas
velando el imponente sueño de la ciudad...
Las calles embrujadas que suben a La Leona
buscando un silencioso refugio colonial.
La Concordia cerrada... la oscuridad celeste
que envuelve misteriosa toda la capital.
Mientras el aire cruza silbando por las calles
con un aristocrático desplante colonial.

VII

Al fin descansa el músculo del trajín de la vida.
La Calle Real dormida.
Los parques... los mercados... la antigua Catedral...

Y ambulando en las sombras de la noche estrellada
parece oírse el hondo quejido del pregón:

¡Belén-Country!...
¡Villadela!... ¡Villadela!..
¡Belén-Cantón!...
¡Belén-Cantón!...
¡Belén-Cantón!...

CLAUDIO BARRERA

CANTO A TEGUCIGALPA

Esta ciudad es isla,
sin senda hacia el ensueño.
Sonámbula entre esperas
donde se balancean cansados los recuerdos,
donde cada tristeza camina cabizbaja
sin poderse ausentar y hasta parece
que aumenta la aridez de la nostalgia.

Esta ciudad se duerme
cada vez que amanece.
Cuando cruzan sin alas las nubes en los cerros,
y que se han desprendido,
para llenar de verde su paso aventurero.

Hasta el mar en un solo paisaje
loco de soledad, quiere romper el horizonte,
irse sin huellas de palabras humanas
y familiares,
aunque fuera a la sombra salvaje de algún monte
y que nos recordara otros lugares.

Nos llaman las visiones de mareas lejanas...
Y nuestras manos trémulas, tendidas vanamente,
sienten cómo hasta el peso de un clima oscurecido
cae lento y pausado;
más pesado y más lento que la muerte.

Esta ciudad es isla,
con un trajín de colores desvanecidos,
como barcas abandonadas
en las riberas del mundo.
¡Panoramas sin voz de remeros perdidos!

Es como un gran naufragio
que se hubiera paralizado
en una acuarela absurda y sin sentido.
La misma risa es como el filo
del odio, sobre gotas de sangre.

La palabra es oscura,
como si fuera pedazo de la noche
y el porvenir es como un río sucio,
con peces ciegos, con barqueros frenéticos,
que tuvieran pedazos de estrellas en las manos,
con lunas en los ojos,
desgarrados de sueños
y a la sombra de un árbol esquelético.

¡Qué absurda esta ciudad!
Cada barquero muerto, sin saberlo, es la sombra
de un pescador vulgar, que llevará deshechos
desperdicios del mundo entre los ojos.
Cada barquero muerto
eres tú y soy yo. Somos nosotros,
que con la red de lo vulgar a cuestas
—muellemente indolentes— bajo el árbol del tiempo,
vemos cruzar los sueños, como cruzan
las invisibles sombras del silencio.

Algunos enlunados, con astros imposibles
vamos con los rosarios de versos en las manos,
como los sacerdotes de templos invisibles
que oficiaran la misa de Verlaine y de Poe,
de Silva, de Darío, de Musset o Rimbaud,
por las noches profundas,
por las pascuas tremendas,
cuando hay buitres terrosos
en las cúspides claras,
donde los niños, locos,
van extendiendo un grito

que es el golpe del hambre
sobre la tierna rosa de sus caras.

A medianoche hay música salobre,
herida, transparente, de carne sudorosa,
con olor a mujer encarcelada
por el prejuicio, esclavo, colonial
que el hombre alienta en vena socavada...

Borrachera perenne,
monstruosamente gris, sanguinolenta.
Se balancea,
como las frías doce de la noche
en la campana de la aldea.
¡Es como el cortejo tropical de la muerte!

Borrachera en la sangre y en el aire.
Borrachera en el agua, la tierra y la palmera.
En las manos del hombre sin ojos,
sin camino y con frontera.
Borrachera en la voz y en el abismo. Borrachera
en la inconsciencia dura
como el filo terroso
de un corazón de piedra.

Esta es la ciudad.
Alejada del mundo por invisibles y dolidos muros.
Lejos de su pasado,
infinitamente distante del futuro.
Está suspensa en un hilo de desidia y maldad.
La ignorancia se extiende como una araña loca
mordiendo el corazón de las escuelas
y cruza por las calles sucias de la ciudad.

Cada hombre que lee, ha puesto calicanto
en sus labios, para matar la voz.
Ignora su horizonte y habla de lejanías,

y ciudades distantes,
y por miedo y tristeza y abandono y cansancio,
reza a Dios.

Es un cuadro aburrido de burgueses en siesta.
Pero en el fondo, como flor del abismo,
vemos una llama de idealismo
alumbrando un inmenso corazón de tristeza.
Las pláticas se pegan,
como las mariposas en los libros,
llenas de mil colores, pero muertas.

Y por humanizar las ilusiones
bajamos nuestro verbo,
al corazón en cruz de la pobreza.
Pobreza hedionda a lodo.
Hedionda a tierra muerta.
Hedionda a soledad.
Hedionda a todo.

Yo te he visto, ciudad,
reír únicamente en la tragedia.
Has tenido un aliento de fiera acorralada
con olores a pólvora y metal.
Me has hablado del Sur, con sus hombres
quemados en la brisa filosa de la sal.
Me cuentas, en leyendas de plata marinera,
de islas recién nacidas llenas de soledad.

Me has hablado del Norte con un espectro horrendo,
caminando entre lluvias verdes de bananal.
¡Lodo! ¡Miseria! ¡Muerte! Cortejo dibujado
entre un silencio amargo
que rasga nuestros ojos con filos de puñal.

Minerales fantasmas cruzan por estas calles.
Oro, plata y pulmón.

Oro, y plata nativa, que sangra y que se va.
Pulmones enfermizos. El bacilo de Koch
se queda entre nosotros, nos ata a su dolor,
y rondamos la muerte como única verdad.
Por eso,
si mirara que estuvieras alegre
te desconocería, ciudad.

Quisiera haber hallado en la luz de tus ríos,
en la plata del cielo,
en la esmeralda trémula del monte,
en la cuerda invisible
que vuela en plumas de oro
del pájaro que cruza el horizonte;
en la estrella lejana y en la paz de los cerros,
quisiera haber hallado,
pasta para estos versos.

Yo no puedo arrullarte con una canción mía
porque sería cómplice de tu dura indolencia
y hasta temo que en mi alma te quedaras dormida.

Quiero decirte claro,
lo que siento en las venas
con tu sol y tu aliento.
Lo que miro en tu historia
escrita a garabatos,
en la piedra, la tierra y el cemento.
En la dureza a plomo de tus hombres,
sin corazón ni verbo.
En la apacible esfinge sonrosada
de la mujer esclava y altanera;
mujer hecha de penas para las alboradas
y hecha también de lágrimas para la primavera.

Si tuviera, ciudad, que saludarte,
a mi garganta oscura de mestizo legítimo,

se enroscara el dolor,
con intención tal vez de estrangularme.
Si tuviera que darte la mano,
sentiría la duda —tibia como la sangre—
corriendo locamente hasta el cansancio.
Si tuviera que amarte
tendría que llevar pasta de santo,
y engañarme contigo
en la dulzura absurda de otro canto...

Yo no te puedo hablar de otra manera.
Si hablara el robledal,
resentido estuviera del hombre que lo corta
y no lo siembra.

Si el río Ulúa hablara, por ejemplo,
espantado de muertos estuviera.
Si nuestros montes concibieran la voz,
nos iban a decir de una aventura
sin ley, sin sentimientos y sin Dios.
Si hablaras tú, Ciudad,
arrastrarías tu eco, como arrastra
sus pedazos de angustia la orfandad.

Qué triste es para ti, de seno maternal,
ver a tus hijos nuevos,
hechos con la madera más justa y más cabal,
crecer en lejanías, irse de tu regazo
como los ríos que se van al mar.
José del Valle no se nutrió de tus entrañas
para marchar lumínico a la posteridad.
Y hubo un hijo más recio, más humano,
Francisco Morazán,
que para verte grande,
se fue hasta el horizonte de la inmortalidad.
¡Te vas quedando sola!
Por eso es que este canto tiene tanta verdad.

Se va de ti el amor,
como van estos versos,
con un poco de angustia y un poco de maldad.
Y no estoy resentido contigo, Ciudad;
al contrario, yo soy un preferido,
tengo la gloria de poder decirte
íntimamente, como en la amistad:
¡Estoy emocionado de haberte conocido!

Pero no es eso todo.
Tu esperanza se aplasta de cansancio y de lodo.
La vida va pasando tan lenta y aburrida
que he visto pensamientos adornados con moho.
Además, voy contigo,
te ato a mi desaliento,
cuando te desbaratas entre mi soledad.
Cuando te miro lejos
—muy lejos— entre luces
que rompen los murales de un problema social.
Íntimamente entonces te miro y te comprendo;
eres una esperanza desprendida al azar,
para que hombres futuros
echen el trigo fértil de la cosecha humana,
y seas tú un camino de grandeza y de paz.
Y así con toda el ansia gritarte desde el tiempo:
Al fin nos comprendimos,
ya somos camaradas, ¡Ciudad!

Por eso te he elevado este canto tan duro
que nunca te dijeron poetas de otras edades,
porque es una parábola tendida hacia el futuro
que lleva el agrio y dulce sabor de las verdades.

CLAUDIO BARRERA

TEGUCIGALPA

Tegucigalpa, nube ensangrentada,
muchacha ciega, paloma atada al suelo
y entre escopeta y diente acorralada.

Novia burlada que llora tras el velo
y ve en el polvo su ramo y sus mitones.
Imagen superior del desconsuelo.

En tu vestido sufren los botones.
Sin beneficio esfúmanse tus arras
y Mendelson fallece en tus balcones.

Rompe esas noctámbulas amarras
que te retienen, hieren, encarcelan
y ahogan tus famélicas guitarras.

Ciudad donde los perros se desvelan
ladrando al tiempo muerto y sumergido:
¡estatua que los náufragos modelan!

Ciudad donde la risa es un gemido
y el hombre es un arcángel olvidado,
desnudo y taciturno y perseguido.

Sola ciudad de ensueño atormentado,
partida por la sombra y por el río:
unidad con el pulmón asesinado.

Sola ciudad caída en el vacío
de las horas: ciudad donde los cerros
semejan carceleros del gentío.

Sola ciudad sangrando entre los hierros
de la pena; ciudad donde las flores
sufren la palidez de los encierros.

¡Vámonos, ciudad de mis mayores,
apura el paso; o mejor: apura el vuelo.
¡Vámonos con los vientos superiores!

Vámonos, ciudad –lloro y pañuelo–
camino del amor y el pan seguro,
con el pueblo, volando por el cielo.

Marchémonos ya del tiempo oscuro.
Salgamos de esta túrbida botella.
Partamos sin demora hacia el futuro.

Allí la paz aguarda con la estrella.
El hombre en el trabajo se agiganta.
El sueño existe. Es real su espiga bella.
El sol por el oriente se levanta.

POMPEYO DEL VALLE

TEGUCIGALPA

Vivo en un paisaje
donde el tiempo no existe
y el oro es manso.

Aquí siempre se es triste sin saberlo.
Nadie conoce el mar
ni la amistad del ángel.

Sí, yo vivo aquí, o más bien muero.
Aquí donde la sombra purísima del niño
cae en el polvo de la angosta calle.
El vuelo detenido y arriba un cielo que huye.

A veces la esperanza
(cada vez más distante)
abre sus largos ramos en el viento,
y cuando te pienso de colores, desteñida ciudad,
siento imposibles ritmos
que giran y giran
en el pequeño círculo de mi rosa segura.

Pero tú eres distinta:
el dolor hace signos desde todos los picos,
en cada puente pasa la gente hacia la nada
y el silbo del pino trae un eco de golpes.

Tegucigalpa,
Tegucigalpa,
duro nombre que fluye
dulce sólo en los labios.

ROBERTO SOSA